2017

中国国际收支报告

China's Balance of Payments Report

国家外汇管理局国际收支分析小组

BOP Analysis Group

State Administration of Foreign Exchange

责任编辑：张翠华
责任校对：孙　蕊
责任印制：程　颖

图书在版编目（CIP）数据

2017 中国国际收支报告 / 国家外汇管理局国际收支分析小组编 .—北京：中国金融出版社，2018.8
ISBN 978-7-5049-9692-3

Ⅰ . ① 2…　Ⅱ . ①国…　Ⅲ . ①国际收支—研究报告—中国—2017　Ⅳ . ① F812.4

中国版本图书馆 CIP 数据核字（2018）第 182379 号

出版发行　中国金融出版社
社址　北京市丰台区益泽路 2 号
市场开发部　(010)63266347，63805472，63439533(传真)
网上书店　http://www. chinafph. com　(010)63286832，63365686(传真)
读者服务部　(010)66070833，62568380
邮编　100071
经销　新华书店
印刷　天津银博印刷集团有限公司
尺寸　210 毫米 ×285 毫米
印张　14
字数　216 千
版次　2018 年 8 月第 1 版
印次　2018 年 8 月第 1 次印刷
印数　1-2000
定价　80.00 元
ISBN　978-7-5049-9692-3

国家外汇管理局
国际收支分析小组人员名单

组　　长：潘功胜

副 组 长：杨国中　郑　薇　张　新　陆　磊

审　　稿：孙天琦　刘　斌　郭　松　徐卫刚　王　晖

统　　稿：王春英　周　济　贾　宁　赵玉超　韩　健

执　　笔：

第一部分：李　萌　乔宁宁　张青青

第二部分：邹　烨　高　畅　常国栋　胡　红　马玉娟

第三部分：杨　灿

第四部分：齐天骄　程娅婕

第五部分：管恩杰

专　　栏：赵玉超　王　茜　项丹婼　胡　红　贺　萌　梁　艳

附录整理：乔宁宁

英文翻译：周海文　胡　红　王　亮　杨　灿

英文审校：Nancy Hearst（美国哈佛大学费正清东亚研究中心）

Contributors to this Report

Head
Pan Gongsheng

Deputy Head
Yang Guozhong Zheng Wei Zhang Xin Lu Lei

Readers
Sun Tianqi Liu Bin Guo Song Xu Weigang Wang Hui

Editors
Wang Chunying Zhou Ji Jia Ning Zhao Yuchao Han Jian

Authors
Part One:Li Meng Qiao Ningning Zhang Qingqing
Part Two:Wu Ye Gao Chang Chang Guodong Hu Hong Ma Yujuan
Part Three: Yang Can
Part Four: Qi Tianjiao Cheng Yajie
Part Five: Guan Enjie
Boxes: Zhao Yuchao Wang Qian Xiang Danruo Hu Hong He Meng Liang Yan

Appendix: Qiao Ningning

Translators: Zhou Haiwen Hu Hong Wang Liang Yang Can

Proofreader: Nancy Hearst (Fairbank Center for East Asian Research, Harvard University)

内容摘要

2017 年，全球经济继续呈现复苏态势，国际金融市场运行总体平稳；我国经济稳中向好势头更加明显，经济结构不断优化，质量效益明显提高，人民币对美元汇率稳中有升，对一篮子货币保持基本稳定。

2017 年，我国国际收支运行逐步趋稳，呈现基本平衡。首先，经常账户差额继续处于合理区间，全年顺差 1 649 亿美元，与 GDP 之比为 1.3%。其次，非储备性质的金融账户重现顺差，全年顺差 1 486 亿美元，2016 年为逆差 4 161 亿美元。从主要项目看，直接投资、证券投资和其他投资均表现为顺差，分别为 663 亿美元、74 亿美元和 744 亿美元。从投资方向看，2017 年境内主体对外投资总体趋稳，直接投资、证券投资和其他投资等资产合计净增加 2 867 亿美元，较上年少增 58%；境外主体来华各类投资进一步回升，2017 年净流入 4 353 亿美元，较上年增加 68%。最后，外汇储备持续稳步回升，2017 年末我国外汇储备余额为 31 399 亿美元，较 2016 年末上升 1 294 亿美元。

2018 年，预计我国国际收支将延续基本平衡态势，经常账户顺差维持在合理水平，跨境资本流动保持总体稳定。在国内经济平稳运行、改革开放深入推进、人民币汇率双向波动等环境下，我国跨境资金双向流动、总体平衡的格局有望进一步巩固。外汇管理部门将坚持稳中求进总基调，推动跨境资本流动均衡管理，实行更高水平的贸易投资自由化便利化，稳步推进金融市场双向开放，构建跨境资本流动宏观审慎管理体系，完善外汇市场微观监管框架，加强外汇储备经营管理能力建设。

Abstract

In 2017, the global economy continued to recover and the international financial market remained stable. The Chinese economy maintained an upward steadtrend with an enhanced economic structure as well as quality growth. The RMB exchange rate appreciated against the USD and remained stable against the basket of currencies.

In 2017, China's balance of payments gradually stabilized and reacheda basic balance. First, the current–account balance remained within a reasonable zone, with a surplus of USD 164.9 billion, 1.3 percent of GDP. Second, a surplus reappeared in the non–reserve financial account, amounting to USD 148.6 billion, whereas in 2016 therehad been a deficit of USD 416.1 billion. In terms of major items, direct investments, portfolio investments, and other investments all recorded surpluses, amounting to USD 66.3 billion, USD 7.4 billion, and USD 74.4 billion respectively. In terms of destinations, outward investments by domestic entities stabilized and the net increase of direct investment external assets, portfolio investments, and other investments totaled USD 286.7 billion, down 58 percent year on year. Inward investments by foreign entities rebounded, with a net inflow of USD 435.3 billion and up 68 percent year on year. Last, foreign reserves continued to grow, with a balance of USD 3 139.9 billion by the end of 2017, up USD 129.4 billion from the end of 2016.

In 2018, China's balance of payments is expected to remaingenerally balanced with a reasonable current–account surplus and stable cross–border capital flows. Against the backdrop of the stable economic situation, the further deepening of reform and opening–up, and the two–way fluctuationsin the RMB exchange rate, two–way capital flows and thegeneral balance will be further solidified. The SAFE will promote steady improvement inmanagement of balanced cross–border capital flows in a balanced way so as to further facilitate trade and investment liberalization, to enhance the opening up of the financial market in both directions, to establish a macro prudential management system with respect to cross–border capital flows, to improve the microregulatory framework in the foreign–exchange market, and to improve management of foreign– exchange reserves.

目　录

专栏

图

表

Content

Box

Chart

Table

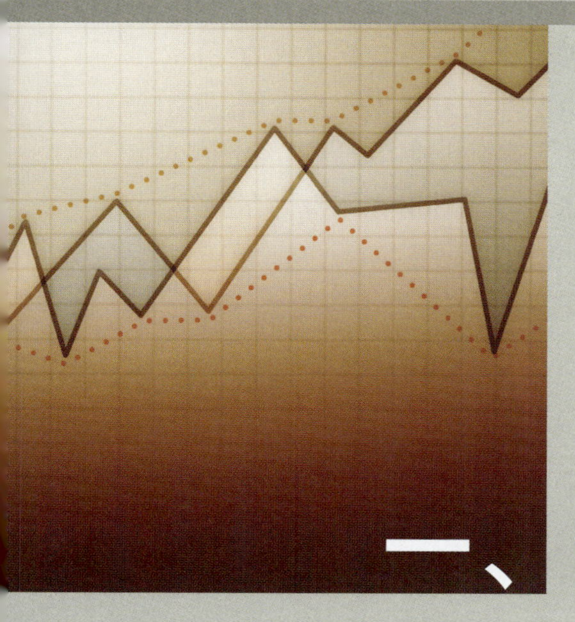

一、国际收支概况

（一）国际收支运行环境

2017 年，我国国际收支运行的内外部环境总体趋稳。世界经济呈现同步复苏态势，国际金融市场运行总体平稳；国内经济稳中向好势头更加明显。

世界经济同步复苏。美国经济形势表现强劲，复苏态势良好，已接近充分就业状态；欧元区经济复苏步伐逐渐加快，各经济体形势普遍改善，内需和投资成为经济复苏的主要动力；日本通胀水平依然疲软，但经济复苏势头转好，失业率走低；英国经济短期内受“脱欧”带来的不确定因素影响，表现略逊于其他主要欧洲经济体，但经济形势基本稳定。虽然部分新兴经济体面临跨境资本波动等潜在风险，存在经济调整与转型压力，但 2017 年新兴经济体总体保持较快增长（见图 1–1）。

图 1-1

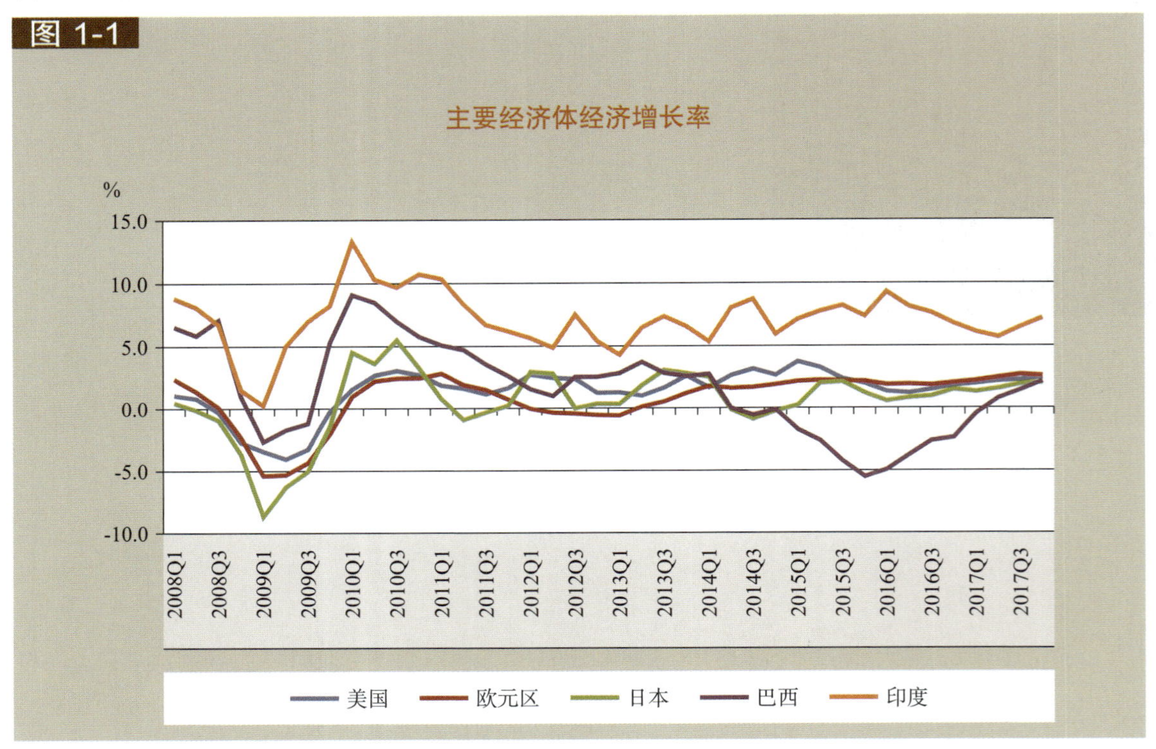

注：美国数据为季度环比折年率，其他经济体数据为季度同比。
资料来源：环亚经济数据库。

全球货币政策温和调整。主要发达经济体货币政策趋向正常化。2017 年，美联储继续渐进式加息，三次提高联邦基金利率目标区间累计 75 个基点至 1.25%~1.5%，并于 2017 年 10 月开始缩减资产负债表。欧央行维持主要指标利率不变，2016 年底以来两次延长资产购买计划但缩减购买规模，释放出一定的货币政策正常化信号。日本央行继续实施量化和质化宽松政策（QQE），以期实现 2% 的通胀目标。2017 年 11 月，英格兰银行上调基准利率 25 个基点至 0.5%，为 2007 年 7 月以来首次加息。新兴经济体货币政策相对分化。为促进经济增长，俄罗斯、巴西、智利、印度和印度尼西亚等国均连续调低指标利率，进一步放松货币政策。另外，韩国、墨西哥和土耳其等国收紧货币政策，以应对汇率贬值、资本外流和通胀压力等问题。

国际金融市场运行总体平稳。2017 年，美元走弱，欧元、英镑和日元对美元汇率升值，美元指数下跌 9.9%；新兴市场经济体货币汇率总体回升，JP Morgan 新兴市场货币指数（EMCI）上涨 5.6%，虽然土耳其里拉、巴西雷亚尔等货币对美元贬值，但俄罗斯卢布、印度卢比和墨西哥比索等更多新兴市场货币对美元升值。2017 年，市场风险偏好上升，全球股市普遍上涨，国际大宗商品价格总体走强，美国道琼斯工业平均指数、欧元区斯托克 50 指数和 MSCI 新兴市场股指分别上涨 25.1%、6.5% 和 34.3%，S&P GSCI 商品价格指数上涨 11.1%（见图 1–2 和图 1–3）。未来，美国“宽财政 + 紧货币”政策组合的溢出效应、贸易保护主义、部分国家高杠杆和债务负担等相关风险，仍可能对全球经济金融稳定带来挑战。

图 1-2

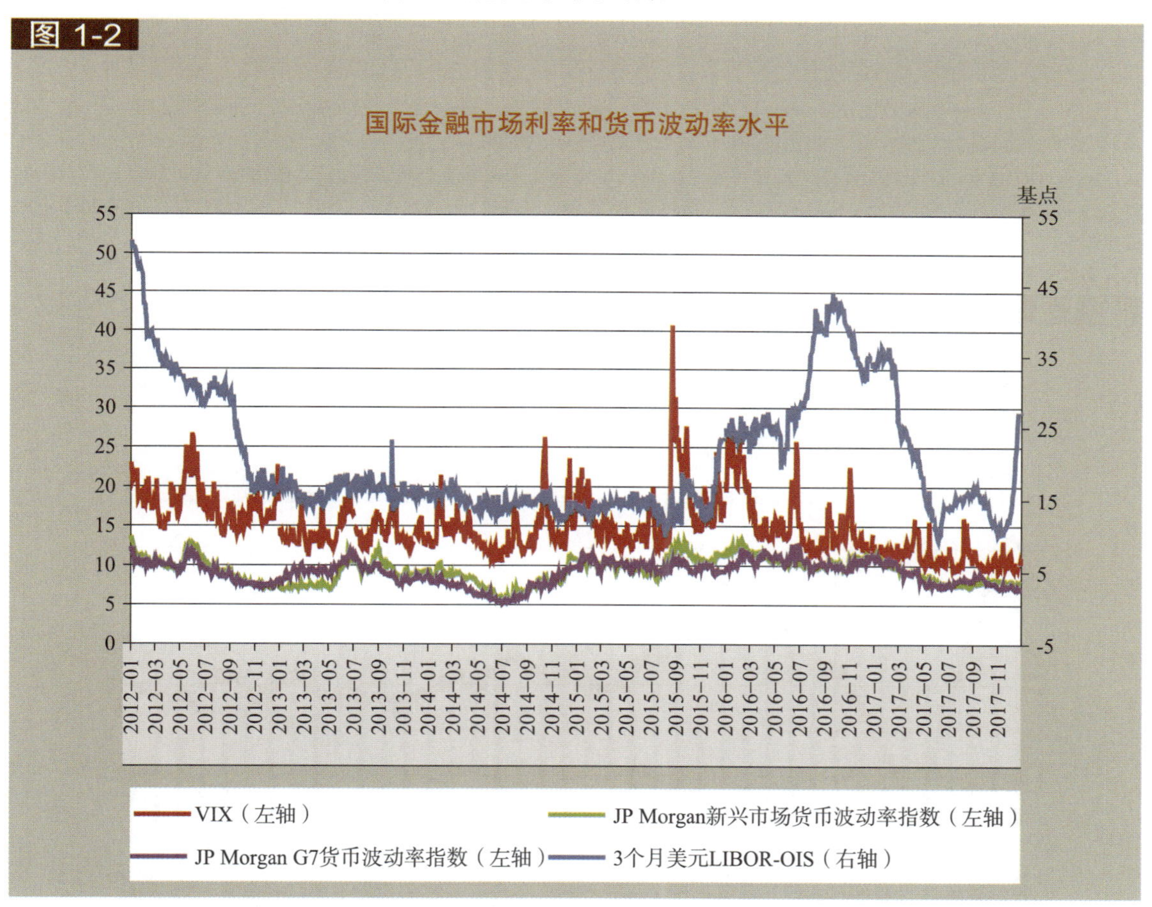

注：1. VIX 恐慌指数由芝加哥期权交易所 SPX（美国标准普尔 500 股指）期权隐含波动率加权平均所得。2. JP Morgan 新兴市场和 JP Morgan G7 货币波动率指数分别由三个月期限的新兴市场货币和 G7 货币平价期权波动率加权所得。3. 3 个月美元 LIBOR–OIS 为三个月期限美元 Libor 与隔夜指数掉期利率 OIS 之间的利差，主要反映全球银行体系的信贷压力，利差扩大被视为银行间拆借的意愿下降。

资料来源：彭博资讯。

图 1-3

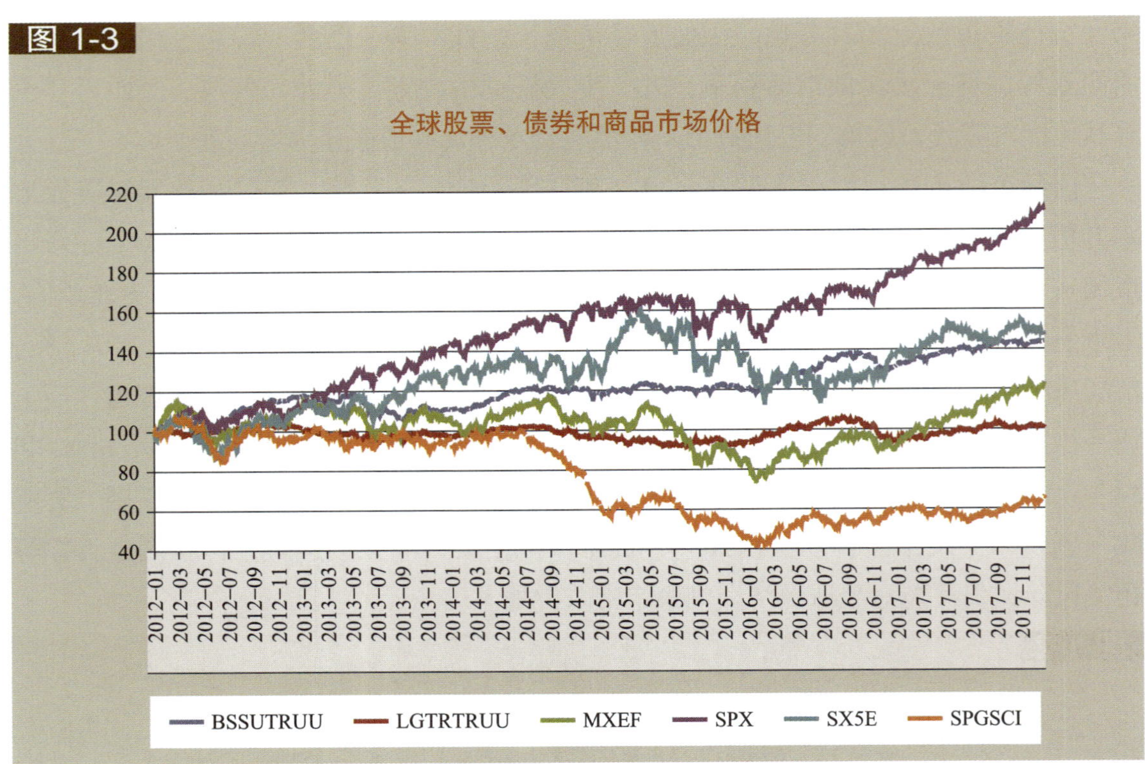

注：BSSUTRUU 和 LGTRTRUU 分别为彭博巴克莱新兴市场和发达国家主权债券指数，MXEF 为 MSCI 新兴市场股指，SPX 为美国标准普尔 500 股指，SX5E 为欧元区斯托克 50 股指，SPGSCI 为标准普尔 GSCI 商品价格指数，均以 2012 年初值为 100。

资料来源：彭博资讯。

图 1-4

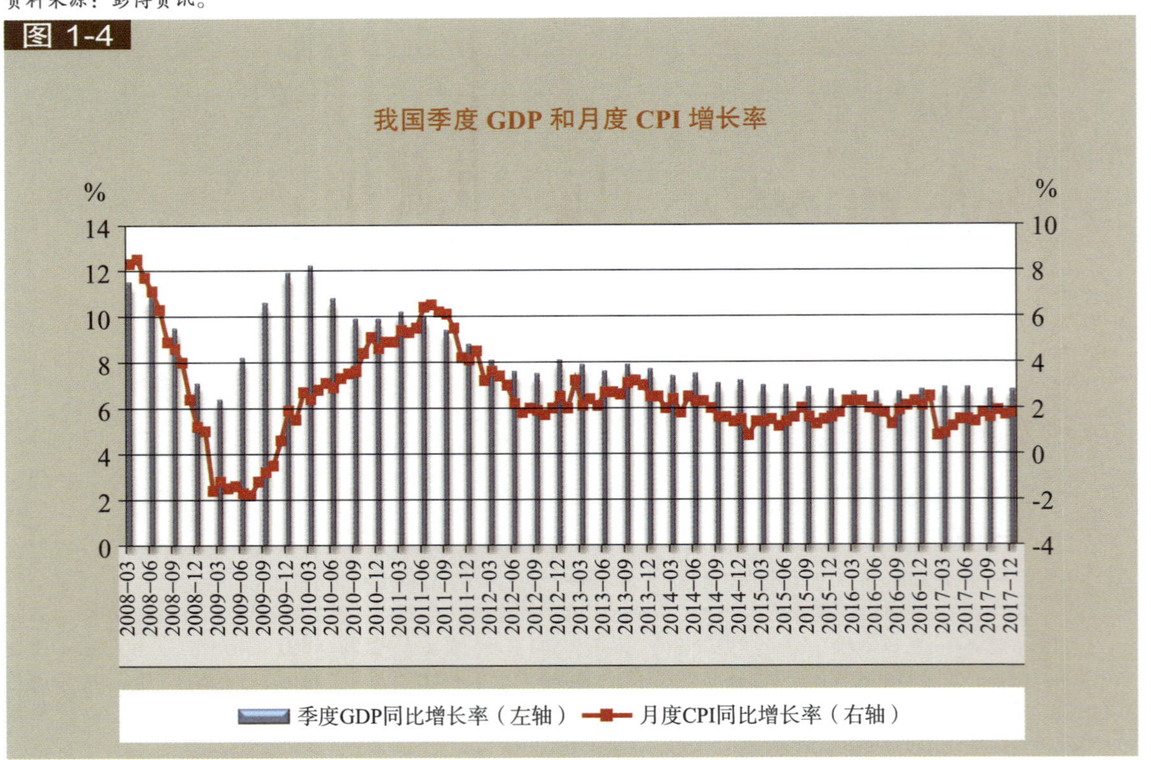

资料来源：国家统计局。

国内经济运行稳中向好、好于预期。2017年，我国经济发展呈现增长与质量、结构、效益相得益彰的良好局面。2017年，国内生产总值（GDP）达到82.7万亿元人民币，较上年增长6.9%，居民消费价格（CPI）较上年上涨1.6%（见图1-4），就业基本稳定。经济结构不断优化，新兴动能加快成长，质量效益明显提高，服务业在国内生产总值（GDP）中的比重为51.6%，消费对经济增长的贡献率为58.8%。但是，发展不平衡不充分的一些突出问题尚未解决，经济增长内生动力和创新能力有待进一步增强。

（二）国际收支主要状况

经常账户、非储备性质的金融账户均呈现顺差。2017年，我国经常账户顺差1 649亿美元，较上年下降18%；非储备性质的金融账户顺差1 486亿美元，2016年为逆差4 161亿美元（见表1-1）。

表1-1　我国国际收支差额主要构成

单位：亿美元

项　目	2011年	2012年	2013年	2014年	2015年	2016年	2017年
经常账户差额	1 361	2 154	1 482	2 360	3 042	2 022	1 649
与GDP之比	1.8%	2.5%	1.5%	2.3%	2.7%	1.8%	1.3%
非储备性质的金融账户差额	2 600	−360	3 430	−514	−4 345	−4 161	1 486
与GDP之比	3.4%	−0.4%	3.6%	−0.5%	−3.9%	−3.7%	1.2%

资料来源：国家外汇管理局、国家统计局。

货物贸易顺差有所回落。2017年，我国货物贸易出口22 165亿美元①，进口17 403亿美元，较上年分别增长11%和16%；顺差4 761亿美元，下降3%（见图1-5）。

服务贸易逆差增加。2017年，服务贸易收入2 065亿美元，较上年下降1%；支出4 719亿美元，增长7%；逆差2 654亿美元，增长14%（见图1-5）。其中，运输项目逆差561亿美元，增长20%；旅行项目逆差2 251亿美元，增长9%。

① 国际收支统计口径的货物贸易与海关统计口径的主要差异在于：一是国际收支中的货物只记录所有权发生了转移的货物（如一般贸易、进料加工贸易等贸易方式的货物），所有权未发生转移的货物（如来料加工或出料加工贸易）不纳入货物统计，而纳入服务贸易统计；二是计价方面，国际收支统计要求进出口货值均按离岸价格记录，海关出口货值为离岸价格，但进口货值为到岸价格，因此国际收支统计从海关进口货值中调出国际运保费支出，并纳入服务贸易统计；三是补充部分进出口退运等数据；四是补充了海关未统计的转手买卖下的货物净出口数据。

图 1-5

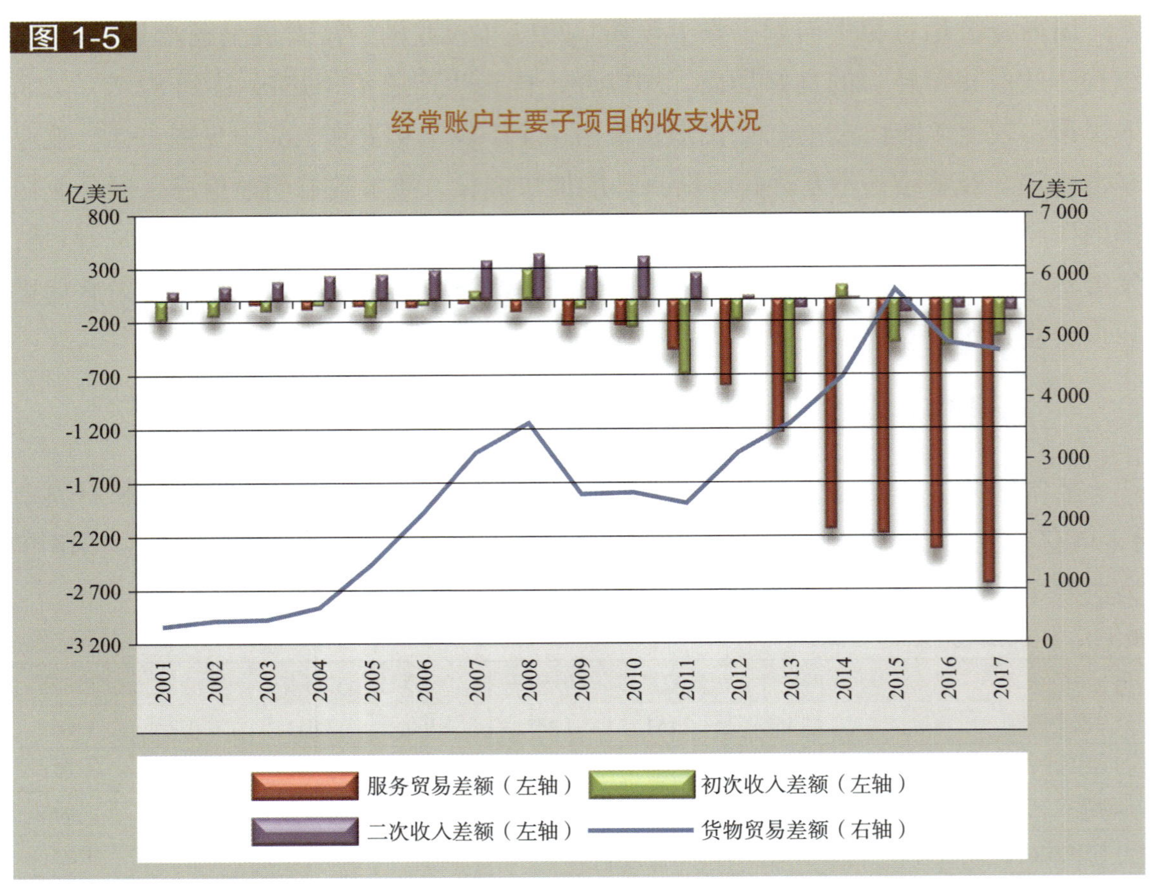

资料来源：国家外汇管理局。

初次收入[①]**逆差收窄。**2017 年，初次收入项下收入 2 573 亿美元，较上年增长 14%；支出 2 918 亿美元，增长 8%；逆差 344 亿美元，下降 22%。其中，雇员报酬顺差 150 亿美元，较上年下降 27%；投资收益逆差 499 亿美元，下降 23%（见图 1–5）。从投资收益看，我国对外投资的收益为 2 349 亿美元，增长 18%；外国来华投资的利润利息、股息红利等支出 2 848 亿美元，增长 8%。

二次收入逆差扩大。2017 年，二次收入项下收入 286 亿美元，较上年下降 7%；支出 400 亿美元，下降 1%；逆差 114 亿美元，增长 20%（见图 1–5）。

直接投资重现顺差。2017 年，直接投资顺差 663 亿美元[②]，2016 年为逆差 417 亿美元（见图 1–6）。其中，直接投资资产净增加 1 019 亿美元，较上年少增 53%；直接投资负债净增加 1 682 亿美元，少增 4%。

① 国际货币基金组织《国际收支和国际投资头寸手册》（第六版）将经常项下的“收益”名称改为“初次收入”，将“经常转移”名称改为“二次收入”。

② 国际收支统计口径的直接投资与商务部统计口径的主要差异在于，国际收支统计采用资产负债原则编制和列示，商务部直接投资数据采用方向原则编制和列示，两者对反向（逆向）投资和联属企业间投资的记录原则不同。除上述原则外，国际收支统计中的直接投资负债与商务部来华直接投资的差异还在于，直接投资负债包括了外商直接投资企业的未分配利润、已分配未汇出利润、盈余公积、股东贷款、金融机构吸收外资等内容。

证券投资差额由逆转顺。2017 年，证券投资顺差 74 亿美元，2016 年为逆差 523 亿美元（见图 1-6）。其中，我国对外证券投资净流出（资产净增加）1 094 亿美元，较上年增长 6%；境外对我国证券投资净流入（负债净增加）1 168 亿美元，增长 1.3 倍。

图 1-6

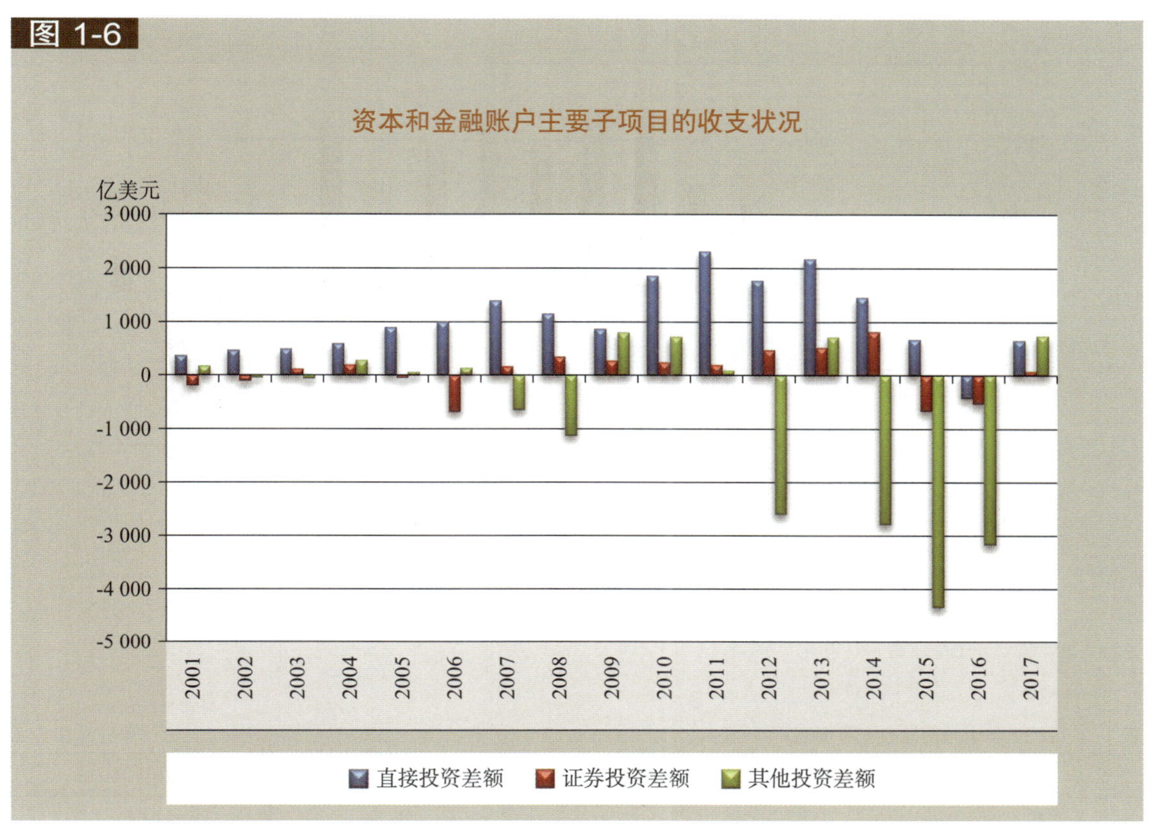

资料来源：国家外汇管理局。

其他投资呈现顺差。2017 年，贷款、贸易信贷以及资金存放等其他投资为顺差 744 亿美元，2016 年为逆差 3 167 亿美元（见图 1-6）。其中，我国对外的其他投资净流出（资产净增加）769 亿美元，较上年下降 78%；境外对我国的其他投资净流入（负债净增加）1 513 亿美元，增长 3.6 倍。

储备资产平稳增长。2017 年，我国交易形成的储备资产（剔除汇率、价格等非交易价值变动影响）增加 915 亿美元。其中，交易形成的外汇储备增加 930 亿美元（见图 1-7），第一季度下降 25 亿美元，第二至第四季度分别增加 319 亿美元、304 亿美元和 331 亿美元。截至 2017 年末，我国外汇储备余额 31 399 亿美元，较上年末余额上升 1 294 亿美元。

图 1-7

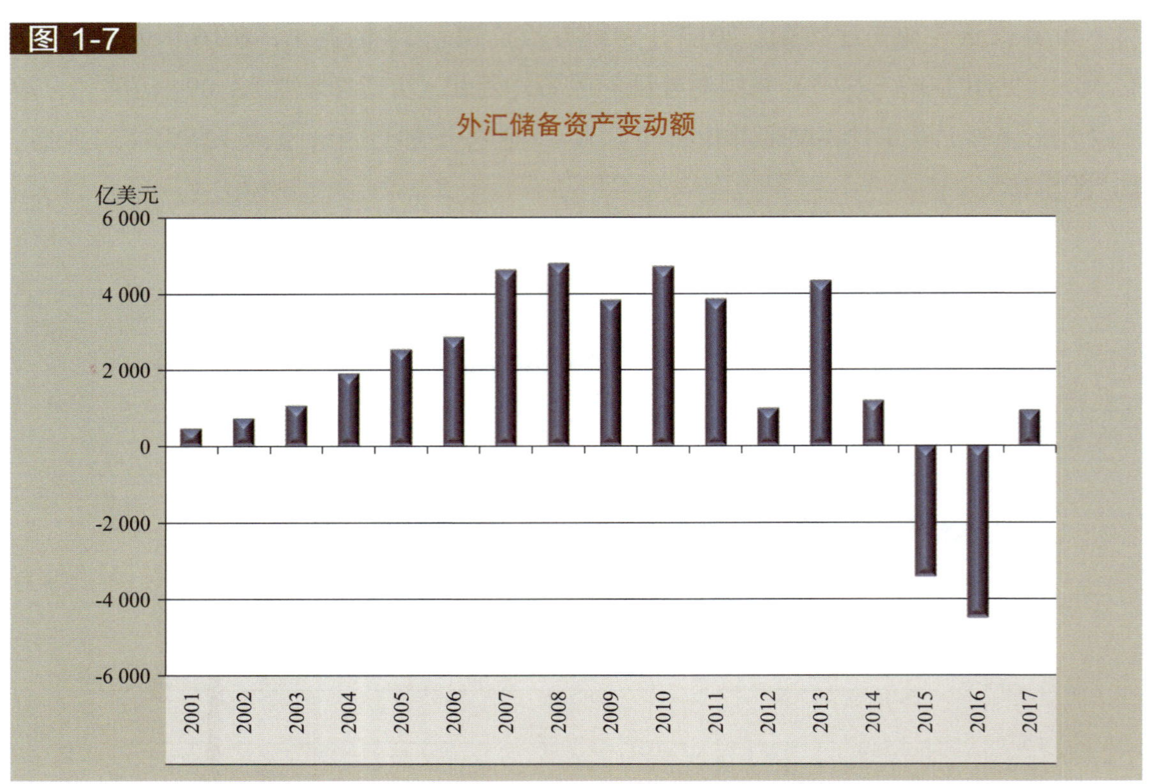

资料来源：国家外汇管理局。

表 1-2　2017 年中国国际收支平衡表　　单位：亿美元

项　　目	行次	2017 年
1. 经常账户	1	1 649
贷方	2	27 089
借方	3	−25 440
1.A 货物和服务	4	2 107
贷方	5	24 229
借方	6	−22 122
1.A. a 货物	7	4 761
贷方	8	22 165
借方	9	−17 403
1.A. b 服务	10	−2 654
贷方	11	2 065
借方	12	−4 719
1.A. b.1 加工服务	13	179
贷方	14	181
借方	15	−2
1.A. b.2 维护和维修服务	16	37
贷方	17	60

续表

项　　目	行次	2017 年
借方	18	−23
1.A. b.3 运输	19	−561
贷方	20	372
借方	21	−933
1.A. b.4 旅行	22	−2 251
贷方	23	326
借方	24	−2 577
1.A. b.5 建设	25	36
贷方	26	122
借方	27	−86
1.A. b.6 保险和养老金服务	28	−74
贷方	29	41
借方	30	−115
1.A. b.7 金融服务	31	18
贷方	32	34
借方	33	−16
1.A. b.8 知识产权使用费	34	−239
贷方	35	48
借方	36	−287
1.A. b.9 电信、计算机和信息服务	37	77
贷方	38	270
借方	39	−193
1.A. b.10 其他商业服务	40	161
贷方	41	586
借方	42	−426
1.A. b.11 个人、文化和娱乐服务	43	−20
贷方	44	8
借方	45	−27
1.A. b.12 别处未提及的政府服务	46	−18
贷方	47	17
借方	48	−35
1.B 初次收入	49	−344
贷方	50	2 573
借方	51	−2 918
1.B.1 雇员报酬	52	150
贷方	53	217
借方	54	−67

续表

项　　目	行次	2017 年
1.B.2 投资收益	55	−499
贷方	56	2 349
借方	57	−2 848
1.B.3 其他初次收入	58	5
贷方	59	7
借方	60	−3
1.C 二次收入	61	−114
贷方	62	286
借方	63	−400
2. 资本和金融账户	64	570
2.1 资本账户	65	−1
贷方	66	2
借方	67	−3
2.2 金融账户	68	571
资产	69	−3 782
负债	70	4 353
2.2.1 非储备性质的金融账户	71	1 486
资产	72	−2 867
负债	73	4 353
2.2.1.1 直接投资	74	663
2.2.1.1.1 直接投资资产	75	−1 019
2.2.1.1.1.1 股权	76	−997
2.2.1.1.1.2 关联企业债务	77	−22
2.2.1.1.2 直接投资负债	78	1 682
2.2.1.1.2.1 股权	79	1 422
2.2.1.1.2.2 关联企业债务	80	260
2.2.1.2 证券投资	81	74
2.2.1.2.1 资产	82	−1 094
2.2.1.2.1.1 股权	83	−377
2.2.1.2.1.2 债券	84	−717
2.2.1.2.2 负债	85	1 168
2.2.1.2.2.1 股权	86	340
2.2.1.2.2.2 债券	87	829
2.2.1.3 金融衍生工具	88	5
2.2.1.3.1 资产	89	15
2.2.1.3.2 负债	90	−10
2.2.1.4 其他投资	91	744

续表

项　　目	行次	2017 年
2.2.1.4.1 资产	92	−769
2.2.1.4.1.1 其他股权	93	0
2.2.1.4.1.2 货币和存款	94	−370
2.2.1.4.1.3 贷款	95	−397
2.2.1.4.1.4 保险和养老金	96	0
2.2.1.4.1.5 贸易信贷	97	−194
2.2.1.4.1.6 其他	98	192
2.2.1.4.2 负债	99	1 513
2.2.1.4.2.1 其他股权	100	0
2.2.1.4.2.2 货币和存款	101	1 055
2.2.1.4.2.3 贷款	102	496
2.2.1.4.2.4 保险和养老金	103	7
2.2.1.4.2.5 贸易信贷	104	−12
2.2.1.4.2.6 其他	105	−32
2.2.1.4.2.7 特别提款权	106	0
2.2.2 储备资产	107	−915
2.2.2.1 货币黄金	108	0
2.2.2.2 特别提款权	109	−7
2.2.2.3 在国际货币基金组织的储备头寸	110	22
2.2.2.4 外汇储备	111	−930
2.2.2.5 其他储备资产	112	0
3. 净误差与遗漏	113	−2 219

注：1. 本表根据《国际收支和国际投资头寸手册》(第六版) 编制。
2. "贷方"按正值列示，"借方"按负值列示，差额等于"贷方"加上"借方"。本表除标注"贷方"和"借方"的项目外，其他项目均指差额。
3. 本表计数采用四舍五入原则。
资料来源：国家外汇管理局。

（三）国际收支运行评价

经常账户顺差继续处于合理区间，非储备性质的金融账户差额由逆差转为顺差。 2017 年，我国经常账户顺差与 GDP 之比为 1.3%，依然处于合理区间；非储备性质的金融账户实现顺差 1 486 亿美元，2015 年和 2016 年分别为逆差 4 345 亿美元和 4 161 亿美元，2017 年第一至第四季度均呈现稳定规模的顺差，依次为 368 亿美元、311 亿美元、441 亿美元和 365 亿美元，此前为连续 11 个季度逆差，表明我国跨境资本已经由持续净流出转向总体平稳态势。在经常账户顺差、非储备性质金融账户顺差的有力支撑下，我国储备资产持续回升（见图 1−8），国际收支状况更加稳健。

图 1-8

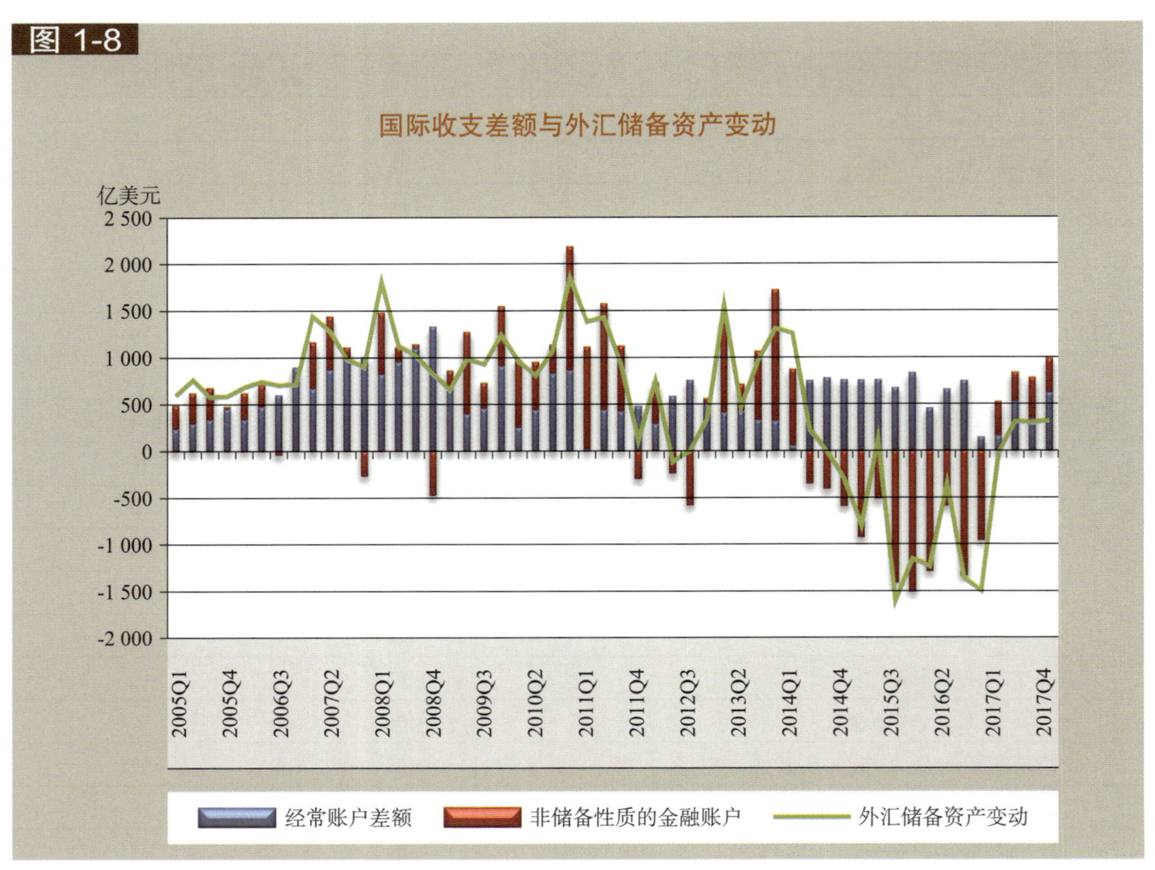

资料来源：国家外汇管理局。

境内主体对外投资总体趋稳。2017 年，境内主体对外直接投资、证券投资和其他投资等资产合计净增加 2 867 亿美元，较上年少增 58%。首先，第一至第四季度对外投资资产分别净增加 547 亿美元、795 亿美元、788 亿美元和 737 亿美元。首先，对外直接投资回归理性后逐步企稳。2017 年，直接投资资产净增加 1 019 亿美元，较上年少增 53%，其中前三个季度平均每季度增加 217 亿美元，少增 64%；第四季度回升至 369 亿美元，多增 1%。其次，对外证券投资平稳增长。2017 年境外股权、债券等相关资产合计净增加 1 094 亿美元，增长 6%。最后，对外存款、贷款等其他投资资产净增加 769 亿美元，少增 78%（见图 1-9 和图 1-10）。

图 1-9

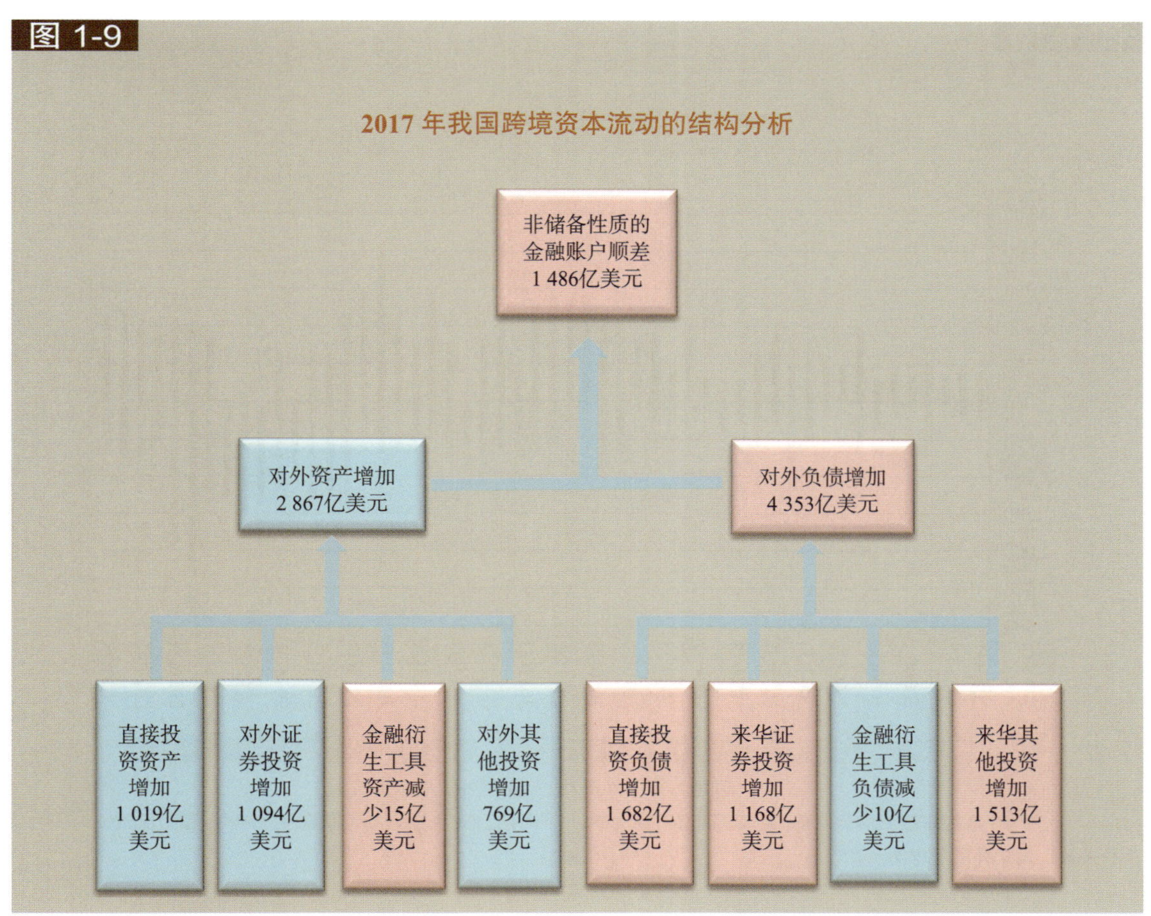

资料来源：国家外汇管理局。

境外主体来华各类投资进一步回升。2017 年，外国来华直接投资、证券投资和其他投资等外来投资净流入（即对外负债净增加）4 353 亿美元，较上年增长 68%，与 2010—2014 年持续净流入时的年均水平基本相当。其中，第一至第四季度分别净流入 915 亿美元、1 106 亿美元、1 230 亿美元和 1 102 亿美元。分渠道看，2017 年，直接投资项下境外资本净流入 1 682 亿美元，仍保持较高规模；来华证券投资项下境外资本净流入规模创新高，为 1 168 亿美元，增长 1.3 倍，体现了境内资本市场扩大对外开放的效果；货币和存款项下资金净流入 1 055 亿美元，2016 年净流入 91 亿美元，2015 年为净流出 1 226 亿美元，主要是非居民持有人民币资产的意愿有所提升；境内主体吸收境外贷款、贸易信贷资金净流入 484 亿美元，而此前三年依次为净流出 364 亿美元、2 290 亿美元和 12 亿美元，说明境内主体融资意愿稳步恢复，融资规模由降转升（见图 1–9 和图 1–10）。

图 1-10

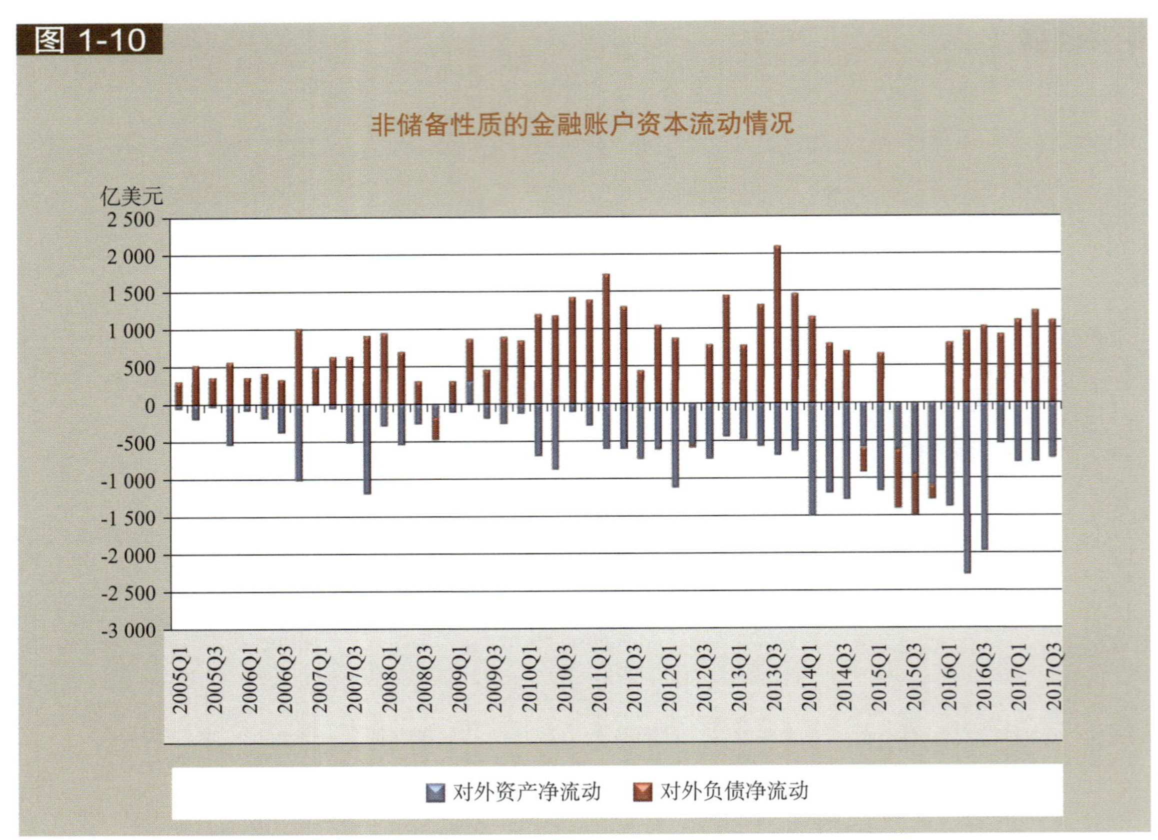

资料来源：国家外汇管理局。

我国国际收支基本实现自主平衡。从更长的历史进程看，我国国际收支在经历长达十余年持续净流入和一段时期净流出后，初步呈现自主平衡的发展态势。主要表现，**一是**外汇储备平稳增加，2017 年交易形成的外汇储备增加 930 亿美元；**二是**人民币对美元汇率双向波动明显增强。在 2014 年之前面临流入压力时，外汇储备资产快速增长，2007—2013 年每年（除 2012 年外）增幅均在 4 000 亿美元左右，人民币对美元总体表现为较长期的升值；在 2015—2016 年面临流出压力时，交易形成的外汇储备年均下降 3 955 亿美元，人民币对美元汇率持续贬值。总的来看，当前国内外市场环境总体改善，人民币汇率预期合理分化，夯实了我国国际收支自主平衡的基础。

专栏 1

改革开放 40 年来我国国际收支的发展演变

改革开放以来，我国经济社会各方面都发生了翻天覆地的变化，涉外经济更是得到蓬勃发展，从国际收支数据上能够得到充分体现。

一、改革开放推动中国经济全面融入世界经济体系，我国国际收支交易实现了从小变大、由弱变强的巨大飞跃

我国在全球贸易中的地位明显提升。国际收支平衡表数据①显示，1982年我国货物和服务进出口总额为404亿美元，在全球范围内位居20多位。之后到2001年加入世界贸易组织的近20年间，货物和服务贸易总额年均增长14%；2001—2008年，对外贸易进入高速发展期，年均增速达26%；2009—2017年，对外贸易在波动中逐步趋稳，年均增长9%。2016年②，我国货物和服务进出口总额为4.14万亿美元，在全球范围内位居第2位（见图C1-1）。

图 C1-1

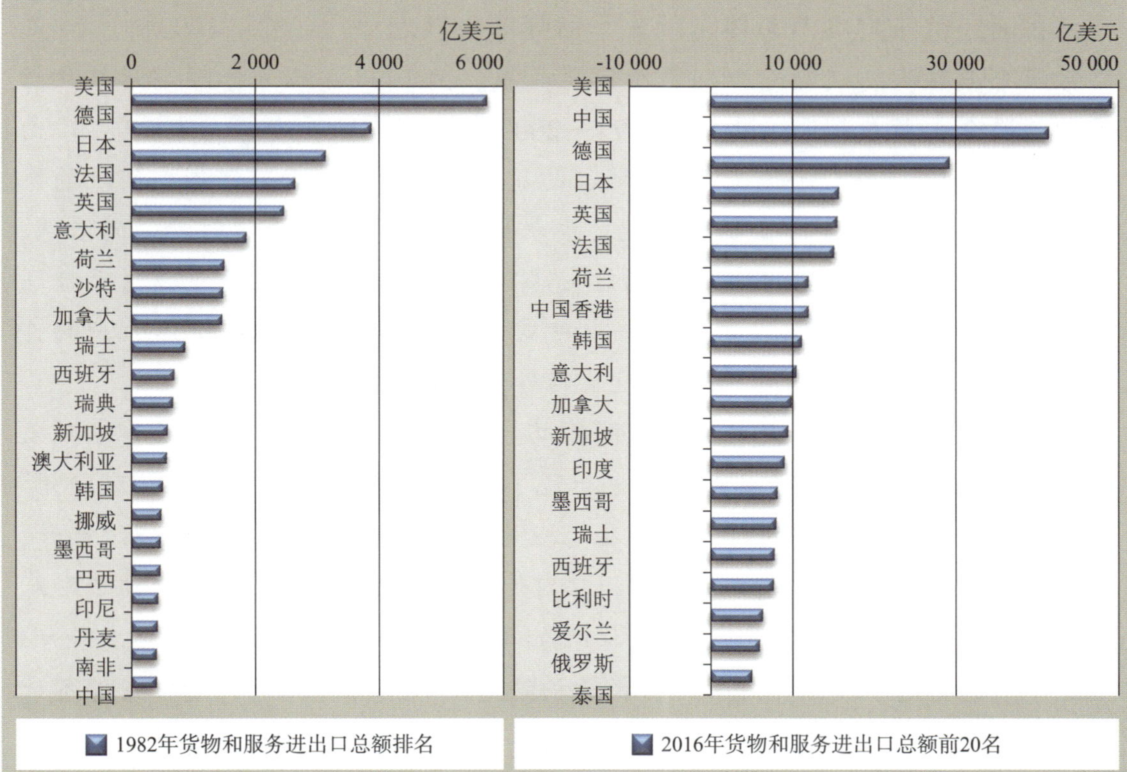

注：货物和服务贸易数据来自各国国际收支平衡表。
资料来源：国际货币基金组织。

对外金融资产和负债规模稳步增长。改革开放以来，跨境直接投资先行先试，债券投资和贷款逐渐被政府允许，证券投资随着合格机构投资者制度的引

① 我国国际收支平衡表数据最早为1982年。
② 部分国家2017年国际收支平衡表尚未公布，2016年世界各国数据较全面。

入实现了从无到有的突破，近年来“沪港通”“深港通”“债券通”等渠道不断丰富，各类跨境投融资活动日益频繁。以直接投资为例，20世纪80年代国际收支统计的外国来华直接投资年均净流入二三十亿美元，90年代升至每年几百亿美元，2005年开始进入千亿美元，中国逐步成为全球资本青睐的重要市场。对外直接投资在2005年之前每年均不足百亿美元，2014年突破千亿美元，体现了国内企业实力的增强和全球化布局的需要。国际投资头寸表显示，2017年末我国对外金融资产和负债规模合计12.04万亿美元，自2004年有数据统计以来年均增长17%。从2016年末的各国数据比较看，我国对外金融资产和负债规模在全球排第8位，并且是全球第二大净债权国。

二、改革开放促进国内经济结构和对外经济格局的优化，我国国际收支经历长期“双顺差”后逐步趋向基本平衡

我国经常账户顺差总体呈现先升后降的发展态势。1982—1993年，我国经常账户差额有所波动，个别年份出现逆差。但1994年以来，经常账户开始了持续至今的顺差局面。其中，1994—2007年，经常账户顺差与GDP之比由1%左右提升至9.9%，外向型经济特征凸显，在此期间也带动了国内经济的快速增长。但2008年国际金融危机进一步表明，我国经济应降低对外需的依赖，更多转向内需拉动。2008年起我国经常账户顺差与GDP之比逐步回落至合理区间，2017年降至1.3%，说明近年来内需尤其是消费需求在经济增长中的作用更加突出，这也是内部经济结构优化与外部经济平衡的互为印证。

跨境资本由持续净流入转向双向流动。在1994年经常账户开启长期顺差局面后，我国非储备性质金融账户也出现了长达二十年左右的顺差，“双顺差”一度成为我国国际收支的标志性特征。在此情况下，外汇储备余额持续攀升，最高接近4万亿美元。2014年以来，在内外部环境影响下，非储备性质金融账户持续了近三年的逆差，外汇储备由升转降，直至2017年外汇储备再度回升。上述调整也引起了我国对外资产负债结构的变化，2017年末对外资产中储备资产占比为47%，较2013年末下降18个百分点；直接投资、证券投资和其他投资占比分别上升10个、3个和5个百分点，体现了对外资产的分散化持有与运用。同时，2017年末对外负债中的证券投资占比较2013年末上升11个百分点，其他投资占比下降9个百分点，国内资本市场开放的成果有所显现。

三、改革开放增强了我国的综合国力和抗风险能力，我国国际收支经受住了三次较显著的外部冲击考验

改革开放以来我国国际收支状况保持总体稳健。历史上，国际金融市场震荡对我国国际收支形成的冲击主要有三次。一是1998年亚洲金融危机，当年我国非储备性质金融账户出现63亿美元小幅逆差，但由于经常账户顺差较高，外汇储备稳中略升。二是2008年国际金融危机以及随后的欧美债务危机，我国国际收支“双顺差”格局没有发生根本改变，外汇储备进一步增加。三是2014—2016年美国货币政策转向，新兴经济体普遍面临资本外流、货币贬值问题，我国外汇储备下降较多，但国际收支支付和外债偿还能力依然较强、风险可控。

日益稳固的经济基本面和不断提升的风险防范能力是应对外部冲击的关键。第一，改革开放以来，我国经济实力不断增强，逐步成为全球第二大经济体，而且产业结构比较完整，为应对外部冲击奠定了坚实的经济基础。第二，我国国际收支结构合理，抗风险能力较强，经常账户持续顺差，在1982—2013年的储备上升时期，贡献了63%的外汇储备增幅，2014年以来也起到了对冲资本外流的作用；外汇储备持续充裕，1998年亚洲金融危机前已是全球第二位，2006年起超过日本位居首位，使得我国储备支付进口、外债等相关警戒指标始终处于安全范围内。第三，我国资本项目可兑换稳步推进，人民币汇率形成机制改革不断完善，逆周期调节跨境资本流动的管理经验逐步积累，防范和缓解风险的效果明显。

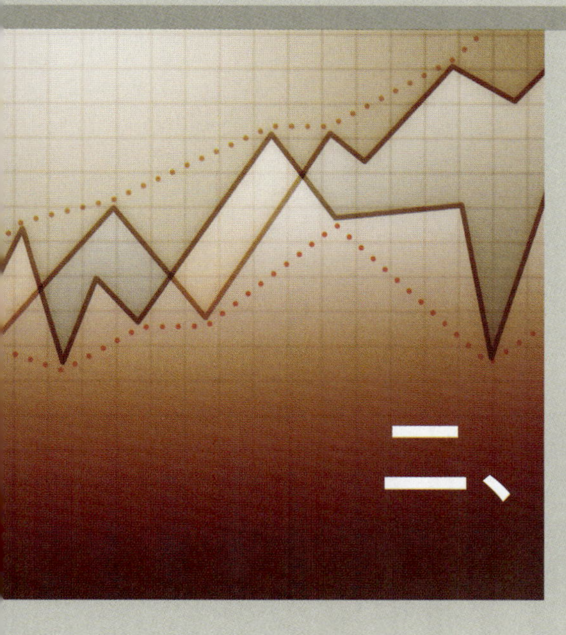

二、国际收支主要项目分析

（一）货物贸易

货物贸易进口增速快于出口，进出口更趋平衡。据海关统计，2017年，我国出口较上年增加8%，进口上升16%；进出口顺差4 225亿美元，较上年下降17%。2017年，我国外贸依存度（即进出口总额/GDP）为34%，较上年变化不大，仍处于近年来的较低水平（见图2-1）。

图 2-1

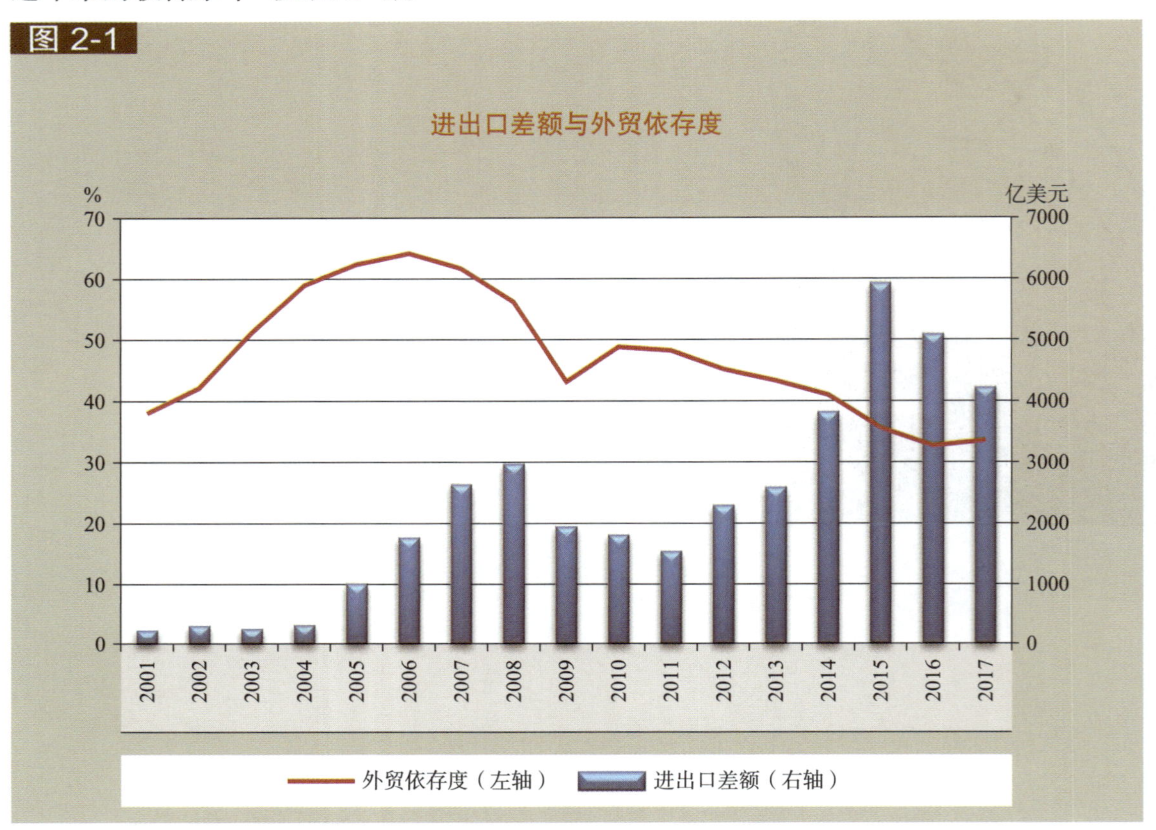

资料来源：海关总署、国家统计局。

进口数量和价格增幅均快于出口，分别体现了内需提升和国际大宗商品价格变动的影响。根据海关统计（人民币计价），2017年，出口数量指数月均上升7.4%，比上年加快了4.7个百分点；进口数量指数月均上升9.5%，比上年加快了5.8个百分点，说明我国内需提升对进口数量增长的拉动作用更明显。2017年，出口价格指数月均上升4.0%，上年为月均下跌2.2%；进口价格指数月均上升9.6%，上年为月均下跌3%，原油等国际大宗商品价格上涨是导致价格回升的重要原因。

货物贸易跨境收付顺差收窄，外汇收支顺差有所下降。2017年，我国货物贸易跨境收入较上年增加9%，跨境支付增加15%，顺差1 867亿美元，下降29%。其中，跨境外汇收付顺差2 336亿美元，较上年下降9%；跨境人民币收付逆差468亿美元，

2016 年为顺差 57 亿美元。

图 2-2

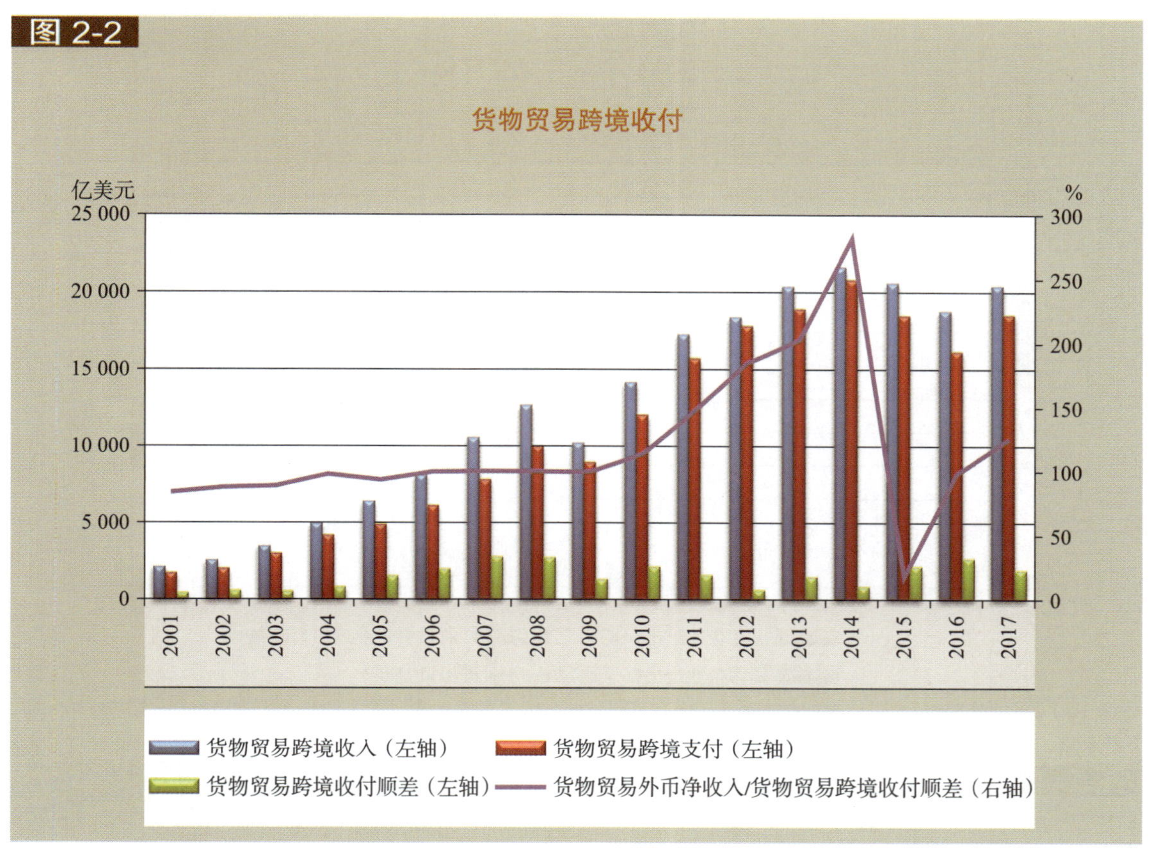

资料来源：国家外汇管理局。

国有企业进出口逆差增长，外资企业进出口顺差下降。2017 年，我国国有企业货物进出口逆差 2 062 亿美元，较上年增加 42%；外商投资企业货物进出口顺差 1 160 亿美元，较上年下降 21%；私营企业贸易进出口顺差 5 030 亿美元，与上年相比变化不大（见图 2-3）。

我国出口商品在主要发达经济体的份额保持相对稳定，我国在主要发达经济体出口市场中的比重均有所上升。2017 年，美国进口商品中来自中国的比重较上年增加 0.4 个百分点，欧盟进口商品中来自中国的比重与 2016 年基本持平，日本进口商品中来自中国的比重较上年下降 1.3 个百分点（见图 2-4）。2017 年，美国出口商品中销往中国的比重较上年增加 0.5 个百分点，欧盟出口商品中销往中国的比重较上年增加 0.8 个百分点，日本出口商品中销往中国的比重较上年增加 1.4 个百分点（见图 2-5）。

图 2-3

资料来源：海关总署。

图 2-4

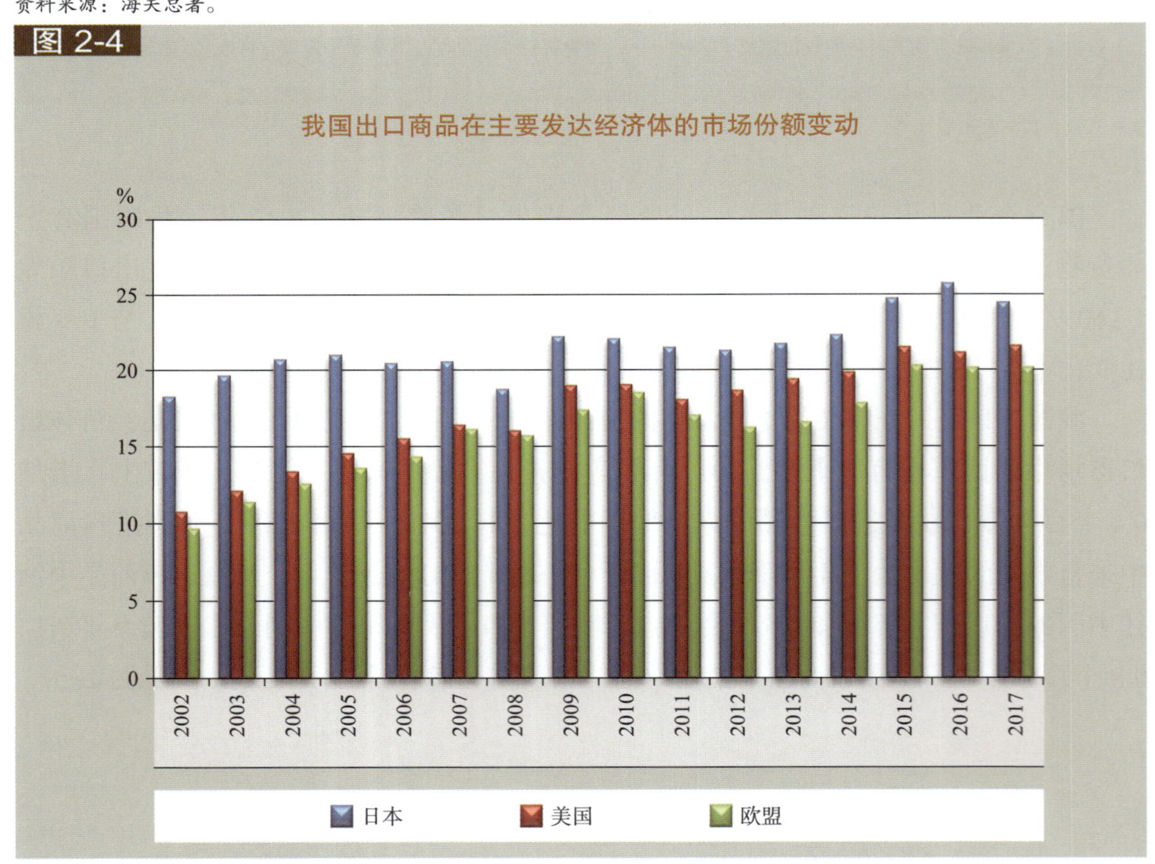

资料来源：环亚经济数据库。

图 2-5

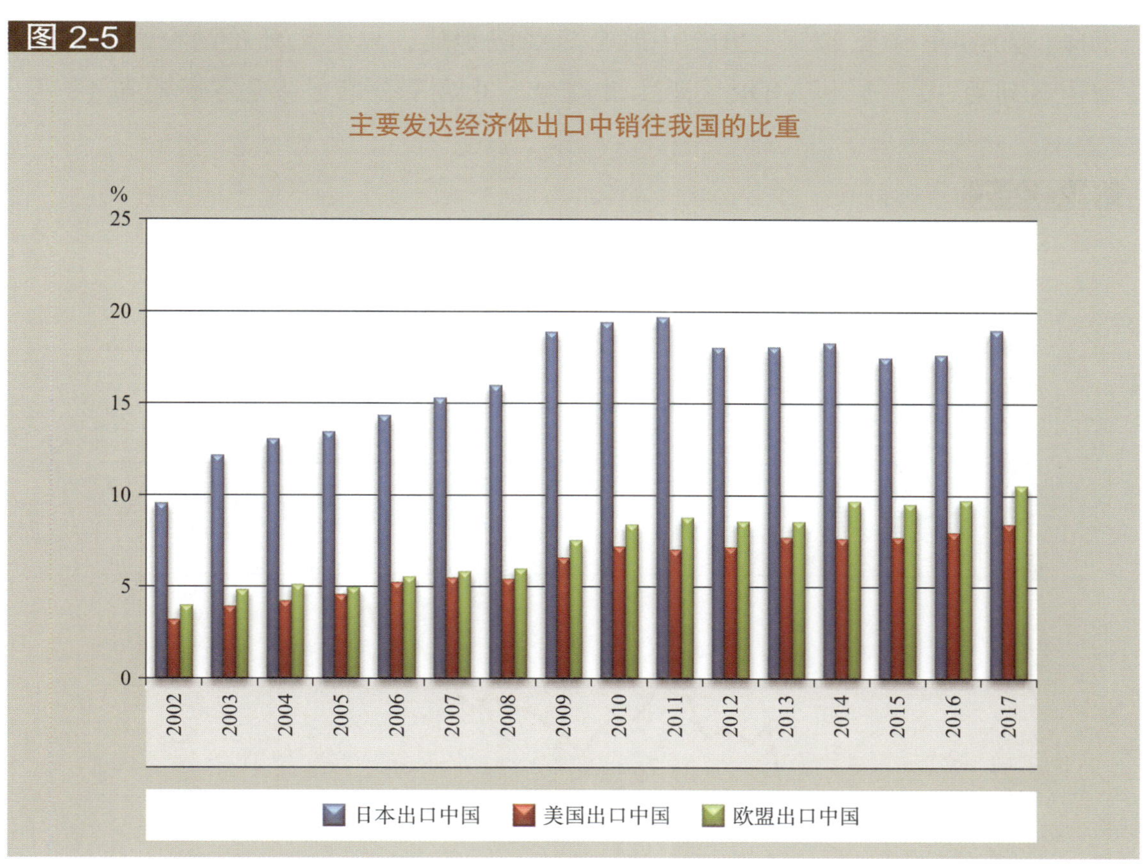

资料来源：环亚经济数据库。

专栏 2

全球贸易复苏的原因及趋势分析

2017 年全球贸易从金融危机后的萎靡形势中全面反弹，是对后危机时期贸易下滑的周期性修复，关键驱动因素是全球范围内投资及工业生产需求。未来，随着经济复苏，全球将进入增长—投资—增长的良性循环中，贸易增长有望持续一段时间，但贸易保护主义的发展演变是较大不确定因素，全球贸易复苏趋势可能会受到影响。

一、全球贸易全面回暖

全球贸易触底反弹。第二次世界大战后，全球贸易发展经过多轮反复。1960—1980 年初期，关贸总协定奠定了贸易自由化趋势，全球贸易迅速发展，占 GDP 比例由 12% 升至 20%。1985 年发达国家经济危机后，全球贸易迎来最为繁荣的二十年，占 GDP 比例达到峰值 31%，直至金融危机爆发。后危机时期，全球贸易曾迎来短暂反弹，但 2011 年后再度疲软，贸易占 GDP 比例持续下降，2016 年降至 27%。2017 年随全球经济加速，以美元计价的全球贸易额增速达到约 9%，贸易 /GDP 重返上升趋势，开启了全球贸易复苏新周期（见图 C2-1）。

图 C2-1

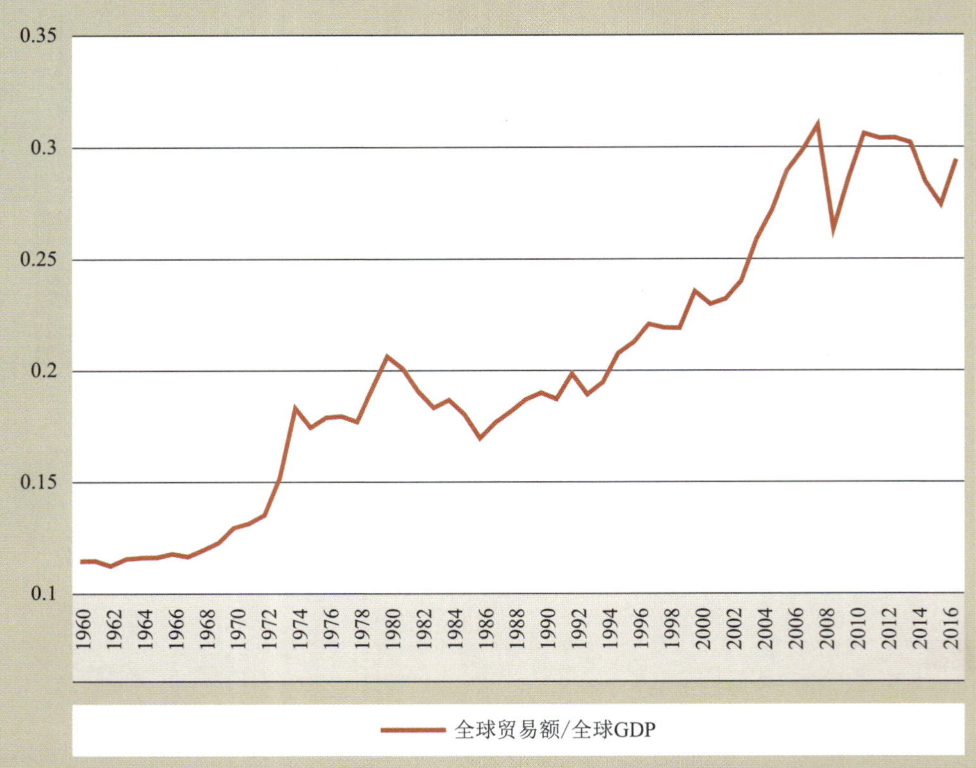

资料来源：世界银行、Haver。

贸易回暖受到价格和规模双重支撑。此轮回暖贸易量反弹时间与贸易额基本同步，幅度略小，说明回暖是规模和价格共同作用的结果，并非部分观点认为的贸易复苏单纯由大宗商品价格上升导致。剔除汇率影响后以固定汇率折算的本币贸易额大幅上升，这与美元计价的贸易额情况类似，说明美元贬值在贸易回暖中影响有限。

贸易回暖基础广泛。2016—2017 年各产品贸易全面复苏，能源产品贸易增速大幅上升，对贸易回暖贡献最大，约为 34%。但非能源产品贸易增速也全面上升，且由于贸易份额占比大，对贸易回暖的贡献（66%）远高于能源产品。

二、本轮贸易复苏是对后危机时期下滑的周期性修复

贸易对 GDP 弹性已回到 2002—2008 年贸易繁荣时期平均水平。贸易增速

对GDP增速的弹性是公认的衡量结构性因素的指标，该指标在2011—2015年迅速降至长期均衡水平1倍以下，被认为是贸易结构化下行的最主要证据。然而，2017年上半年全球贸易额增速/GDP增速升至1.8倍左右，基本恢复到2002—2008年平均水平。

本轮贸易复苏和2011—2015年下滑主要为周期性波动。从国别角度看，2002—2008年进口增速上升快、2011—2015年下降快和2016—2017年反弹大的国别基本一致，说明2011—2015年贸易下滑主要是对2002—2008年贸易繁荣时期过高增速的周期性调整，而本轮复苏是对2011—2015年贸易下滑的周期性再调整。这与IMF①提出的2012—2015年全球贸易减速的四分之三可归因于周期性因素的结论一致。

三、未来全球贸易有望持续复苏但也存在风险

从地域角度看，中国需求是贸易复苏的最初引擎，并逐渐外溢至全球。将各国进口增速和份额结合看，中国需求对本轮贸易复苏贡献最大。2016—2017年，中国经济企稳回升，进口需求增强，成为拉动全球贸易回暖的最初引擎。在中国溢出效应下，全球进口需求回升，并形成良性循环，对全球贸易形成广泛支撑。

全球投资加速有望带动全球贸易持续繁荣。与全球GDP中服务业占比较大不同，全球贸易主要以机器设备和其他耐用品为主，更多反映全球投资动向。本轮复苏恰逢全球投资企稳回升、工业生产进入上升通道，证实投资及工业生产是驱动全球贸易的关键变量。往前看，按照投资加速度理论，当全球经济增速上升时，投资意愿将得到自我增强，进入经济增长—投资—增长的良性循环中，全球投资将进入加速阶段，在此背景下，全球贸易繁荣有望持续一段时间。

贸易保护主义政策可能使全球贸易面临风险。目前，美国政府实施的税改、基建等政策将提振经济、鼓励投资，有助于促进全球贸易继续繁荣。但美国政府在贸易领域奉行的“美国优先”政策可能对全球贸易产生负面影响。如近期出台措施将对美国进口的钢铁和铝分别征收25%和10%的关税，引发多方反对。一旦美国单方面行动演化为更大范围的贸易战，将对全球贸易产生较大冲击，可能影响当前贸易复苏趋势（见图C2-2）。

① IMF世界经济展望——需求不振、表现和应对之策：第二章全球贸易增速放缓的原因是什么？2016年10月。

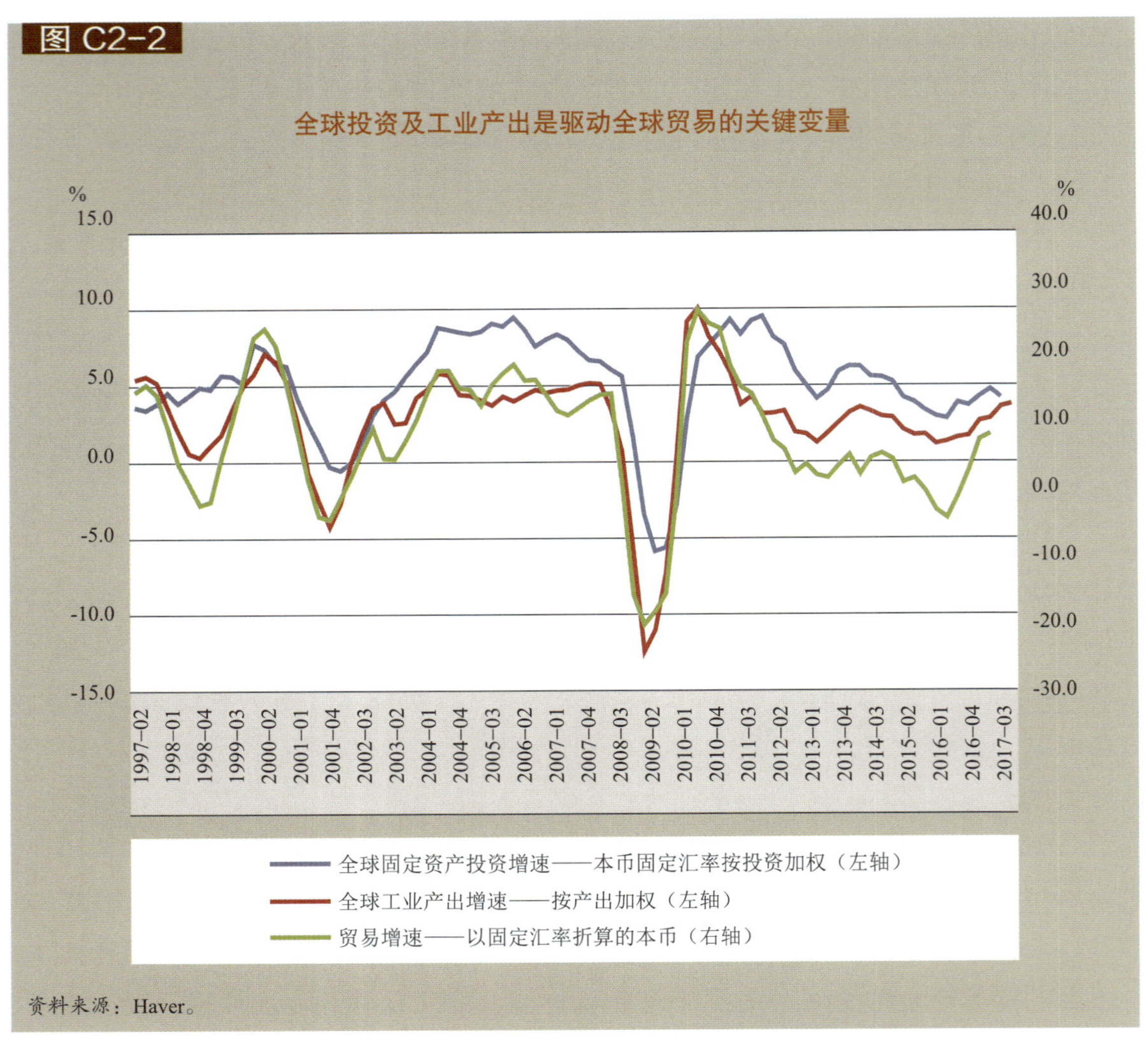

资料来源：Haver。

（二）服务贸易

服务贸易规模保持增长趋势。2017 年，我国服务贸易收支总额 6 783 亿美元，较上年增长 4%。2017 年，服务贸易与货物贸易总额的比例为 17%（见图 2-6）。服务贸易中，知识产权使用费、个人文化和娱乐服务及电信、计算机和信息服务等高附加值服务贸易行业的收支总额均保持较高增速，分别增长 33%、22% 和 21%。这表明我国服务贸易结构进一步优化。

服务贸易收入有所下降。2017 年，服务贸易收入为 2 065 亿美元，较上年下降 1%（见图 2-7）。占服务贸易收入比重较大的项目中，其他商业服务微增 1%，运输增长 10%，旅行收入下降 27%。增长较快的项目是知识产权使用费，增长 3.1 倍。

服务贸易支出保持增长。2017 年，服务贸易支出 4 719 亿美元，较上年增长 7%。占服务贸易支出比重较大的项目中，旅行占比 55%，支出增长 3%；运输占比

20%，支出增长 16%。此外，其他商业服务支出下降 2%；知识产权使用费支出增长 20%；电信、计算机和信息服务支出增长 51%；保险和养老金服务支出下降 11%。

图 2-6

资料来源：国家外汇管理局。

图 2-7

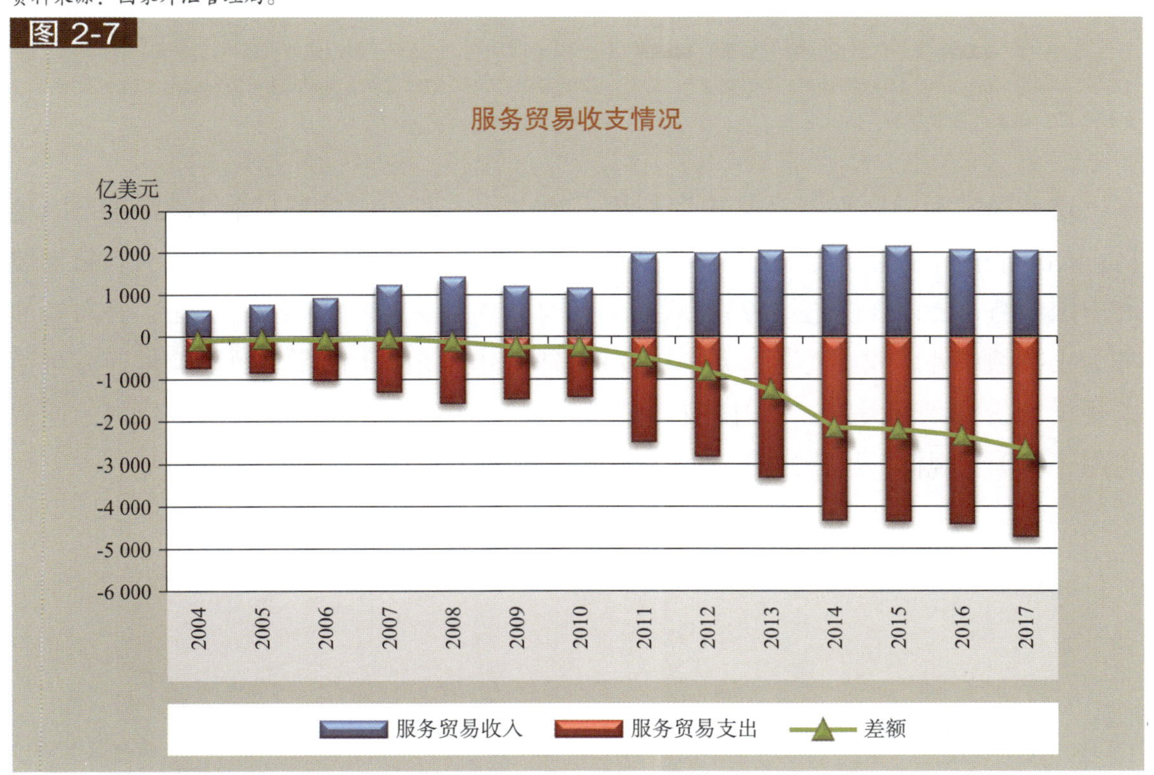

资料来源：国家外汇管理局。

服务贸易逆差继续扩大。2017 年，服务贸易逆差为 2 654 亿美元，较上年增长 14%，旅行逆差仍为服务贸易逆差主要来源（见图 2-8）。2017 年，旅行逆差 2 251 亿美元，增长 9%。主要随着我国经济发展和国民收入提高，出国旅游、留学人数持续上升。服务贸易逆差中排名第二的是运输，2017 年，运输逆差 561 亿美元，增长 20%，我国进口增幅较大，货运运输支出随之增长，导致运输逆差上升。

图 2-8

资料来源：国家外汇管理局。

逆差国家和地区保持高集中度趋势。2017 年，我国服务贸易前十大伙伴国（地区）依次为中国香港、美国、日本、英国、澳大利亚、德国、韩国、加拿大、新加坡和中国台湾，合计规模达 4 923 亿美元，占总服务贸易规模的 72%。其中，除对新加坡为小额顺差外，我国对其余九个主要贸易伙伴国（地区）的服务贸易均呈逆差且逆差规模均扩大，对美国、中国香港、澳大利亚、加拿大、日本、英国、德国的逆差均超百亿美元规模（见图 2-9）。

图 2-9

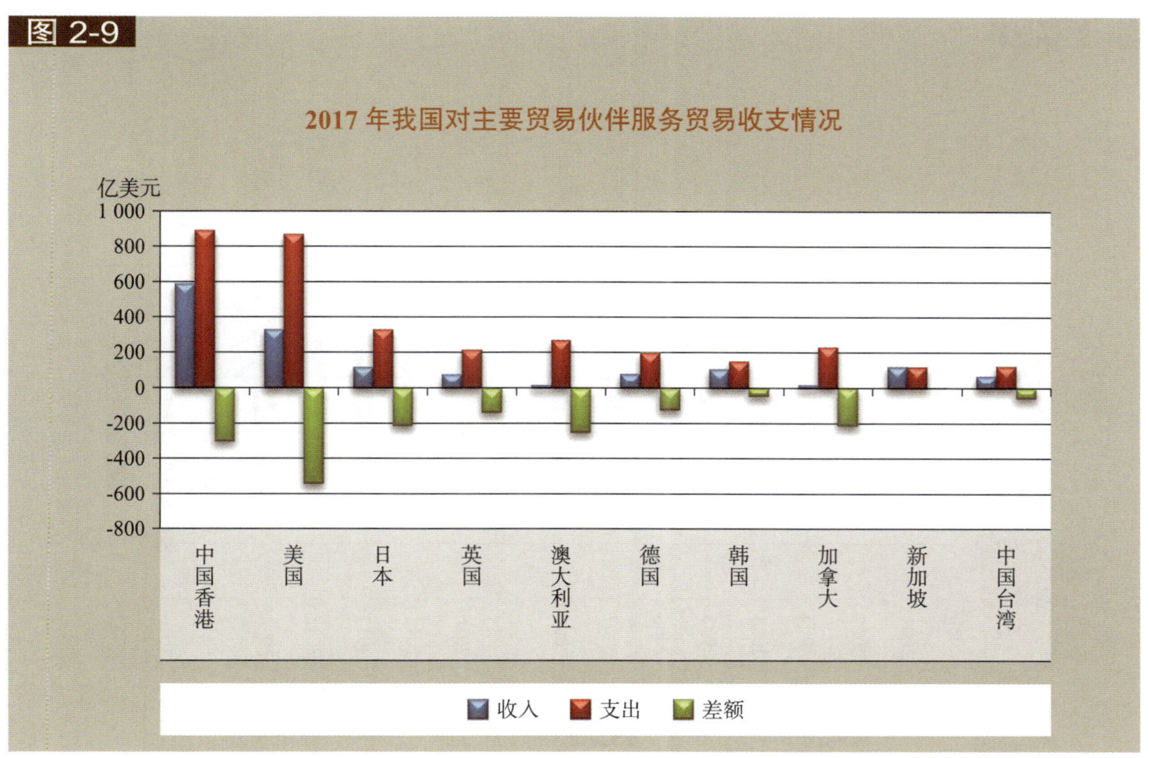

资料来源：国家外汇管理局。

（三）直接投资

直接投资由净流出转为净流入。2017 年，我国直接投资净流入 663 亿美元①（见图 2-10），上年为净流出 417 亿美元。

直接投资资产增长规模下降。2017 年，我国直接投资资产（主要是我国对外直接投资）净增加 1 019 亿美元②，较上年少增 53%（见图 2-11）。

① 直接投资净流动指直接投资资产净增加额（资金净流出）与直接投资负债净增加额（资金净流入）之差。当直接投资资产净增加额大于直接投资负债净增加额时，直接投资项目为净流出。反之，则直接投资项目为净流入。

② 直接投资资产以我国对外直接投资为主，但也包括少量境内外商投资企业对境外母公司的反向投资等。

图 2-10

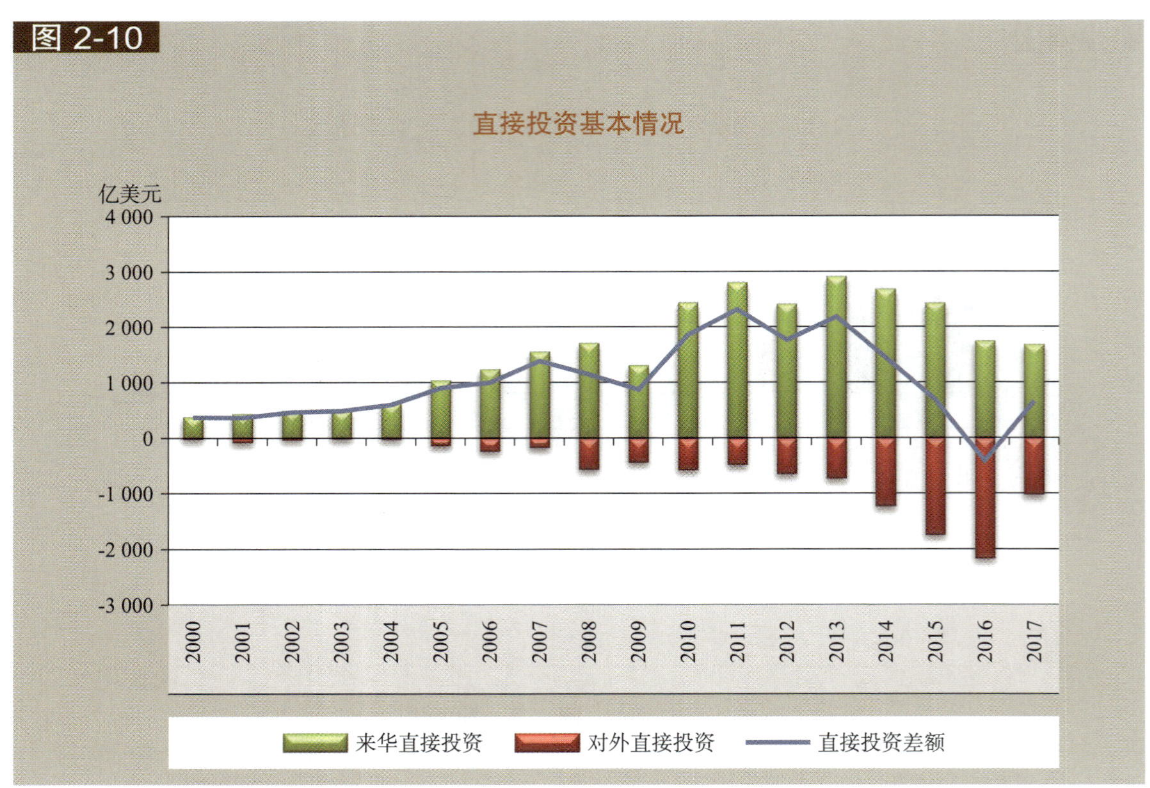

资料来源：国家外汇管理局。

图 2-11

资料来源：国家外汇管理局。

从投资形式看，对外直接投资整体稳定有序进行。**一是**股权投资类资产净增加997亿美元，较上年少增32%，与2015年基本持平。一方面2016年对外直接投资存在非理性增长导致基数偏高，另一方面对外股权投资绝对规模并不低，表明对外直接投资的步伐更趋理性和平稳。**二是**对境外关联公司贷款等资产净增加22亿美元，较上年少增97%，主要是随着人民币汇率更加稳定，境内企业对境外关联公司的短期放款冲动明显下降。

分部门看，对外直接投资结构进一步优化。**一是**非金融部门的直接投资资产净增加832亿美元，较上年少增57%。在国内"走出去"投向的行业中，制造业由上年的第二位升至首位，占比为28%，上升7个百分点；其次是信息传输、软件和信息技术服务业，占比为26%，份额增长逾2倍（见图2-12）。境内企业新增对外直接投资目的地仍主要集中于中国香港，占比逾五成，其次是英属维尔京群岛和美国，两者合计占比39%，"走出去"目的地仍相对集中在资金进出管理相对宽松的国家/地区。**二是**金融部门的直接投资资产净增加187亿美元，较上年少增12%，其中银行部门约占新增投资的八成。

图 2-12

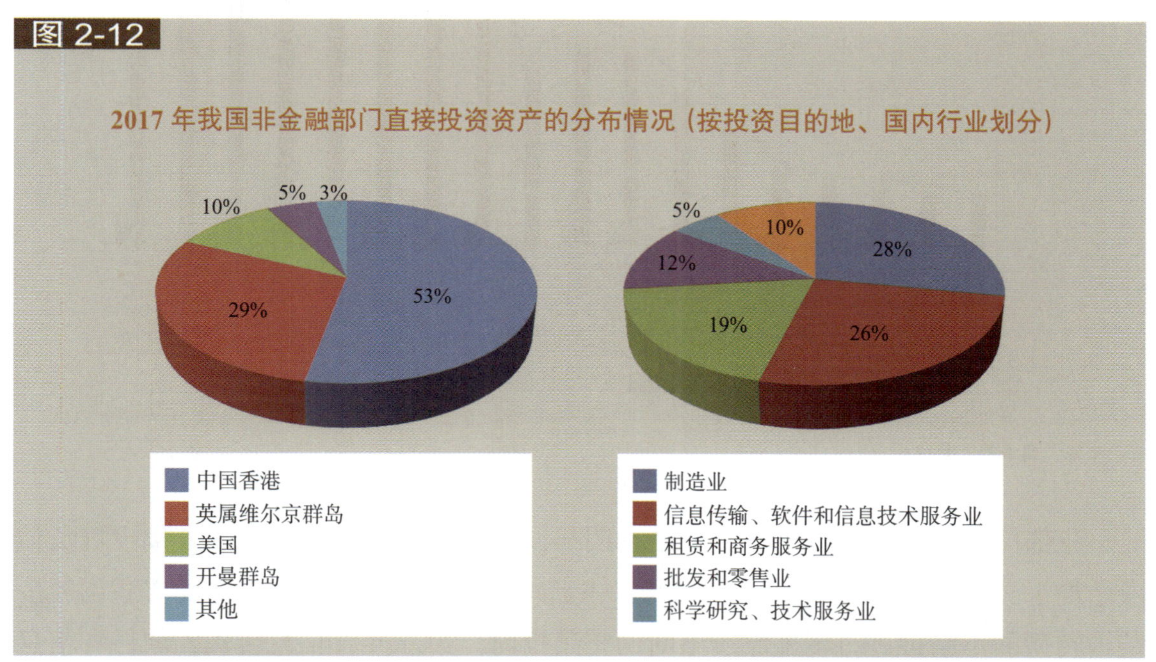

资料来源：国家外汇管理局。

直接投资负债继续保持较大净流入。2017年，直接投资负债净增加1 682亿美元[①]，较上年少增4%，净流入规模仍保持较高水平。

从投资形式看，来华直接投资规模平稳增加。**一是**股权投资类负债净增加1 422

① 直接投资负债以吸收来华直接投资为主，但也包括少量境外子公司对境内母公司的反向投资等。

亿美元，较上年少增 14%（见图 2-13）。来华直接投资中股权投资总体保持较高水平，表明随着供给侧结构改革的推进，未来我国经济增长将更有质量，我国仍是外资亲睐的投资目的地之一。**二是**接受境外关联公司贷款等负债净增加 260 亿美元，多增 165%，表明在我国经济前景较好和人民币汇率更加稳定的环境下，外商投资企业与其境外关联公司的借贷活动明显增加。

图 2-13

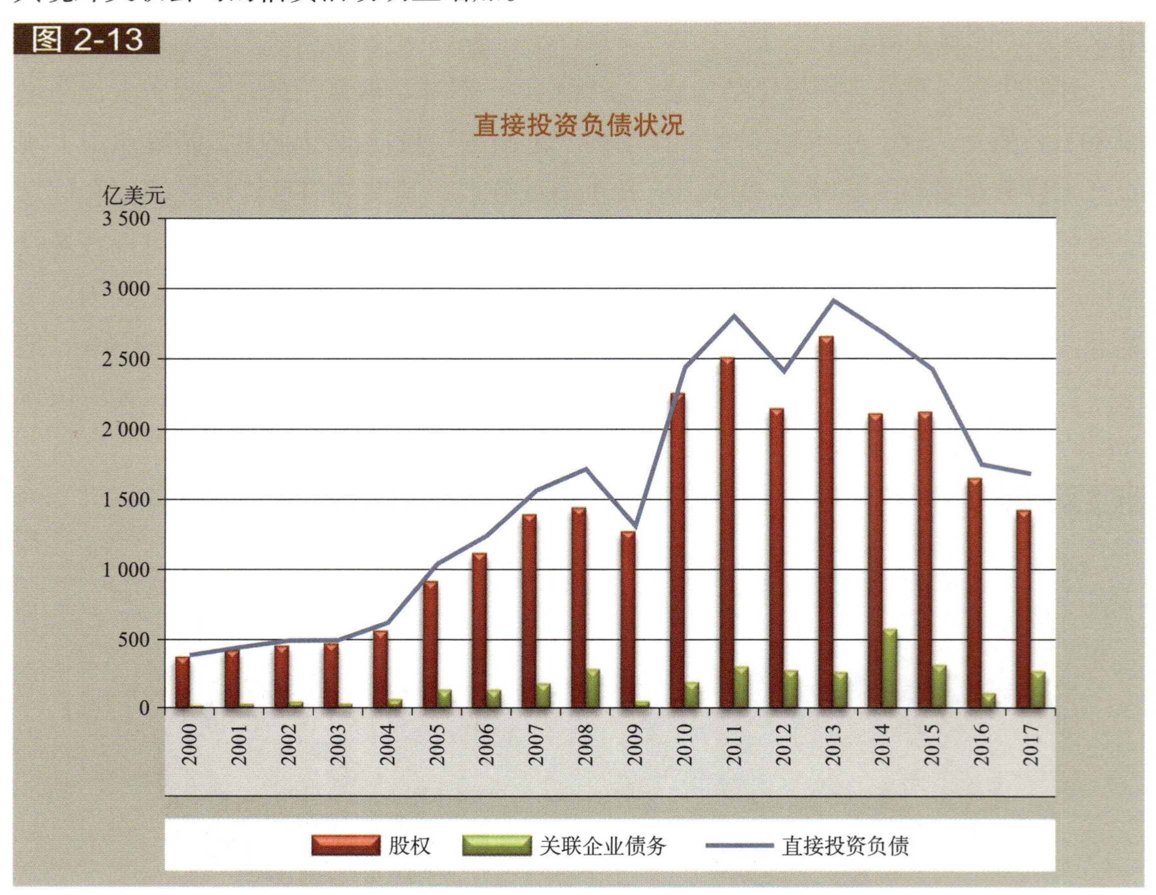

资料来源：国家外汇管理局。

分部门看，来华直接投资产业结构明显调整。**一是**非金融部门的直接投资负债净增加 1 539 亿美元，较上年少增 5%，占新增直接投资负债的九成。随着我国经济结构转型的不断推进，境外股东不断调整其投向。2017 年，信息传输、软件和信息技术服务业成为非金融部门吸收直接投资最多的行业，占比 24%，较上年上升 14 个百分点；制造业排第二位，占 21%，较上年下降 8 个百分点；房地产业吸收的直接投资占 3%，较上年下降 2 个百分点。同时，对我国直接投资最多的国家 / 地区仍是中国香港，其次是中国台湾、韩国和开曼群岛，前四名的排名与上年同期略有变化。**二是**金融部门的直接投资负债净增加 144 亿美元，多增 17%，主要是银行业和保险业金融机构的收益再投资，表明境内金融机构盈利状况良好并具有进一步投资的潜力。

（四）证券投资

证券投资总体呈现小幅净流入。2017 年，我国证券投资项下净流入 74 亿美元，上年为净流出 523 亿美元（见图 2-14）。从交易项目看，股权投资净流出回落，债券投资转为净流入。2017 年，股权投资净流出 37 亿美元，较上年回落 75%；债券投资净流入 112 亿美元，上年为净流出 374 亿美元。

图 2-14

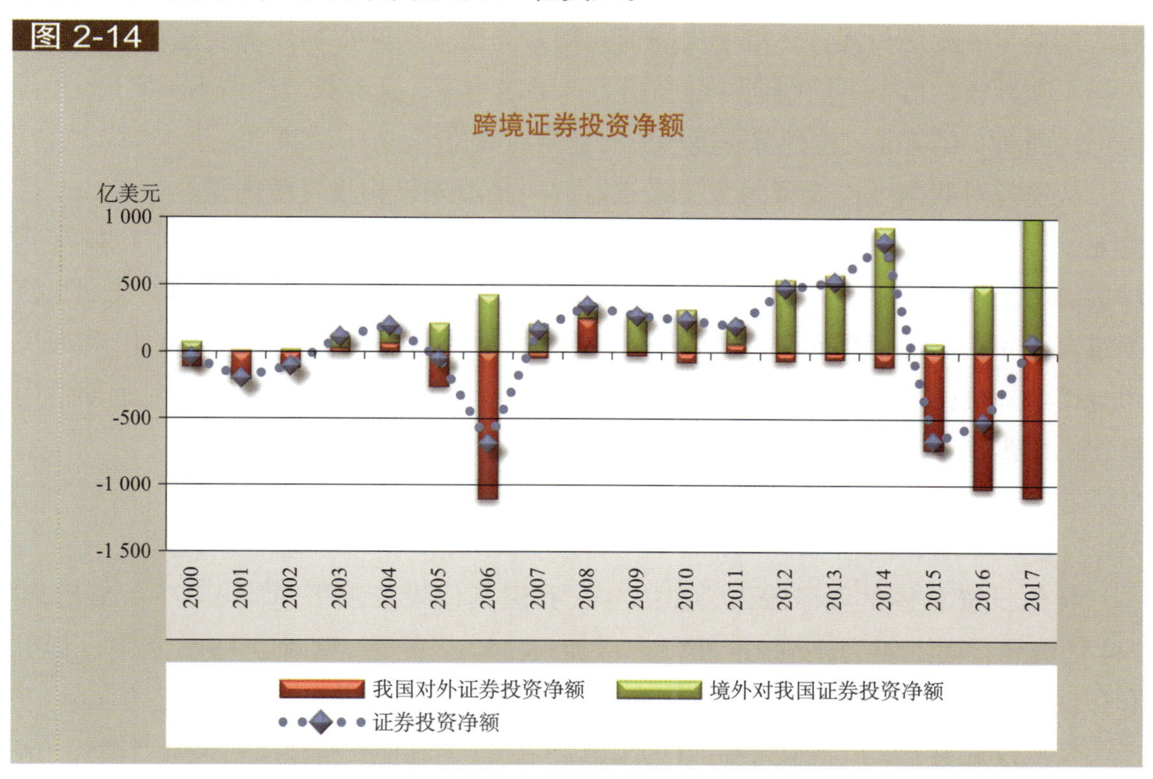

注：我国对外证券投资正值表示减持对外股权或债券，负值表示增持对外股权或债券；境外对我国证券投资正值表示增加对国内股权或债权投资，负值表示减少对国内股权或债券投资。
资料来源：国家外汇管理局。

对境外证券投资持续增加。2017 年，我国对外证券投资增加（净流出）1 094 亿美元，较上年多增 6%。其中，股权投资增加 377 亿美元，债券投资增加 717 亿美元。分季度看，第一至第三季度我国对外证券投资净流出分别为 147 亿美元、254 亿美元和 240 亿美元，第四季度净流出攀升至 452 亿美元，反映境内主体跨境配置证券资产的需求不断上升。

从对外证券投资的渠道看，**一是**境内银行等金融机构对外证券投资攀升，合计净购买境外股票和债券 724 亿美元，增长 27%；**二是**国内居民通过“港股通”和“基金互认”等渠道购买境外证券类资产 396 亿美元，增长 45%；**三是**合格境内机构投资者（QDII 及 RQDII）投资非居民发行的股票和债券合计 65 亿美元，增长 18%；**四**

是我国居民购买非居民境内发行债券 29 亿美元，减少 51%；**五是**减持境外银行承兑远期信用证（附汇票）74 亿美元，上年为净增持 94 亿美元。

境外对我国证券投资净流入大幅上升。2017 年，境外对我国证券投资净流入 1 168 亿美元，较上年增长 1.3 倍。其中，境外对我国股权投资净流入 340 亿美元，增长 45%；债券投资净流入 829 亿美元，增长 2.1 倍。分季度看，第一季度和第二季度境外对我证券投资净流入分别为 68 亿美元和 138 亿美元。第三季度，证券投资净流入攀升至 616 亿美元，为单季度净流入的最高值，反映市场环境变化及境内债券市场不断开放，增强了境内债券的吸引力。第四季度，证券投资净流入虽有所回落，但仍达到 347 亿美元，位列单季度净流入的第二高位。

从境外对我国证券投资的主要渠道看，**一是**境外机构投资境内债券市场 569 亿美元，增长 53%，其中通过"债券通"渠道净购买 126 亿美元；**二是**非居民购买我国机构境外发行的股票、债券 342 亿美元，增长 31%；**三是**"沪股通"和"深股通"渠道流入资金 248 亿美元，增长 2.6 倍。此外，合格境外机构投资者（QFII）和人民币合格境外机构投资者（RQFII）对境内证券投资减少 79 亿美元；银行承兑远期信用证（附汇票）形成资金净流入 19 亿美元，上年为净偿还 283 亿美元①。

（五）其他投资

其他投资总体呈现净流入。2017 年，我国其他投资项下净流入（净负债增加）744 亿美元，而上年为净流出（净资产增加）3 167 亿美元（见图 2-15）。其中，货币和存款净流入 684 亿美元，贷款净流入 98 亿美元，贸易信贷净流出 206 亿美元。

其他投资项下资产增幅大幅回落。2017 年，我国其他投资项下对外资产增长 769 亿美元，较上年少增 78%。境内主体调整其他投资项下资产及负债的摆布，与人民币汇率预期企稳和市场主体回归理性有关。2017 年，其他投资项下的对外资本输出主要体现为对境外贷款、货币存款以及贸易信贷资产增加，金额分别为 397 亿美元、370 亿美元和 194 亿美元。

其他投资项下负债大幅增长。2017 年，我国其他投资项下对外负债增加 1 513 亿美元，较上年增长 3.6 倍。主要变化项目有：**一是**我国获得境外贷款止跌回升，2017 年增加 496 亿美元，上年为减少 174 亿美元。我国企业利用外部贷款积极性提升，与美元指数走弱和境内外利差直接相关。**二是**货币和存款增加 1 055 亿美元，较上年多增 10.6 倍，其中，2017 年金融机构吸收的非居民人民币存款增加 569 亿美元，而上年为减少 429 亿美元。非居民人民币存款的大幅增长，反映了境外投资者持有人民

① According to the Balance of Payment Manual (sixth edition), banker's acceptances(with drafts)have been moved from the category of other investments/loans to the category of portfolio investments/debt securities.

币资产的意愿回升。

图 2-15

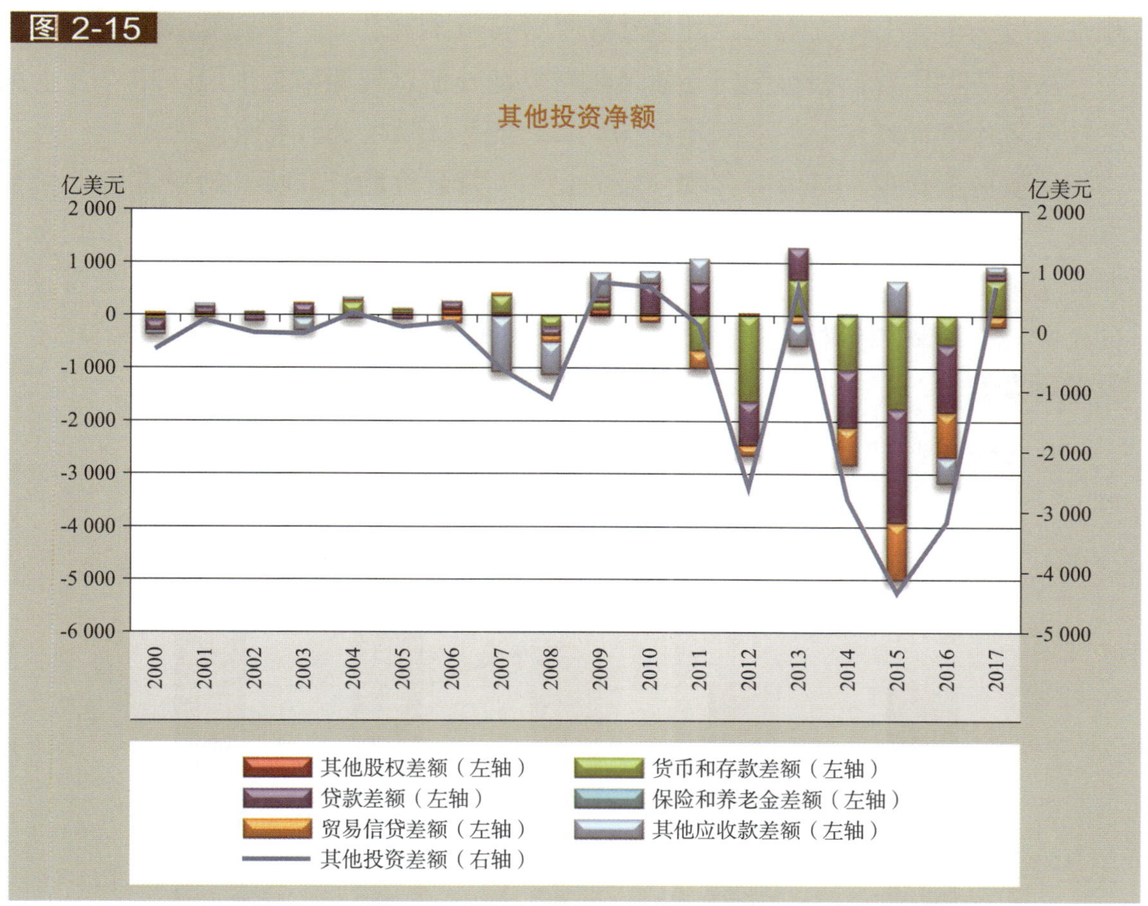

资料来源：国家外汇管理局。

专栏 3

2017 年我国全口径外债分析

截至 2017 年末，我国全口径外债余额为 17 106 亿美元（不包括香港特区、澳门特区和台湾地区对外负债，下同）。其中，短期外债余额为 10 990 亿美元，占 64%；中长期外债余额为 6 116 亿美元。

一、2017 年我国外债变动主要特点

外债总规模稳步增长。2017 年末，我国全口径外债余额较上年末[①]增长 2 948 亿美元，增幅 20.8%，连续七个季度保持增长。

从期限结构看，短期外债余额增长推动外债总规模增长。2017 年末短期外债余额较上年末上升 27%，占总外债规模增长的 79%。

① 国家外汇管理局根据最新获取的数据，修订了 2016 年各季度及 2017 年前三个季度中国全口径外债数据，并通过国家外汇管理局官方网站“统计数据”栏目公布。

从币种结构看，外债总规模增长主要源于外币外债增长。2017年末外币外债余额较上年末上升22%，占外债总规模增长的71%。

从债务主体看，银行部门外债余额增长是外债总规模增长主因。2017年末银行部门外债余额较上年末上升40%，占外债总规模增长的82%。

从债务工具看，货币与存款、债务证券、贷款等增长较快。2017年末，货币与存款、债务证券和贷款余额分别较上年末上升40%、47%和21%，分别占外债总规模增长的42%、37%和23%；其他债务负债下降35%；贸易信贷与预付款余额与上年末基本持平。

图 C3-1

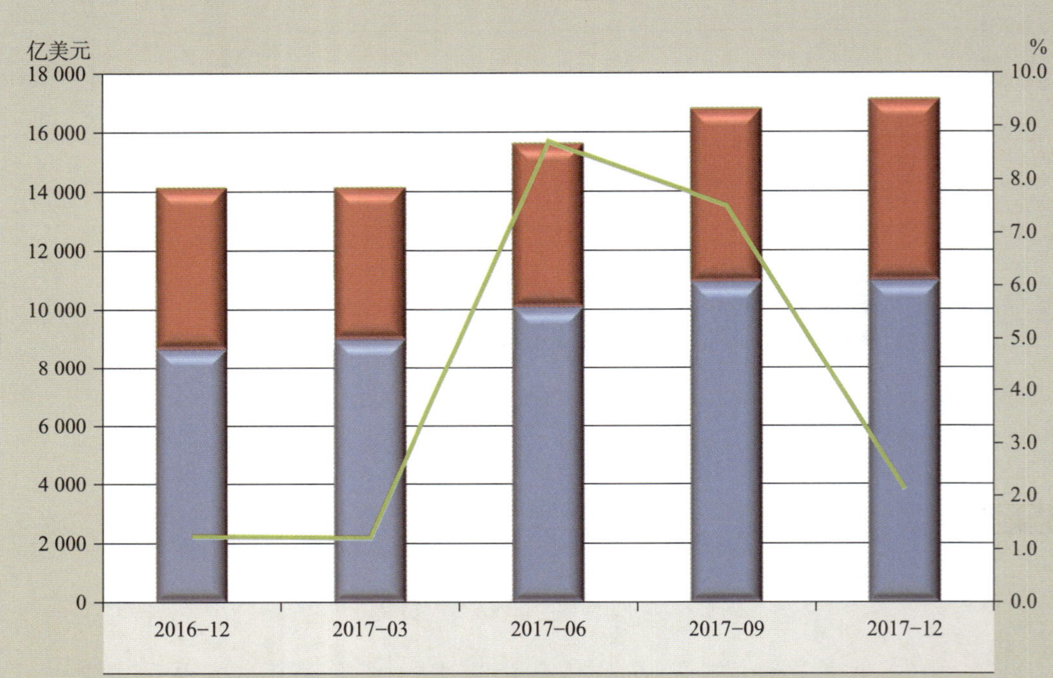

资料来源：国家外汇管理局。

二、2017年我国外债增长原因分析

2017年，我国外债余额增长主要是宏观经济发展和政策红利释放两方面因素叠加的结果。宏观经济方面，我国经济继续保持稳中向好的发展态势，2017年经济增速达到6.9%，货物进出口总额由降转升，人民币汇率预期更趋平稳，这些是外债增长的基础性因素。政策方面，人民银行和外汇局全口径跨境融资

宏观审慎管理政策、自贸区等贸易投融资政策、内地与香港“债券通”的启动等一系列便利化政策措施陆续出台，境内市场不断开放，境外机构增持境内债券的态度更加积极，境内机构融资渠道不断拓宽，融资成本不断降低，越来越多的企业享受到了政策红利，实体经济跨境融资需求得以满足，便利化程度大幅提升。

总体来看，当前我国外债风险总体可控。2017 年末我国负债率（外债余额 / 国内生产总值）为 14%，债务率（外债余额 / 货物与服务贸易出口收入）为 71%，偿债率（中长期外债还本付息与短期外债付息额之和 / 货物与服务贸易出口收入）为 7%，短期外债和外汇储备比为 35%，各指标均在国际公认的安全线以内。

未来，人民银行和外汇局将认真贯彻落实党的十九大关于“健全货币政策和宏观审慎政策双支柱调控框架”的要求，不断完善全口径跨境融资宏观审慎管理，充分发挥其逆周期调节作用，密切关注外债形势变化情况，更好地将服务实体经济与防范系统性风险结合起来，促进国民经济持续健康发展。

三、国际投资头寸状况

对外金融资产和负债①**均有所增长。**2017 年末，我国对外金融资产 69 256 亿美元，较上年末增长 6.4%；对外负债 51 115 亿美元，增长 12.2%；对外净资产为 18 141 亿美元，减少 7.0%（见图 3-1）。

图 3-1

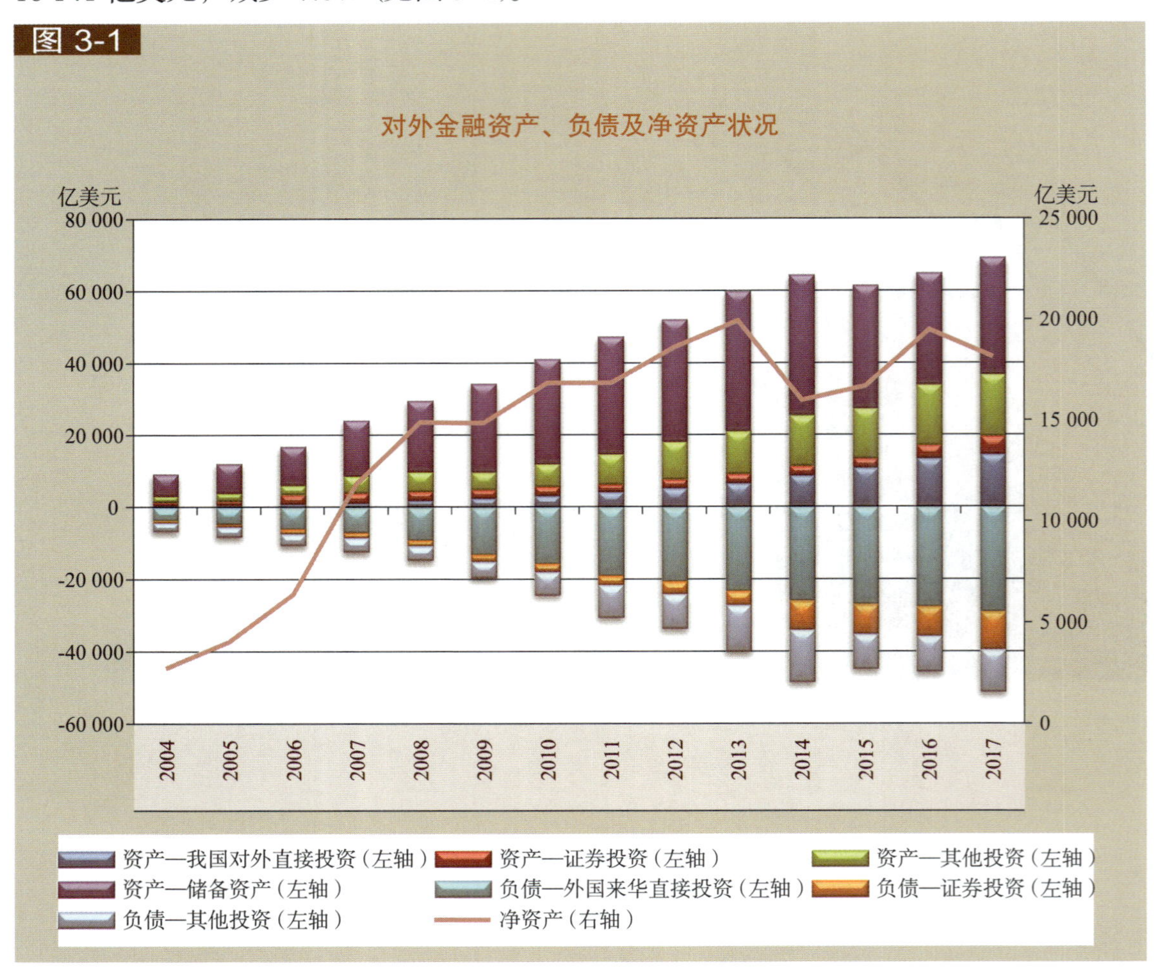

资料来源：国家外汇管理局。

对外资产中储备资产仍居首位，但民间部门持有占比继续上升。2017 年末，我国对外金融资产中，国际储备资产余额为 32 359 亿美元，较上年末增长 4.5%，其中由交易引起的储备资产余额增加 915 亿美元，由汇率及价格等非交易因素引起的储备资产余额增加 465 亿美元。储备资产占我国对外金融资产总额的 47%，继续占据对外资产首位，但比重较上年末减少 1 个百分点，为 2004 年公布国际投资头寸数据以来的最低水平；直接投资资产 14 730 亿美元，占资产总额的比重为 21%；证券投

① 对外金融资产和负债包括直接投资、证券投资及存贷款等其他投资。之所以对外直接投资属于金融资产范畴，是因为境内投资者持有的是境外被投资企业的股权，这与证券投资中的股权投资无本质区别，只是直接投资通常持股比例较高，意在影响或控制企业的生产经营活动。反之，外来直接投资则属于对外金融负债范畴，也是境外投资者对外商投资企业的权益。

资资产 4 972 亿美元，占比 7%；金融衍生工具资产 60 亿美元，占比 0.1%；存贷款等其他投资资产 17 136 亿美元，占比 25%（见图 3-2）。

图 3-2

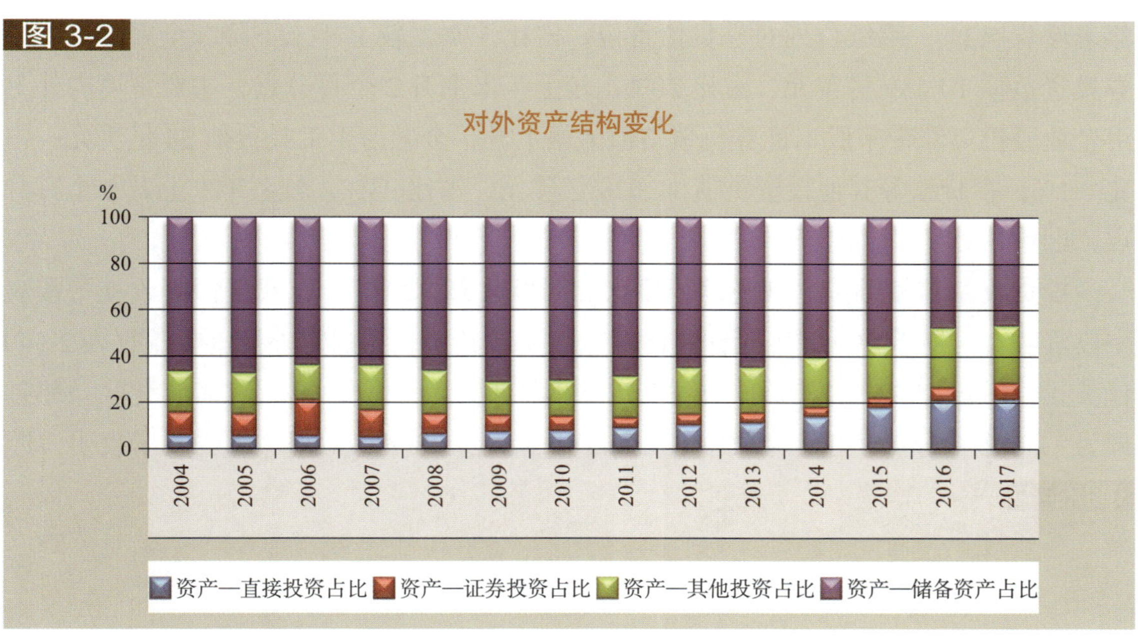

资料来源：国家外汇管理局。

图 3-3

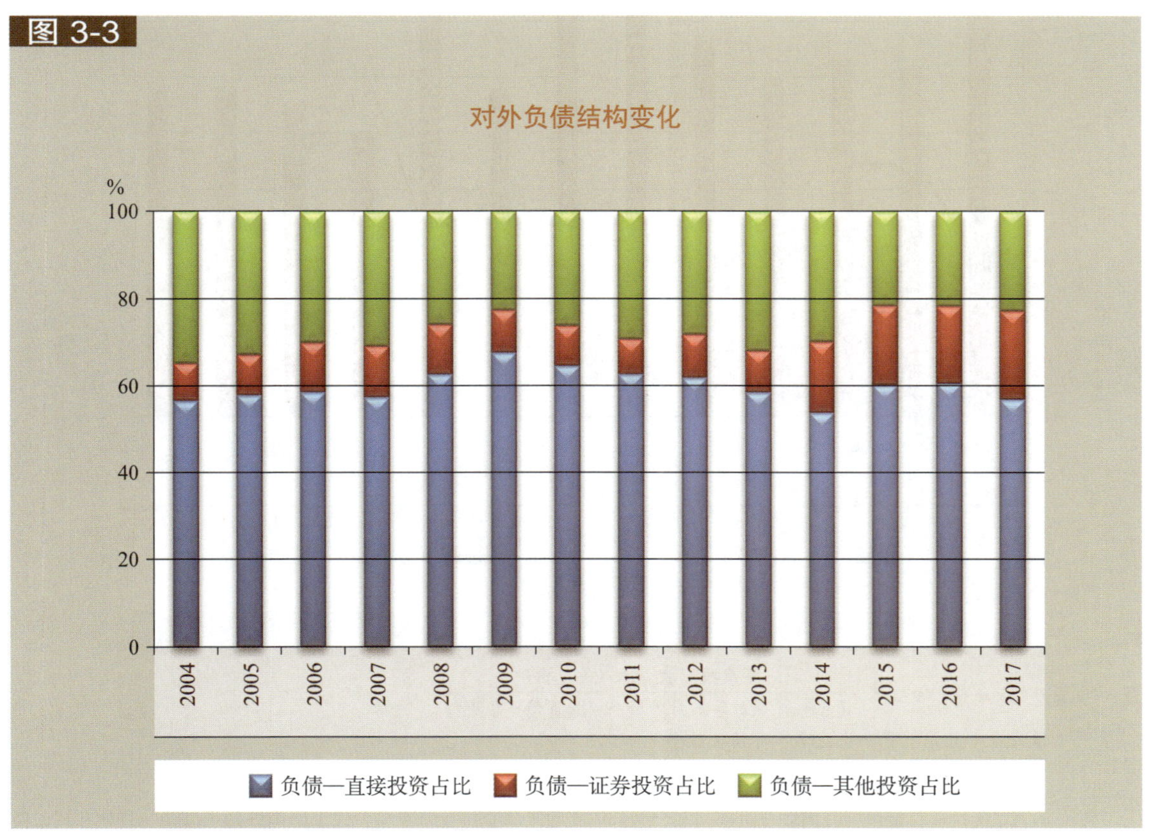

资料来源：国家外汇管理局。

对外负债仍以外国来华直接投资为主，境内外上市企业股价上涨推升证券投资负债占比增加。2017 年末，我国对外负债中，外国来华直接投资 29 014 亿美元①，较上年末增长 5.3%，继续位列对外负债首位，占比 57%，较上年末下降 3 个百分点；证券投资负债 10 439 亿美元，占比 20%，较上年末上升 2 个百分点，主要是境内外上市企业股价上涨带来股本证券负债估值大幅上升；金融衍生工具负债 34 亿美元，占比 0.1%；存贷款等其他投资负债 11 628 亿美元，占比 23%，较上年末上升 1 个百分点（见图 3-3）。

投资收益差额继续呈现逆差，但状况明显改善。2017 年，我国国际收支平衡表中投资收益为逆差 499 亿美元，同比下降 23%。其中，我国对外投资收益收入 2 349 亿美元，增长 18%；对外负债收益支出 2 848 亿美元，增长 8%；二者年化收益率差异为 −2.5 个百分点，较上年收窄 0.3 个百分点（见图 3-4）。收益率差异收窄表明，近

图 3-4

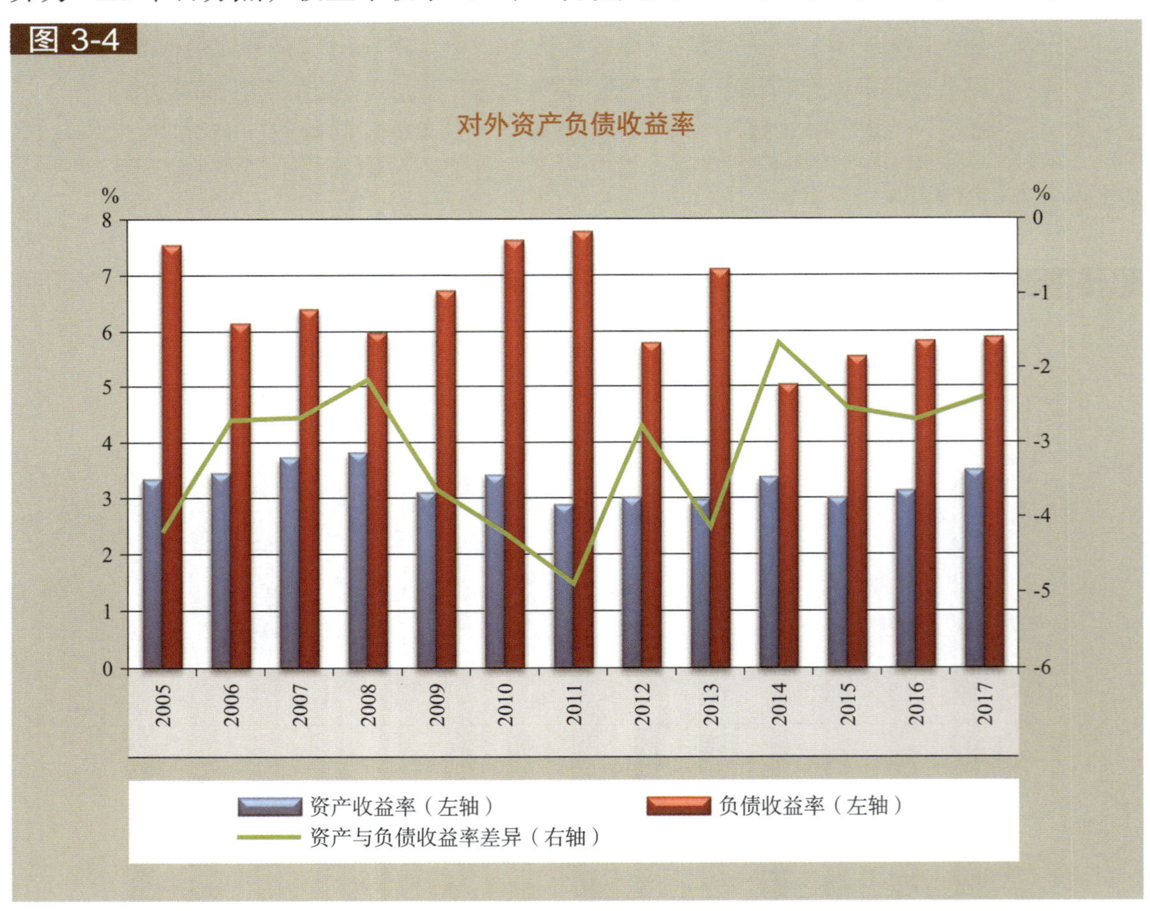

注：① 资产（或负债）收益率 = $\dfrac{\text{年度投资收益入（或支出）}}{\text{（上年末 + 本年末对外资产（或负债）存量 /2}}$

② 资产负债收益率差异 = 资产收益率 − 负债收益率

资料来源：国家外汇管理局。

① 外国来华直接投资存量包括我国非金融部门和金融部门吸收来华直接投资存量，以及境内外母子公司间贷款和其他债务性往来，并反映了价值重估因素影响。该口径与商务部统计的累计吸收外商直接投资不同，后者是历年外商直接投资股本投资流量累加。

年来通过优化对外投资资产配置，我国对外投资收益相对有所提高，但总的来看，我国对外金融资产负债结构仍然是投资收益差额为负的决定因素。2017 年末，我国对外金融资产中储备资产占比近半，因主要为流动性较强的资产，2005—2017 年我国对外金融资产年平均投资收益率为 3.3%；对外金融负债中主要是外来直接投资，股权投资属于长期、稳定的投资，投资回报一般高于其他形式资产，2005—2017 年我国对外负债年平均投资收益率为 6.4%。来华直接投资资金持续流入并保持较高的投资收益率，说明我国长期良好的投资环境对于境外投资者仍具有较大的吸引力，来华直接投资在我国经济发展中也发挥了积极作用。

专栏 4

经常账户顺差与对外净资产变动的关系

理论上，国际收支平衡表的经常账户顺差应等于国际投资头寸表的对外净资产增加额。但实际上，经常账户顺差累积与对外净资产存量变化之间的缺口天然存在。这个缺口可以分成两部分，一是经常账户与对外净资产流量的差异，即平衡表中的“净误差与遗漏”；二是对外净资产流量与存量的差异，主要受汇率和价格波动等估值因素的影响。

表 C4-1　国际收支平衡表与国际投资头寸表之间的关联

	本期国际收支平衡表		
	经常账户顺差		
	资本账户顺差		
上期末对外净债权（期初存量）	金融账户对外债权净增加（期间交易）	期间非交易变动	本期末对外净债权（期末存量）
	净误差与遗漏		

注：根据国际货币基金组织《国际收支和国际投资头寸手册》（第六版），国际收支平衡表与国际投资头寸表的关联是：期初对外净债权 + 期间净债权交易（BOP 金融账户差额）+ 期间对外净债权的非交易变动 = 期末对外净债权。

首先，“净误差与遗漏”的本质是统计残差项，各国国际收支统计均有净误差与遗漏。根据国际标准，国际收支平衡表的编制采取复式记账法，遵循“有借必有贷，借贷必相等”的会计原则。但在实际编制国际收支平衡表时，由于中国国际收支平衡表的数据源来自海关、商务部、统计局等部门，这些数据的统计时点、统计口径存在差异，不同数据源的折算汇率也有不同，这导致净误差与遗漏不可避免。为此，按国际标准，国际收支平衡表中设立了一个统计平衡项目，即“净误差与遗漏”，各国国际收支平衡表都有净误差与遗漏项目。净误差与遗漏既有可能源于经常账户，也可能源于资本和金融账户，不能简单将其方向、规模和变化等同于热钱流入或资本外逃。

其次，对外净债权变动受汇率和价格等估值因素影响，这些不是资本流动。以2014年末国际投资头寸表为例，我国按照最新国际标准，使用市值法重估了我国境外上市企业市值，而之前使用的是成本法。两者的差异可以用一个例子说明：数年前，我国企业境外上市股票发行价是每股1港元，数年后这些股票每股价值3港元，那么其中的2港元就是市值重估。由于我国境外上市企业的股票属于我国对外股权类负债，2014年末相关统计从成本法转向市值法，一次性地释放了我国企业境外上市多年的价值重估影响，我国对外负债因此增加了约3 000亿美元。这3 000亿美元股票市值的上升同时反映了境内被投资企业价值的增长。此外，统计数据质量改善，如完善本外币全口径外债统计，使对外净债权回落逾千亿美元。

总之，由于国际收支统计的复杂性，经常账户顺差与我国对外净资产增加之间不是一一对应关系，相关缺口不宜简单等同于不明跨境资本流动。外汇局历来重视该缺口对于提高统计质量的意义，一直致力于研究、采用更科学的统计方法，确保国际收支统计的全面性、及时性和准确性。

表3-1 2017年末中国国际投资头寸表

单位：亿美元

项目	行次	2017年
净头寸[①]	1	18 141
资产	2	69 256
1 直接投资	3	14 730
1.1 股权	4	12 413
1.2 关联企业债务	5	2 317
1.a 金融部门	6	2 345
1.1.a 股权	7	2 249
1.2.a 关联企业债务	8	95
1.b 非金融部门	9	12 385
1.1.b 股权	10	10 164
1.2.b 关联企业债务	11	2 221
2 证券投资	12	4 972
2.1 股权	13	3 075
2.2 债券	14	1 896
3 金融衍生工具	15	60
4 其他投资	16	17 136
4.1 其他股权	17	54
4.2 货币和存款	18	3 677
4.3 贷款	19	6 372
4.4 保险和养老金	20	101
4.5 贸易信贷	21	6 339
4.6 其他应收款	22	593

① 净头寸是指资产减负债，“+”表示净资产，“–”表示净负债。本表记数采用四舍五入原则。

续表

项　目	行次	2017年末
5 储备资产	23	32 359
5.1 货币黄金	24	765
5.2 特别提款权	25	110
5.3 在国际货币基金组织的储备头寸	26	79
5.4 外汇储备	27	31 399
5.5 其他储备	28	5
负债	29	51 115
1 直接投资	30	29 014
1.1 股权	31	26 758
1.2 关联企业债务	32	2 256
1.a 金融部门	33	1 491
1.1.a 股权	34	1 375
1.2.a 关联企业债务	35	115
1.b 非金融部门	36	27 524
1.1.b 股权	37	25 383
1.2.b 关联企业债务	38	2 141
2 证券投资	39	10 439
2.1 股权	40	7 166
2.2 债券	41	3 272
3 金融衍生工具	42	34
4 其他投资	43	11 628
4.1 其他股权	44	0
4.2 货币和存款	45	4 452
4.3 贷款	46	3 922
4.4 保险和养老金	47	100
4.5 贸易信贷	48	2 871
4.6 其他应付款	49	184
4.7 特别提款权	50	100

资料来源：国家外汇管理局。

专栏 5

2017 年我国银行业对外资产负债结构分析

2017 年末，我国银行业对外资产、对外负债和对外净负债规模较上年末均有所增长。其中，对外资产 9 977 亿美元①，增长 12%，占我国对外金融资产存量②的 14%；对外负债 12 789 亿美元，增长 30%，占我国对外负债存量的 25%；

① 本文所用数据来自于国家外汇管理局《对外金融资产负债及交易统计制度》采集的数据。我国已于 2015 年底参加国际清算银行的国际银行业统计，并按照其要求分季度报送我国银行业的对外资产负债情况，本文基于 2017 年 12 月末报送数据进行分析。

② 对外资产存量规模含储备资产，若扣除储备资产，银行业对外资产占比为 27%。

对外净负债2 812亿美元，增长2.3倍。

对外金融资产中存贷款占近八成，债券资产占比低但增速高，股权等其他投资增加主要源于境外子行留存收益。我国银行业对境外发放贷款和在境外存款7 481亿美元，较上年末增长9%，占比75%，主要是对境外发放的贷款；投资境外债券1 167亿美元，增长22%，占比12%，主要是增持了美国和中国香港市场发行的债券；对外股权和金融衍生品等其他投资资产1 329亿美元，增长18%，占比13%，主要是境外子行留存收益增加。

对外负债中存贷款占比过半，债券负债增长最快，银行股价上涨等带来股权等其他负债增加。我国银行业吸收境外存款和接受境外贷款6 912亿美元，较上年末增长34%，占比54%，主要是从境外非关联银行获得的存款；对外债券负债1 839亿美元，增长57%，占比14%，主要是银行境外发行债券和境外投资者投资境内债券市场增长较多；股权和金融衍生品等其他投资负债4 038亿美元，增长17%，占比32%，主要是境内银行股价上涨，带来对外股权类负债估值增加（见图C5-1）。

图 C5-1

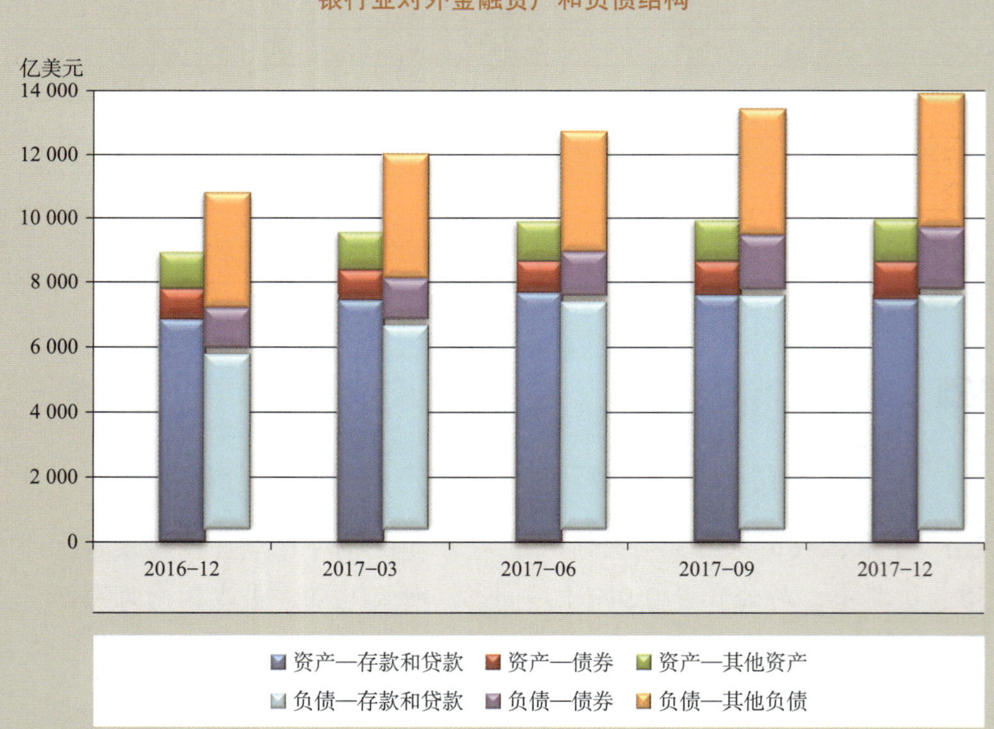

资料来源：国家外汇管理局。

从币种结构来看，外币呈现对外净资产，人民币呈现对外净负债。2017年末，银行业对外美元资产6 745亿美元，较上年末增长11%，占比68%，主要来自增加发放美元贷款和增持美元债券；人民币资产1 179亿美元，下降2%，占比12%，主要来自减持人民币债券和收回境外人民币贷款；其他外币资产2 052亿美元，占比21%。银行业对外美元负债4 709亿美元，增长33%，占比37%；人民币负债4 027亿美元，增长33%，占比31%；其他外币负债4 054亿美元，占比32%。从资产负债净额看，我国对外人民币净负债2 847亿美元，增长56%；对外外币净资产35亿美元，下降96%。

从部门划分来看，对外资产和负债的对手方主要为非银行部门。2017年末，我国银行业对境外银行部门资产4 559亿美元，较上年末增长5%，占总资产的46%，主要是境外子行留存收益增加；对境外非银行部门资产5 418亿美元，增长18%，占总资产的54%，主要是对境外非银行部门的贷款增加。我国银行业对境外银行部门负债5 435亿美元，增长41%，占总负债的42%；对境外非银行部门负债7 354亿美元，增长24%，占总负债的58%，主要是境外银行和非银行部门均增持我国银行部门发行的债券及股票。从资产负债净额看，我国银行业对境外银行部门净负债876亿美元，上年末为净资产484亿美元；对境外非银行部门净负债1 936亿美元，增长44%。

图 C5-2

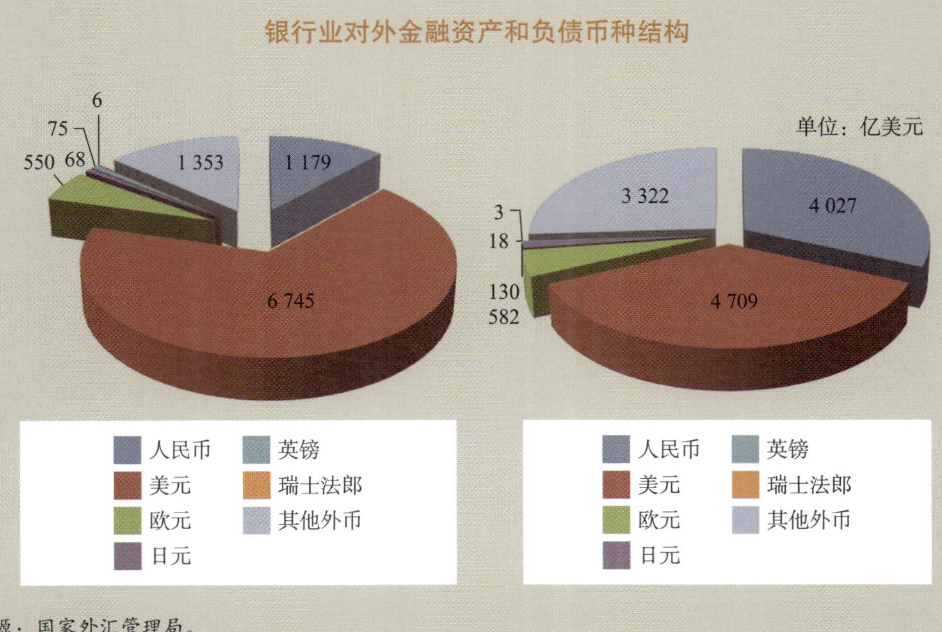

资料来源：国家外汇管理局。

从国家和地区分布来看，对外资产和负债的对手方主要为发达国家（地区）及离岸中心。我国银行业对外金融资产投向前三位国家（地区）依次是：对中国香港资产 2 670 亿美元，对美国 1 115 亿美元，对英国 387 亿美元，分别占总对外资产的 27%、11% 和 4%。我国银行业对外负债来源前三位国家（地区）依次是：对中国香港负债 6 955 亿美元，对新加坡负债 1 191 亿美元，对中国台湾负债 757 亿美元，分别占总对外负债的 54%、9% 和 6%。

表 C5-1　2017 年我国银行业对外资产负债结构表　单位：亿美元

		资产		负债		净资产
		金额	占比	金额	占比	金额
按工具类型分	存贷款	7 481	75%	6 912	54%	568
	债券	1 167	12%	1 839	14%	−672
	其他	1 329	13%	4 038	32%	−2 709
按部门划分	银行部门	4 559	46%	5 435	42%	−876
	非银行部门	5 418	54%	7 354	58%	−1 936
按币种分	人民币	1 179	12%	4 027	31%	−2 847
	美元	6 745	68%	4 709	37%	2 036
	欧元	550	6%	582	5%	−32
	日元	68	1%	130	1%	−62
	英镑	75	1%	18	0.1%	57
	其他	1 359	14%	3 324	26%	−1 965
合　计		9 977	100%	12 789	100%	−2 812

资料来源：国家外汇管理局。

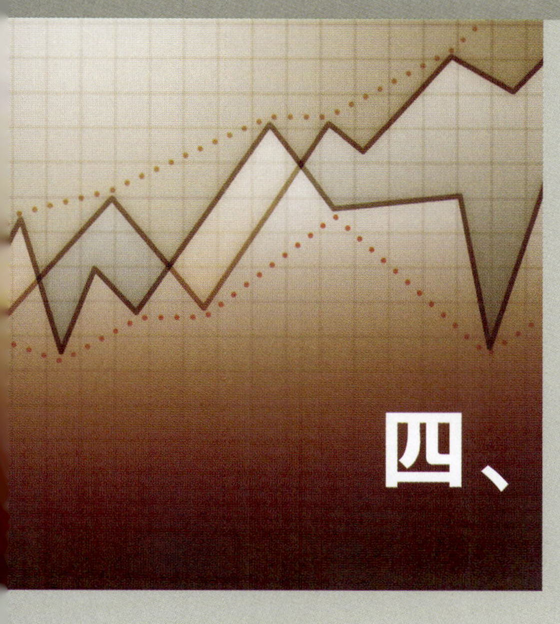

四、外汇市场运行与人民币汇率

（一）人民币汇率走势

人民币对美元双边汇率升值。2017 年 12 月末，人民币对美元汇率中间价为 6.5342 元 / 美元，较 2016 年末升值 6.2%，境内市场（CNY）和境外市场（CNH）即期交易价累计分别升值 6.8% 和 7.1%（见图 4–1），境内外市场日均价差 130 个基点（见图 4–2），低于 2016 年全年日均价差（134 个基点）。

图 4-1

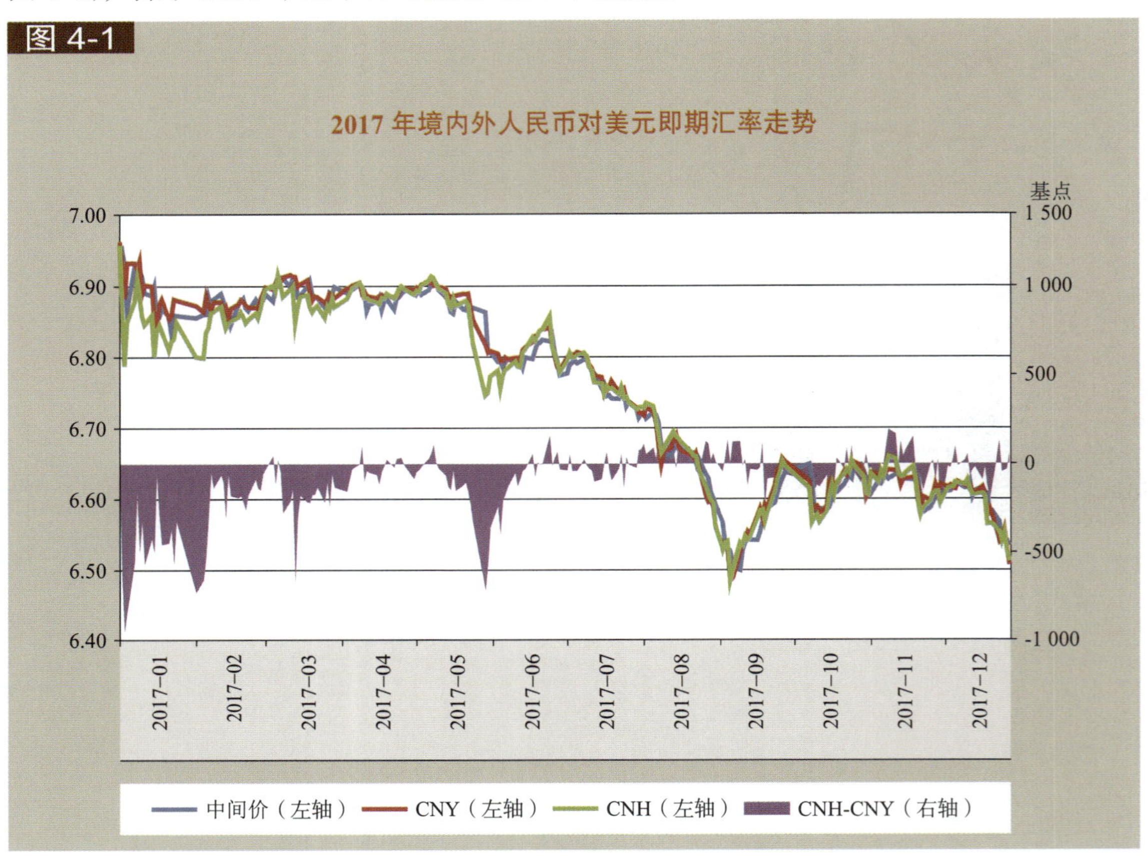

资料来源：中国外汇交易中心、路透数据库。

2017 年末，人民币对欧元、日元、英镑、澳元、加元汇率中间价分别为 7.8023 元 / 欧元、5.7883 元 /100 日元、8.7792 元 / 英镑、5.0928 元 / 澳元、5.2009 元 / 加元，分别较上年末贬值 6.4%、升值 3.0%、贬值 3.1%、贬值 1.5% 和贬值 1.2%。

人民币对一篮子货币基本稳定。根据中国外汇交易中心的数据，2017 年末 CFETS 人民币汇率指数、参考 BIS 货币篮子和 SDR 货币篮子的人民币汇率指数分别为 94.85、95.93 和 95.99，分别较上年末升值 0.02%、贬值 0.32% 和升值 0.51%。

图 4-2

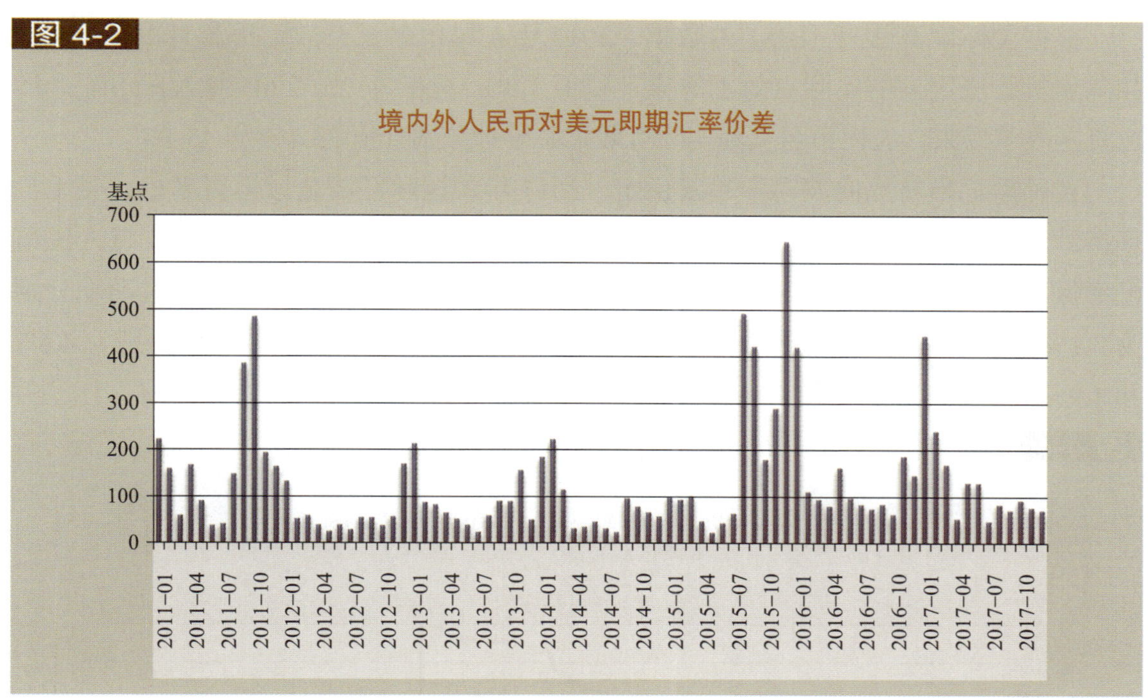

注：日均价差绝对值。

资料来源：中国外汇交易中心、路透数据库。

图 4-3

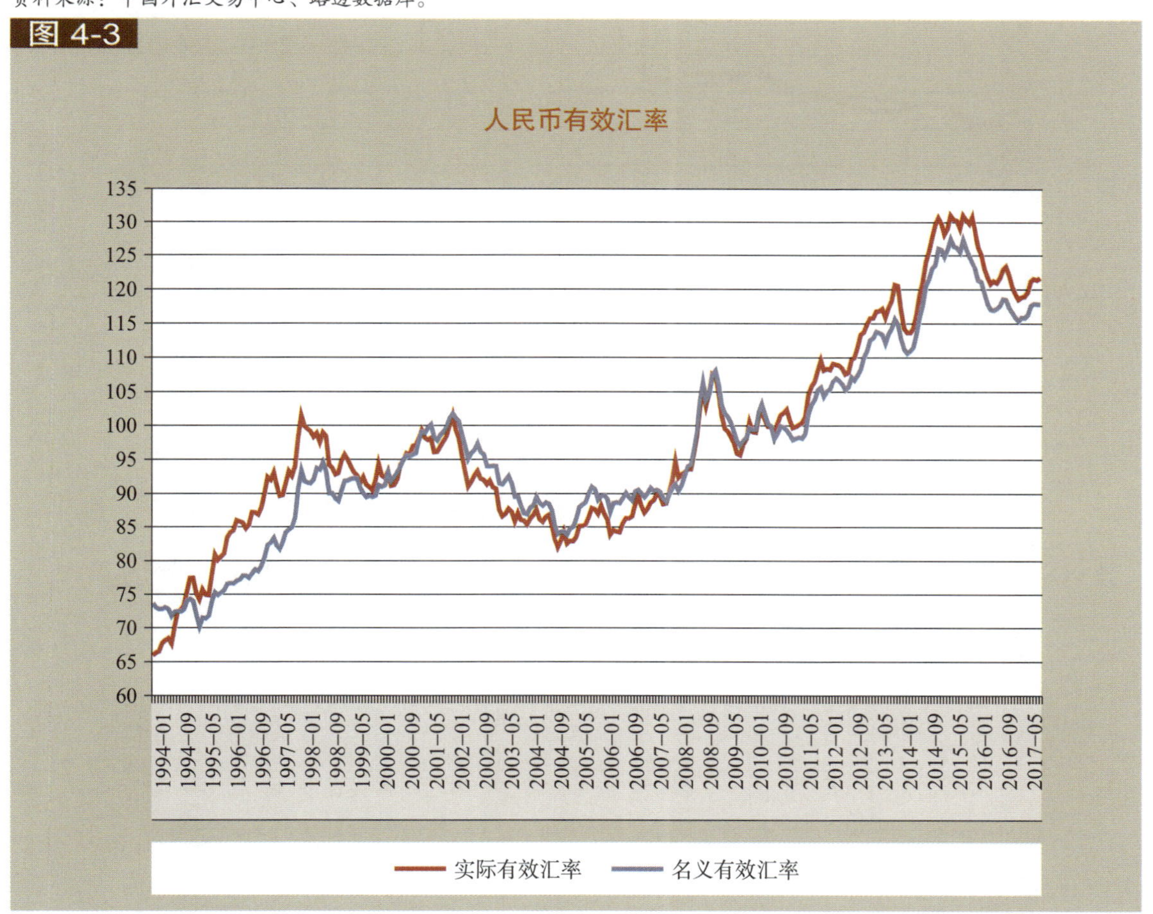

资料来源：国际清算银行。

根据国际清算银行（BIS）的数据，2017 年人民币名义有效汇率累计贬值 0.6%，扣除通货膨胀因素的实际有效汇率累计贬值 1.0%（见图 4-3）；2005 年人民币汇率形成机制改革以来，人民币名义和实际有效汇率累计分别升值 33.4% 和 43.1%。

人民币汇率在双向波动中趋于稳定。2017 年，国际经济金融运行平稳，美元汇率持续走弱；国内经济稳中向好，人民币汇率形成机制不断完善，总体支持人民币汇率保持基本稳定。12 月末，境内外市场人民币对美元汇率 1 年期历史波动率分别为 3.1% 和 3.7%，较年初分别上升 12.3% 和 8.5%；期权市场隐含波动率分别为 4.6% 和 4.9%，较年初分别下降 10.6% 和 39.5%（见图 4-4）。

图 4-4

资料来源：彭博资讯。

远期外汇市场人民币走强。受本外币利差、外汇供求、市场预期等因素影响，2017年境内外远期市场人民币呈现逐步回升走势（见图4-5和图4-6）。2017年，境内、境外可交割和境外无本金交割远期市场1年期人民币对美元汇率累计分别上涨6.0%、10.1%和10.1%。

资料来源：中国外汇交易中心、路透数据库。

图 4-6

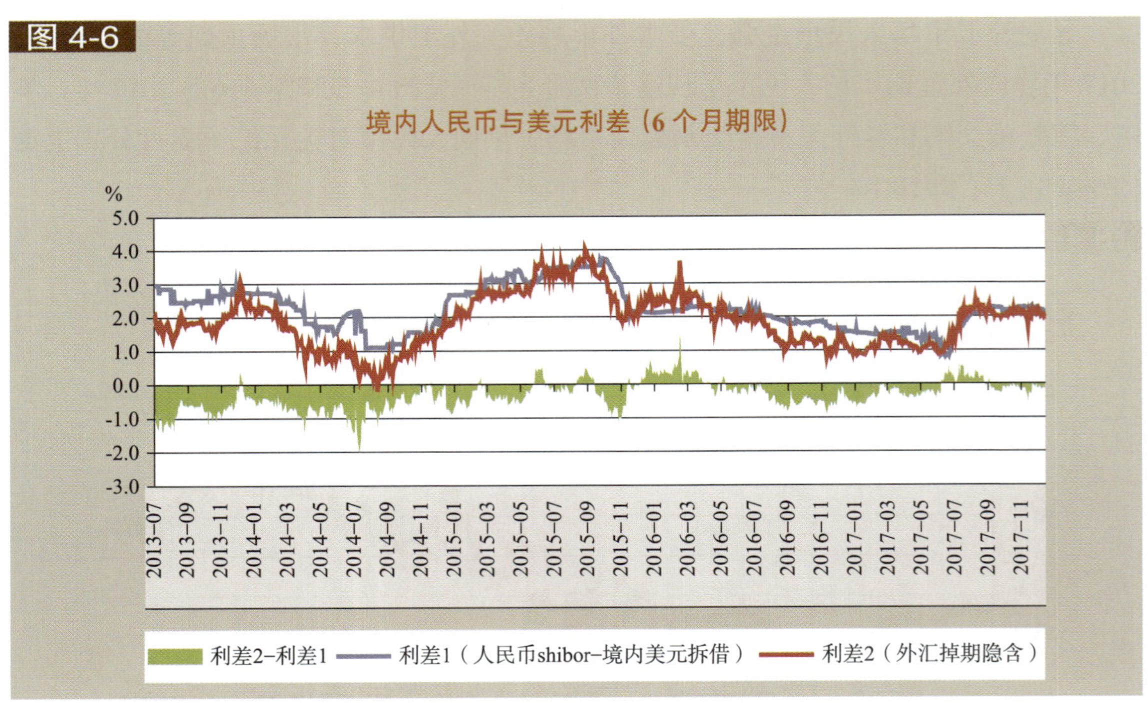

资料来源：中国外汇交易中心、路透数据库。

（二）外汇市场交易

2017 年，人民币外汇市场累计成交 24.08 万亿美元（日均 987 亿美元），较上年增长 18.7%（图 4-7）。其中，银行对客户市场和银行间外汇市场分别成交 3.75 万亿美元和 20.34 万亿美元①；即期和衍生产品分别成交 9.49 万亿美元和 14.60 万亿美元（见表 4-1），衍生产品在外汇市场交易总量中的比重升至历史新高的 60.6%，交易产品构成进一步接近全球外汇市场状况（见图 4-8）。

即期外汇交易平稳增长。2017 年，即期市场累计成交 9.49 万亿美元，较上年增长 7.4%。在市场分布上，银行对客户即期结售汇（含银行自身，不含远期履约）累计 3.09 万亿美元，较上年增长 6.3%；银行间即期外汇市场累计成交 6.40 万亿美元，较上年增长 7.9%，其中美元交易份额为 96.7%。

① 银行对客户市场采用客户买卖外汇总额，银行间外汇市场采用单边交易量，以下同。

图 4-7

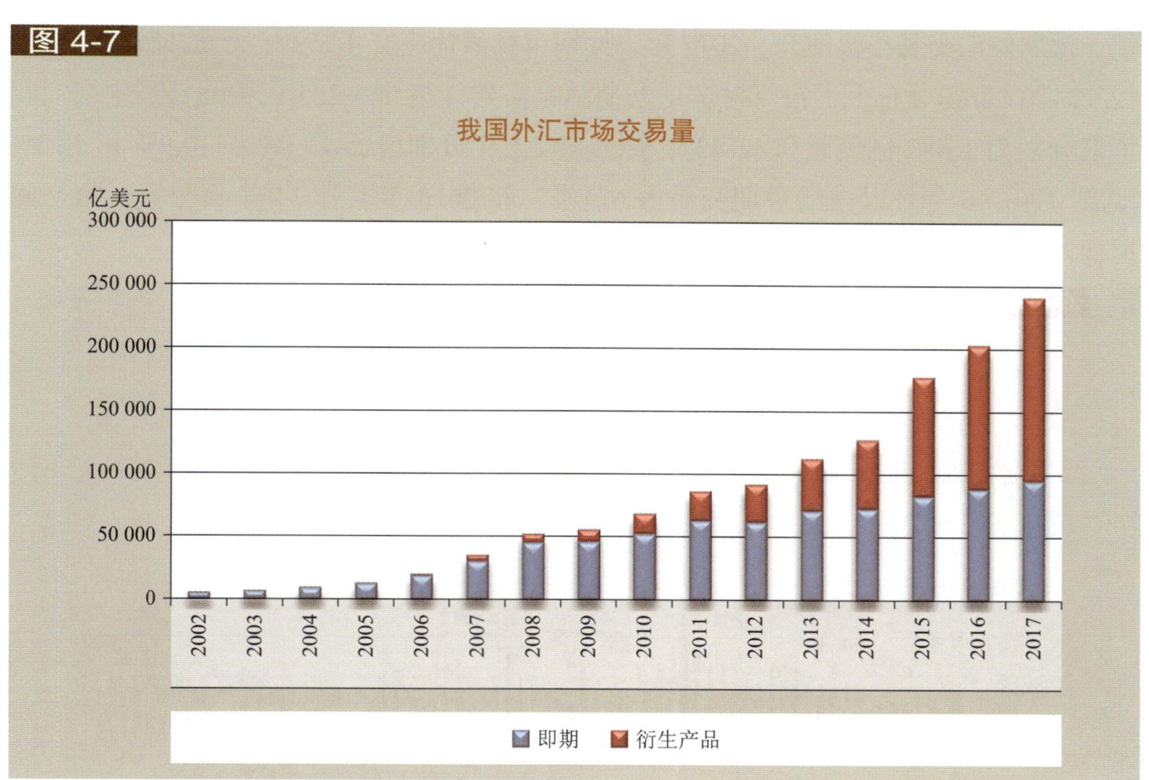

资料来源：国家外汇管理局、中国外汇交易中心。

图 4-8

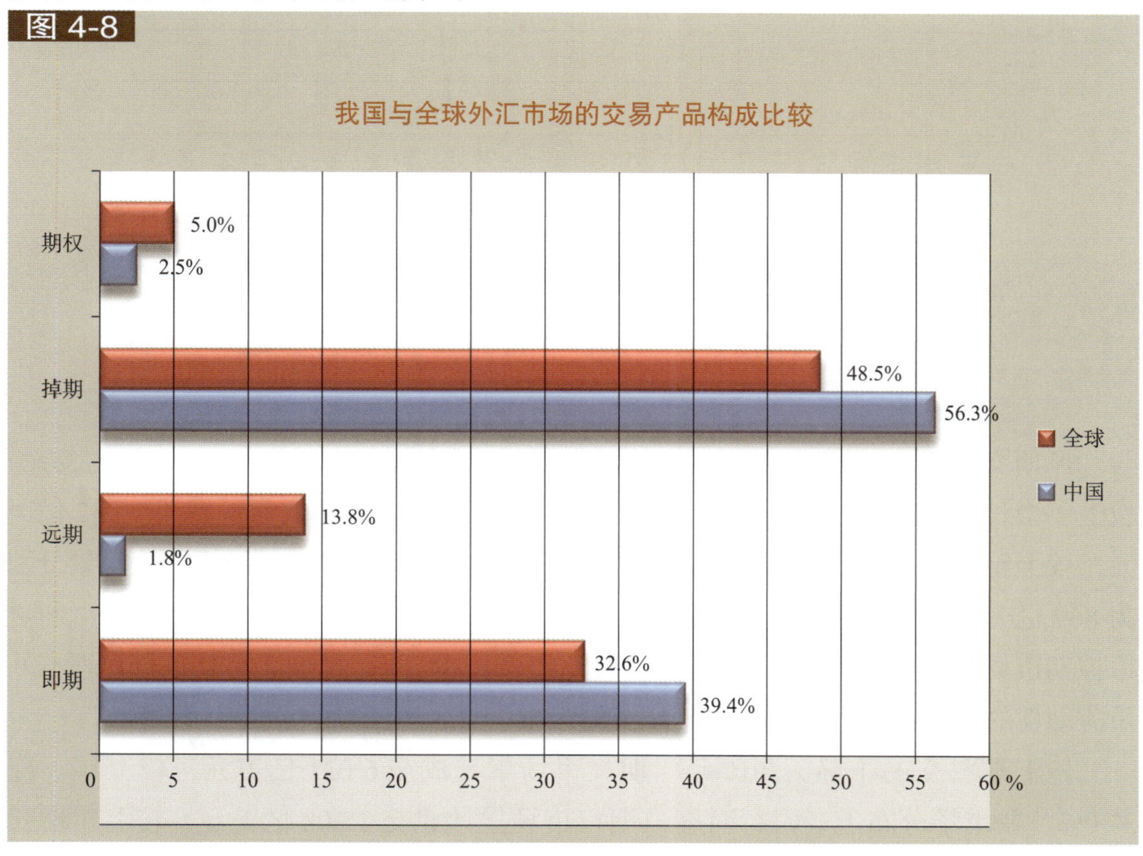

注：中国为 2017 年数据，全球为国际清算银行 2016 年 4 月调查数据。

资料来源：国家外汇管理局、中国外汇交易中心、国际清算银行。

远期外汇交易小幅回升。2017 年，远期市场累计成交 4 259 亿美元，较上年增长 12.6%。在市场分布上，银行对客户远期结售汇累计签约 3 225 亿美元，其中结汇和售汇分别为 1 482 亿美元和 1 743 亿美元，较上年分别增长 43.1%、110.9% 和 12.3%（见图 4–9），6 个月以内的短期交易占 67.0%，较 2016 年上升 7.7 个百分点；银行间远期外汇市场累计成交 1 034 亿美元，较上年下降 32.4%。

图 4-9

资料来源：国家外汇管理局。

掉期交易稳步增长。2017 年，外汇和货币掉期市场累计成交 13.57 万亿美元，较上年增长 33.9%。在市场分布上，银行对客户外汇和货币掉期累计签约 1 032 亿美元，较上年下降 3.3%，其中近端结汇 / 远端购汇和近端购汇 / 远端结汇的交易量分别为 869 亿美元和 163 亿美元，分别较上年增长 18.0% 和下降 50.8%；银行间外汇和货币掉期市场累计成交 13.46 万亿美元，较上年增长 34.3%，掉期交易是银行管理本外币流动性的一个重要工具。

外汇期权交易下降。2017 年，期权市场累计成交 6 021 亿美元，较上年下降 37.0%。在市场分布上，银行对客户期权市场累计成交 2 308 亿美元，较上年增长 11.0%；银行间外汇期权市场累计成交 3 712 亿美元，较上年下降 50.3%。

图 4-10

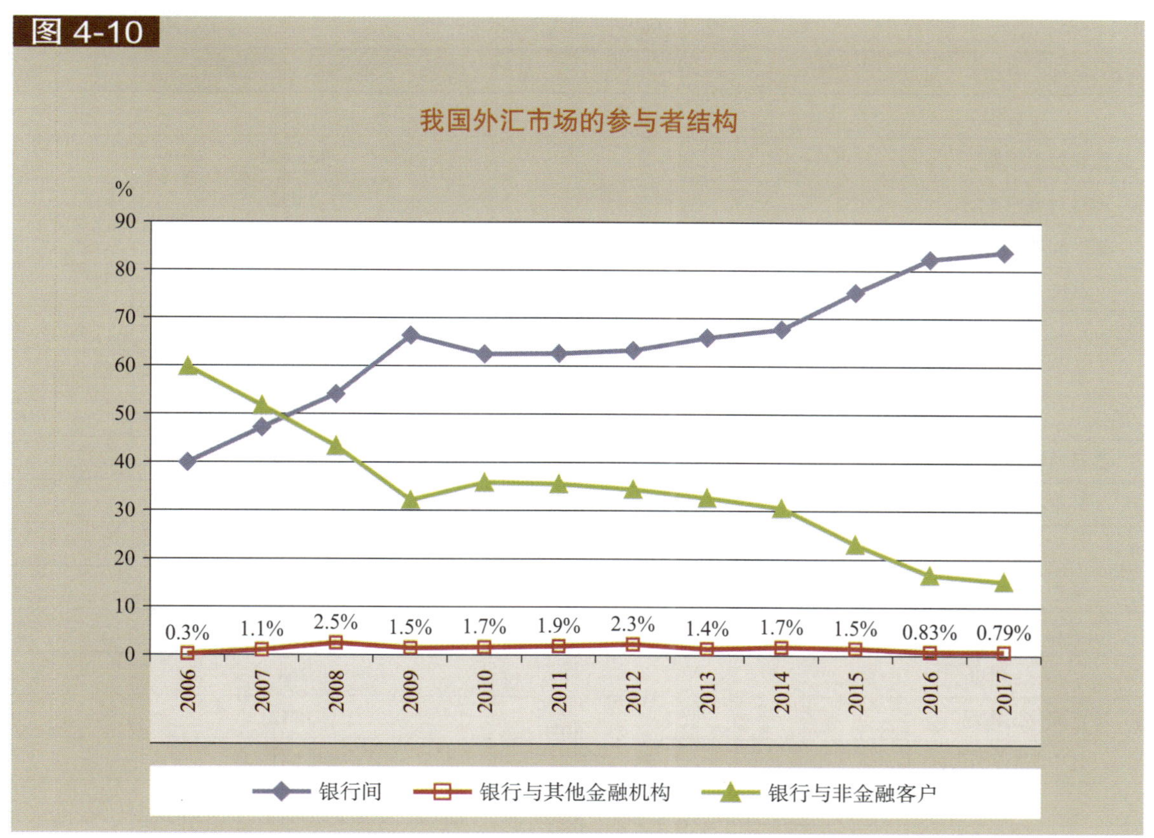

资料来源：国家外汇管理局、中国外汇交易中心。

外汇市场参与者结构保持稳定。银行自营交易延续主导地位（见图 4-10），2017 年银行间交易占整个外汇市场的比重从 2016 年的 82.4% 上升至 83.9%；非金融客户交易的比重从 16.7% 下降至 15.3%；非银行金融机构交易的比重为 0.8%，与上年持平，市场参与度仍有限（见表 4-1）。

表 4-1　2017 年人民币外汇市场交易概况

交易品种	交易量（亿美元）
即期	**94 894**
银行对客户市场	**30 914**
银行间外汇市场	**63 980**
远期	**4 259**
银行对客户市场	**3 225**
其中：3 个月（含）以下	1 598
3 个月至 1 年（含）	1 411
1 年以上	216
银行间外汇市场	**1 034**
其中：3 个月（含）以下	726
3 个月至 1 年（含）	270

续表

交易品种	交易量（亿美元）
1年以上	38
外汇和货币掉期	**135 672**
银行对客户市场	**1 032**
银行间外汇市场	**134 640**
其中：3个月（含）以下	116 566
3个月至1年（含）	17 935
1年以上	137
期权	**6 021**
银行对客户市场	**2 308**
其中：买入期权	1 210
卖出期权	1 098
其中：3个月（含）以下	615
3个月至1年（含）	1 391
1年以上	303
银行间外汇市场	**3 712**
其中：3个月（含）以下	2 381
3个月至1年（含）	1 324
1年以上	7
合计	**240 845**
银行对客户市场	**37 480**
银行间外汇市场	**203 365**
其中：即期	94 894
远期	4 259
外汇和货币掉期	135 672
期权	6 021

注：数据均为单边交易额，采用四舍五入原则。
资料来源：国家外汇管理局、中国外汇交易中心。

专栏6

改革开放40年来我国外汇市场发展

改革开放前，我国实行统收统支的外汇管理体制，没有外汇市场的基础和概念。伴随着改革开放，我国外汇市场从无到有，逐步发展。经过40年的发展，我国外汇市场产品不断丰富、市场主体不断增加、对外开放程度不断提高，市场配置外汇资源、服务实体经济的能力不断增强，走出了一条有中国特色的发展道路。

服务实体经济，不断丰富外汇市场产品体系。实体经济对于外汇市场的基本和核心需求是有效配置外汇资源和防范汇率风险，外汇市场的改革发展始终将服务实体经济放在首要位置，充分考虑经济主体的风险识别和管理能力，由简单到复杂、由基础到衍生，逐步引入各类新工具。目前我国外汇市场已具有即期、远期、外汇掉期、货币掉期和期权等基础产品体系，基本满足了各类市场主体的汇率风险需求。2017 年，我国外汇市场人民币对外汇交易各类产品累计成交 24.1 万亿美元，较 2002 年增长 43 倍，其中衍生品交易量的比重由 2002 年 0.7% 增长至 2017 年 60%；根据 BIS 三年一次外汇市场调查，中国外汇市场交易量占全球外汇市场交易量的比重由 2004 年的 0.02% 上升至 2016 年的 1.1%。外汇市场深度和广度进一步扩展，为推进汇率市场化改革和支持市场主体适应汇率双向波动提供了有力保障。

扩大市场开放，构建多元化的市场主体层次。2004 年以来一批承担境外人民币清算职能的境外金融机构相继进入银行间外汇市场，还有更多的境外金融机构在跨境贸易人民币结算业务项下与境内银行开展场外外汇交易，我国外汇市场对外开放程度逐步提高。2005 年汇改以来，银行间外汇市场开始打破原先单一银行的参与者结构，一方面对内开放，允许符合条件的非银行金融机构和非金融企业入市交易；另一方面，根据港澳和跨境人民币业务的发展需要，逐步推动市场对外开放。2017 年末，银行间外汇市场成员中境外金融机构 81 家，占比为 13%；在银行间外汇市场各类产品交易量为 645 亿美元，占比为 0.2%。外汇市场的对外开放不仅丰富了境内市场交易主体，更重要的是体现了境外机构对境内市场的交易产品、交易机制、基础设施等各类市场要素全方位发展的充分认可，境外机构的“引进来”一定程度上也实现了中国模式的“走出去”。

借鉴国际经验，探索有中国特色的外汇市场发展道路。在充分借鉴国际成熟经验的同时，我国外汇市场发展一直以前瞻性视角积极探索适合我国国情和引领国际趋势的发展新路。以外汇交易中心为主平台的我国银行间市场，从 1994 年建立之初就具有组织交易平台的基本形态，可以兼容多种交易模式、适应不同交易工具，打破了场内与场外的传统边界并形成功能融合。正是得益于有组织交易平台的这一长期制度安排，才使得 2008 年国际金融危机后才提出的全球监管改革很大程度上在中国市场已经提前实践，同时使我国银行间外汇市场在实践中央对手清算、交易后确认、冲销、报告等全球新的监管要求和发展措施方面，具有独特的便利基础。

回顾历史，中国外汇市场取得的发展成就是中国全面深化经济改革和对外开放、深入推进金融市场发展的必然结果。展望未来，随着我国改革开放的继续推进，外汇市场发展仍面临重大发展机遇，应积极把握人民币汇率市场化、可兑换和国际化对外汇市场发展提出的挑战与机遇，以拓展交易范围、丰富交易工具、扩大参与主体、推动市场开放、优化基础设施、完善市场监管为重点，继续深化外汇市场发展。

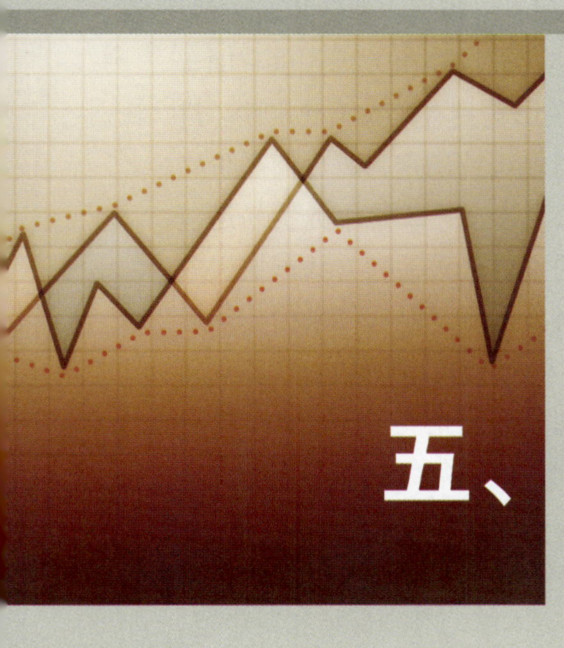

五、国际收支形势展望

2018年，我国国际收支将延续基本平衡格局，经常账户顺差维持在合理水平，跨境资本流动保持总体稳定。

经常账户顺差维持相对合理的规模。一是货物贸易将更趋平衡。出口方面，2018年全球经济延续复苏，国际货币基金组织最新预计2018年全球经济增长3.9%，较2017年增速提高0.2个百分点，有利于我国外需稳定；同时，我国产业链相对成熟，创新能力不断提高，国际比较优势依然存在，"一带一路"倡议等相关合作也有助于推动区域贸易协调发展；但国际贸易保护主义升温，相关影响具有较大不确定性。进口方面，2018年我国经济继续保持高质量增长，国内需求维持稳定，进口商品价格水平可能平稳回升；而且我国将积极扩大进口，促进贸易平衡。**二是**服务贸易逆差保持相对稳定。当前旅行项目逆差仍是服务贸易逆差的主要来源，随着我国居民收入增长和消费升级，境外旅游、留学等消费需求仍会高位运行，但近年来旅行支出已明显企稳。**三是**投资收益状况有望继续改善。2016年和2017年投资收益逆差逐年收窄，体现了近年来我国对外投资结构的优化，未来随着我国企业"走出去"的有序推动，投资收益逆差可能会继续收敛。综合来看，预计2018年经常账户顺差仍将保持一定规模，与GDP之比持续处于合理区间。

跨境资本流动继续呈现平稳运行态势。2018年，全球经济将延续复苏势头，主要经济体货币政策正常化总体平稳推进，新兴市场跨境资本流动有望保持相对稳定。同时，我国经济发展进入新时代，随着供给侧结构性改革深入推进，国内经济结构进一步优化，内生增长动力将逐步增强，防范化解重大风险也将稳定市场信心，有利于我国跨境资本流动保持稳定。具体来看，境外资本将继续流入。**一是**我国仍将是长期资本的重要投资目的地。2018年是我国改革开放40周年，将通过不断拓展开放范围和层次、有序放宽市场准入、完善外资相关法律、加强知识产权保护等，进一步改善外资营商环境，外资企业总体回报率和市场前景依然向好，外资结构有望优化。**二是**证券投资项下资金仍将平稳流入。随着我国股票市场和债券市场的持续开放，将继续吸引外方投资者投资。**三是**企业跨境融资的意愿仍将存在。2018年主要发达经济体货币政策正常化将推动外部融资利率回升，但仍处于相对较低水平，在人民币汇率基本稳定的背景下，企业将综合考虑境内外融资成本，根据实际需求合理使用境外融资。同时，对外投资仍将平稳推进。**一是**境内企业将继续有序开展对外直接投资。当前，"一带一路"倡议、国际产能合作等稳步推进，对外直接投资常态化管理制度框架基本形成，有助于境内企业合理、有序地参与境外投资，深化我国与世界各国的互利合作。**二是**境内主体将更加理性地配置境外资产。当前，市场对各主要货币走势看法合理分化，人民币汇率呈现双向波动预期，总体有利于理性投资。当然，影响我国跨境资本流动的不确定因素依然存在，如主要经济体货币政策趋同后的共振效应、贸易保护主义升温、国际金融市场动荡、部分地区政治风险和地缘政治冲突等，都可能使得市场情绪发生变化，引发国际资本和国际汇市的波动。

2018 年，外汇管理部门将以习近平新时代中国特色社会主义思想为指导，坚持稳中求进总基调，紧紧围绕服务实体经济、防控金融风险、深化金融改革三项任务，推动对跨境资本流动的均衡管理，服务全面开放新格局和实体经济发展，防范跨境资本流动风险，维护国家经济金融安全。**一是**实行更高水平的贸易投资自由化便利化政策，保障真实合规的经常项目和资本项目用汇需求，支持培育贸易新业态新模式，以“一带一路”建设为重点坚持“引进来”和“走出去”并重。**二是**稳步推进金融市场双向开放，推动证券市场双向开放，建立健全开放的、有竞争力的外汇市场，加强市场主体风险教育。**三是**构建跨境资本流动宏观审慎管理体系，完善监测、预警和响应机制，丰富政策工具箱，以市场化方式逆周期调节跨境资金流动。**四是**完善外汇市场微观监管框架，保持政策跨周期的稳定性和一致性，坚持真实性、合法性和合规性审核。**五是**加强外汇储备经营管理能力建设。

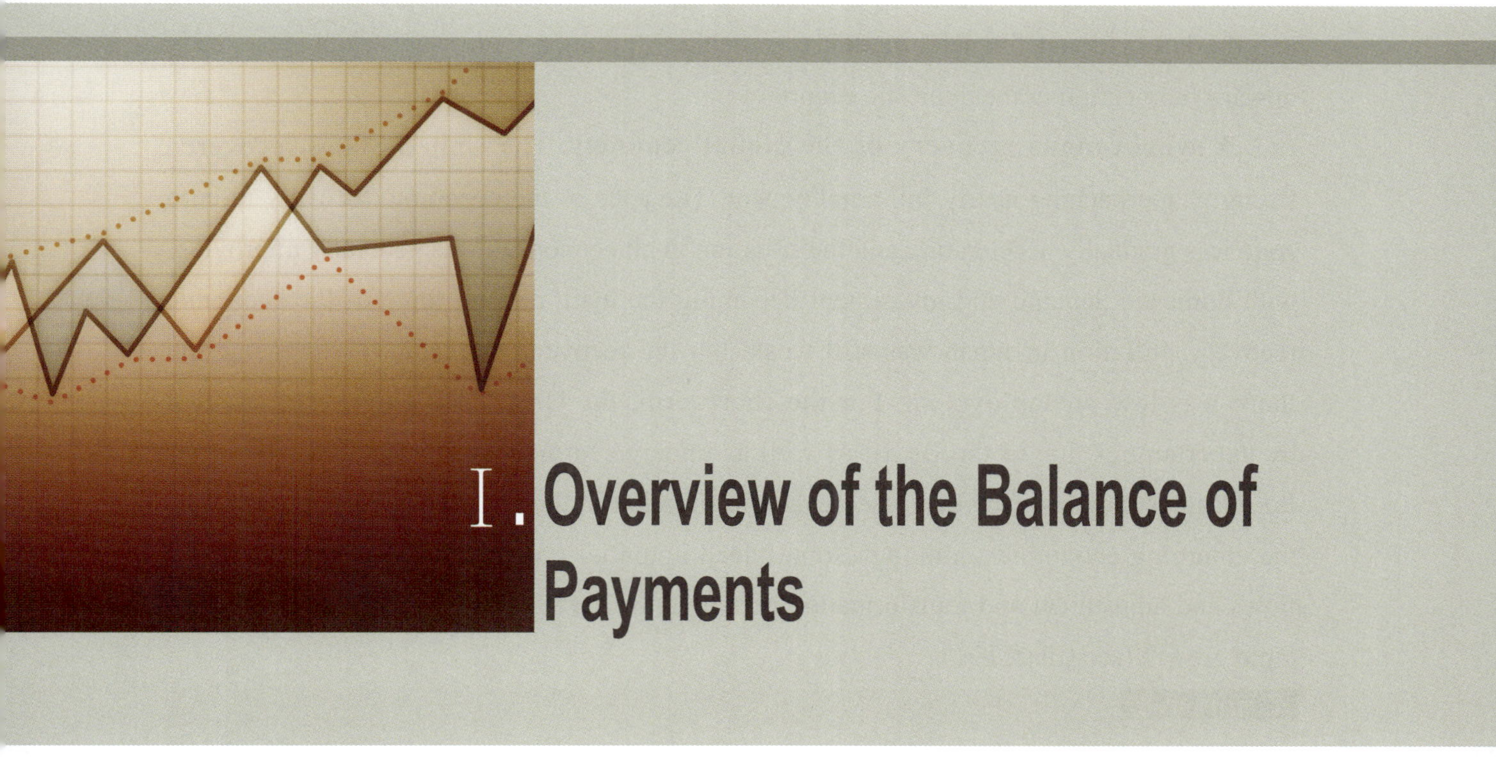

I. Overview of the Balance of Payments

(I) The Balance-of-Payments Environment

In 2017, both the domestic and external environments of China's balance of payments were generally stable. The global economy recorded a synchronized momentum of recovery and the international financial market was stable. Moreover, there was an obvious steady upward momentum in the domestic economy.

A synchronous recovery of the global economy. The United States recovered strongly, approaching nearly full employment. The pace of the economic recovery in euro zone was gradually accelerating and the situation in all economies was generally improving, with domestic demand and investment becoming the main driving force of the economic recovery. Inflation in Japan was still weak, but the recovery momentum was rising and there was low unemployment. For the short term, the United Kingdom was affected by uncertainties due to the Brexit as well as underperformance as compared with other European economies. However, the economic situation in the UK remained stable. Among the emerging economies, although some faced potential risks from cross-border capital flows and adjustment and transformation pressures, in 2017 they still maintained relatively rapid growth (see Chart 1-1).

Chart 1-1

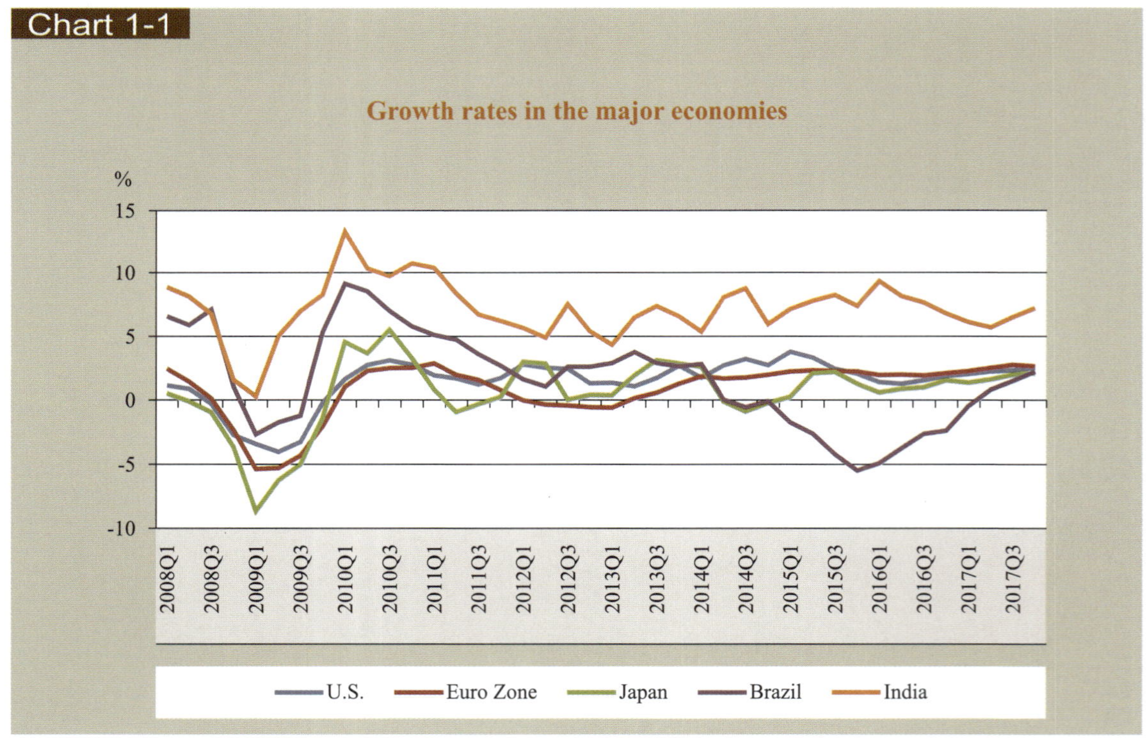

Note: The US growth rate is the annualized quarterly growth rate; the growth rates of the other countries are the year-on-year quarterly growth rates.

Source: CEIC.

A moderate adjustment in global monetary policy. The monetary policies in the major advanced economies were normalized. In 2017, the Fed continued its incremental strategy by increasing the US target fund rate on two occasions by a cumulative 75 bps to 1.25–1.5 percent. In addition, beginning in October 2017 the Fed began to reduce the size of its balance sheet. The major interest rate in the ECB remained unchanged. Since the end of 2016, the ECB has extended its asset purchasing plan but it has decreased the scale of purchasing, to some extent indicating a normalization of monetary policy. The Bank of Japan continued the QE and the QQE, expecting an inflation target of 2 percent. In November 2017, the Bank of England raised the benchmark interest rate by 25 bps to 0.5 percent for the first time since July 2007. The monetary policies in the emerging economies became diversified. To stimulate economic growth, Russia, Brazil, Chile, India, and Indonesia and other countries successively lowered their target interest rates, further easing their monetary policies. However, Korea, Mexico, and Turkey tightened their monetary policy against depreciation, capital outflows, and inflation.

Performance of the international financial markets was stable. In 2017, the US dollar weakened, and the euro, the British pound, and the Japanese yen appreciated against the US dollar. The US dollar index dropped by 9.9 percent. The currencies in the emerging markets generally appreciated and the EMCI of JP Morgan increased by 5.6 percent. Although the YTL and the Real depreciated against the US dollar, the Russian ruble, the Indian rupee, and the Mexican peso appreciated against the US dollar. In 2017, the appetite for risk increased, which led to the growth of the stock market and strengthened the price of staple goods. The DJI, the STOXX50E, and the MSCI Emerging Markets Index posted an increase of 25.1 percent, 6.5 percent, and 34.3 percent respectively. The S&P GSCI increased by 11.1 percent (see Chart 1–2 and Chart 1–3). In the future, related risks from the spillover effects of a combination of a broad fiscal policy and a tight monetary policy in the United States and a high leverage and debt burden in some countries will possibly challenge global economic and financial stability.

Chart 1-2

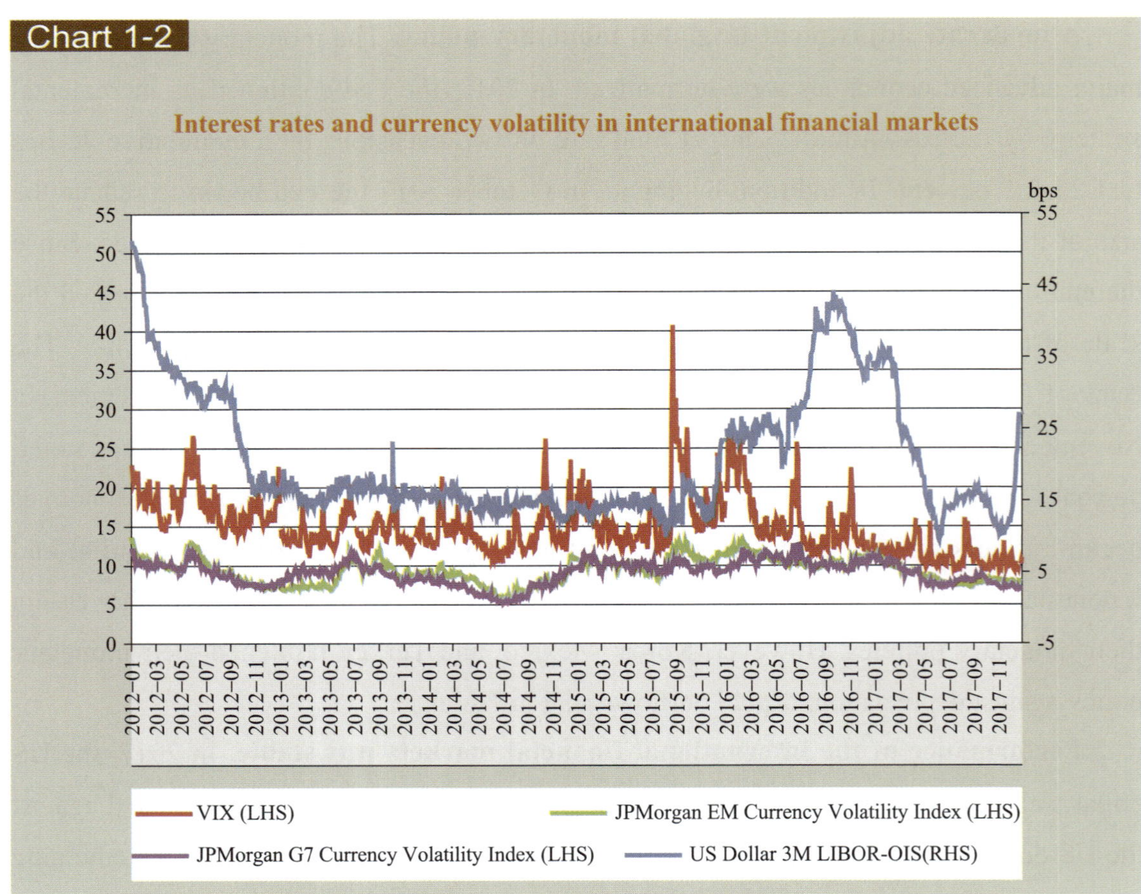

Notes: 1. The VIX is the weighted average of the implied volatility of the SPX option.

2. The EMCI is the weighted average volatility of the 3–month option of the emerging market currencies. The JP Morgan G7 is the weighted average volatility of the 3–month option of G7 currencies.

3. The 3–month LIBOR–OIS is the spread between the 3–month LIBOR and the OIS, which reflects credit pressures in the global banking sector; an increased spread indicates a decreasing willingness for interbank lending.

Source: Bloomberg.

Chart 1-3

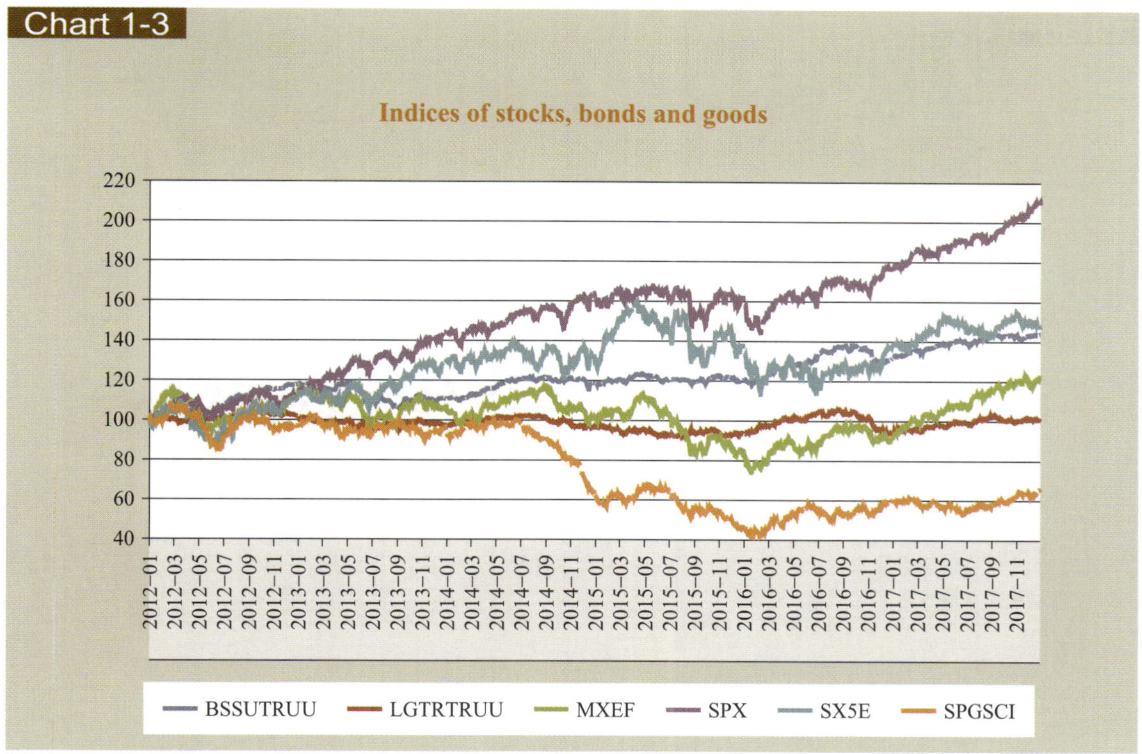

Note: BSSUTRUU refers to the Bloomberg Emerging Markets Sovereign Bond Index; LGTRTRUU refers to the Bloomberg Advanced Countries Sovereign Bond Index; MXEF refers to the MSCI Emerging Markets Index; SPX refers to Standard & Poor's 500 Index; SX5E refers to the Euro STOXX50 Index; and SPGSCI refers to Standard & Poor's GSCI Index. 2012=100.
Source: Bloomberg.

Stabilization of the domestic economy was greater than expected. In 2017, the Chinese economy performed well, with coordination among growth, quality, structure, and profits. In 2017, China's GDP amounted to RMB 82.7 trillion, up 6.9 percent, the CPI increased by 1.6 percent year on year (see Chart 1–4), and the employment rate remained stable. The economic structure improved with a new growth momentum, better quality, and higher profits. The service industry accounted for 51.6 percent of GDP and consumption contributed 58.8 percent to GDP. However, some serious problems due to unbalanced and inadequate development remained unresolved, and in terms of endogenous growth in momentum and innovation there was room for improvement.

Chart 1-4

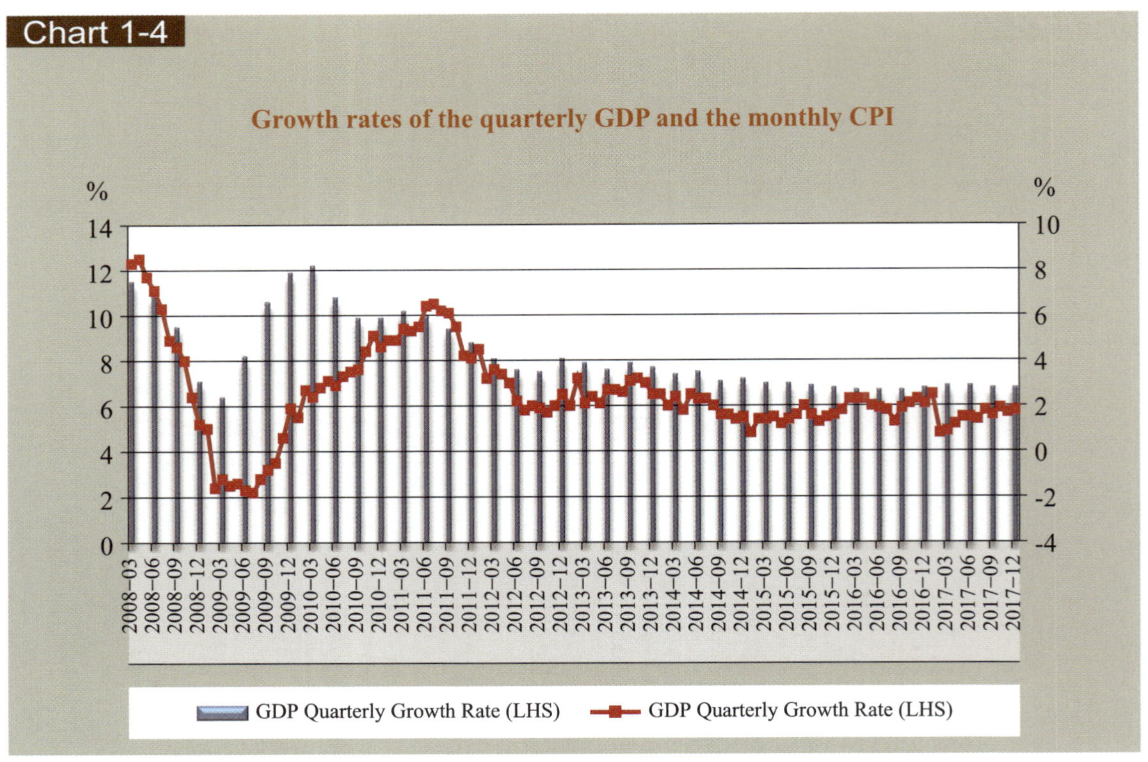

Source: NBS.

(II) The Main Characteristics of the Balance of Payments

Both the current account and the non-reserve financial account posted a surplus. In 2017, the current-account surplus totaled USD 164.9 billion, down 18 percent year on year, and the non-reserve financial account posted a surplus of USD 148.6 billion, whereas in 2016 it had posted a deficit of USD 416.1 billion (see Table 1-1).

Table 1-1 Structure of the BOP surplus

in 100 million USD

项 目	2010	2011	2012	2013	2014	2015	2016	2017
Current account balance	1361	2154	1482	2360	3042	2022	1649	1361
As a % of the BOP balance	1.8%	2.5%	1.5%	2.3%	2.7%	1.8%	1.3%	1.8%
Capital and financial account balance	2600	-360	3430	-514	-4345	-4161	1486	2600
As a % of the BOP balance	3.4%	-0.4%	3.6%	-0.5%	-3.9%	-3.7%	1.2%	3.4%

Sources: SAFE, NBS.

The surplus in trade in goods decreased slightly. In 2017, exports and imports of trade in goods totaled USD 2216.5 billion and USD 1740.3 billion respectively, up 11 percent and 16 percent, achieving a surplus of USD 476.1 billion, down 3 percent (see Chart

1–5).

The deficit in trade in services increased. In 2017,trade in services revenue totaled USD 206.5 billion, down 1 percent, and expenditures totaled USD 471.9 billion, up 7 percent. Trade in services recorded a deficit of USD 265.4 billion, up 14 percent (see Chart 1–5). In particular, the transportation deficit totaled USD 56.1 billion, up 20 percent and the travel deficit totaled USD 225.1 billion, up 19 percent.

Chart 1-5

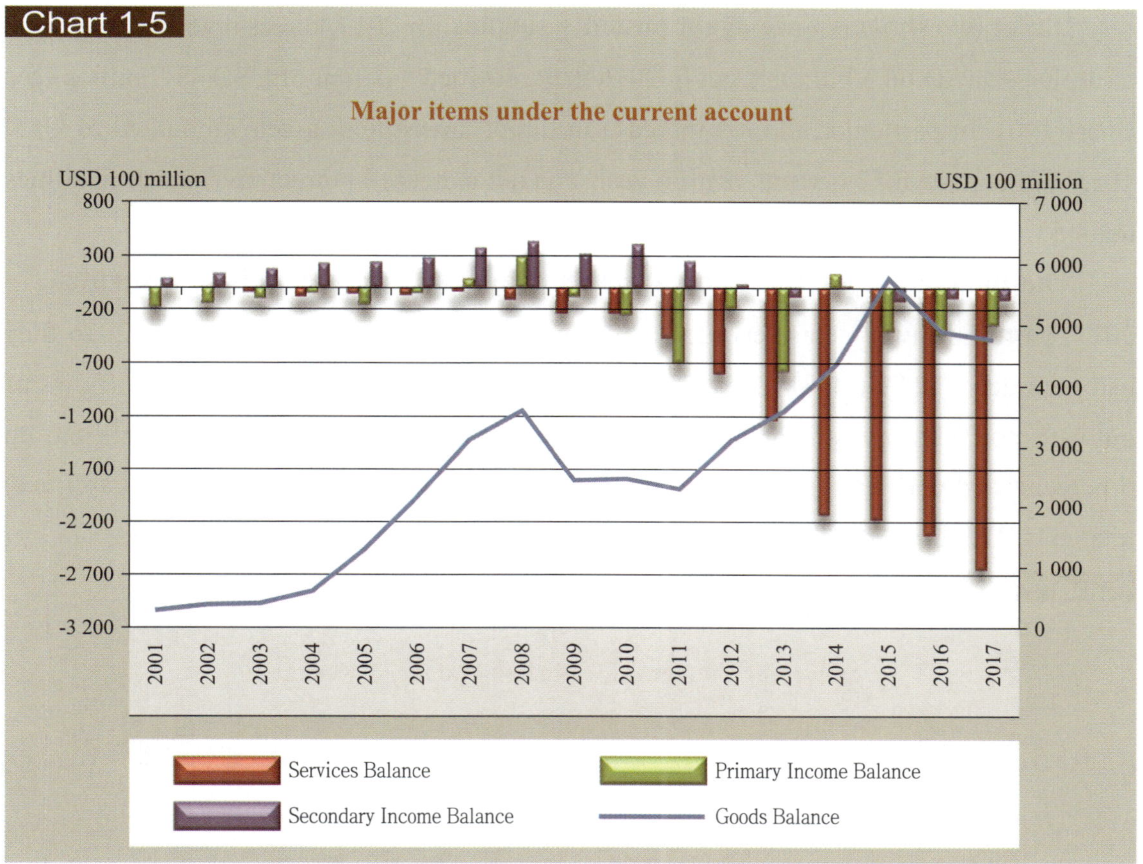

Source: SAFE.

The deficit in primary income[①] decreased. In 2017, revenue and expenditures of primary income totaled USD 257.3 billion and USD 291.8 billion respectively, up 14 percent and 8 percent year on year. The deficit in primary income totaled USD 34.4 billion, down 22 percent. In particular, the surplus in employee compensation was USD 15 billion, down 27 percent year on year. Investment income recorded a deficit of USD 49.9 billion, down 23 percent (see Chart 1–5). Outward investment revenue totaled USD 234.9 billion,

① The IMF's *Balance of Payments and International Investment Manual* (sixth edition) renamed the income item under the current account as primary income and renamed current transfers as secondary income.

up 18 percent and inward investment expenditures, including profits and dividends of foreign-funded enterprises, totaled USD 284.8 billion, up 8 percent.

The deficit in secondary income increased. In 2017, revenue and expenditures of secondary income totaled USD 28.6 billion and USD 40 billion respectively, down 7 percent and 1 percent. The deficit in secondary income amounted to USD 11.4 billion, up 20 percent (see Chart 1-5).

Direct investments once again posted a surplus. In 2017, direct investments posted a surplus of USD 66.3 billion,① but in 2016 they recorded a deficit of USD 41.7 billion (see Chart 1-6). In particular, the net increase in direct-investment assets amounted to USD 101.9 billion, down 53 percent year on year. The net increase in direct investment liabilities totaled USD 168.2 billion, down 4 percent.

The balance in portfolio investments changed from a deficit to a surplus. In 2017, portfolio investments recorded a surplus of USD 7.4 billion, whereas in 2016 they had recorded a deficit of USD 52.3 billion (see Chart 1-6). In particular, net outflows of outward portfolio investments (the net increase in assets) totaled USD 109.4 billion, up 6 percent, and net inflows of inward portfolio investments (the net increase in liabilities) totaled USD 116.8 billion, up 1.3 times.

Chart 1-6

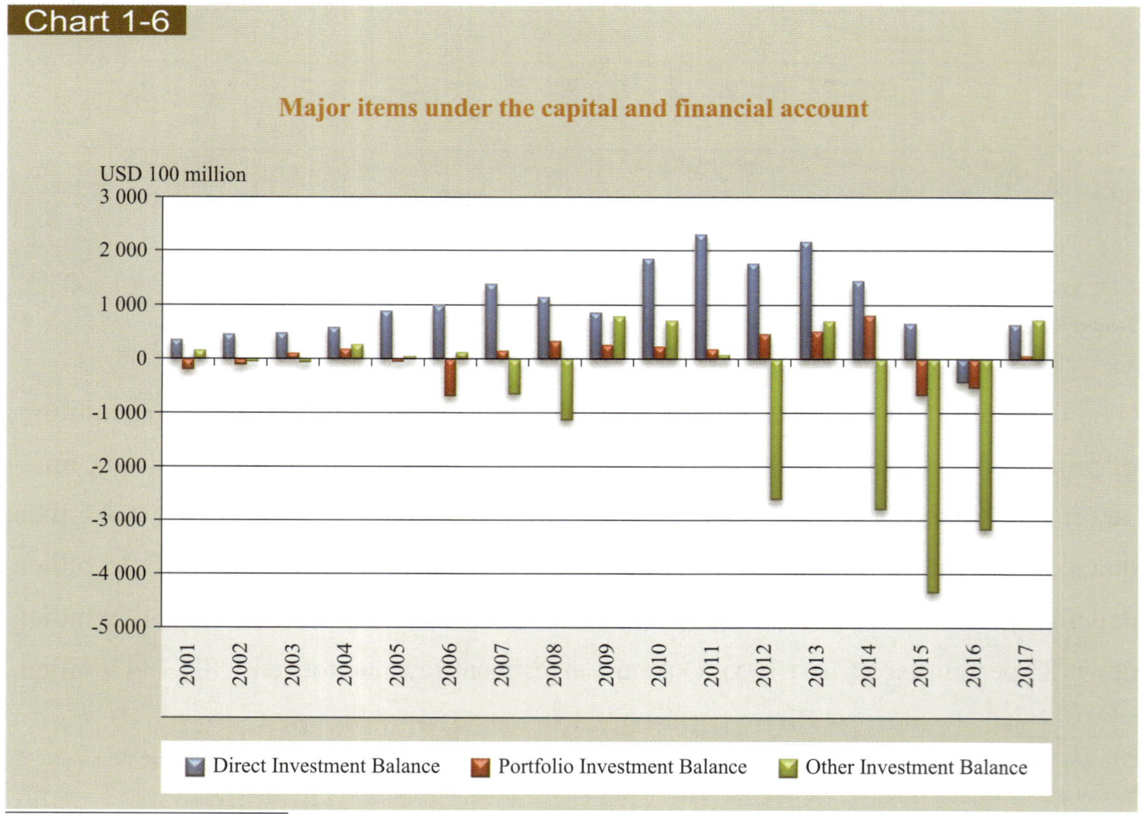

① The BOP compiles and reports direct investments following balance-sheet rules, whereas the Ministry of Commerce compiles and reports direct investments by direction, and the principles for reverse investments and investments among affiliates are different. In addition, direct investments based on the BOP statistics also include unpaid and unremitted profits, retained earnings, shareholder loans, foreign capital utilized by financial institutions, and real estate purchases by non-residents.

Source: SAFE.

Other investments recorded a surplus. In 2017, other investments, including loans, trade credits, and deposits posted a surplus of USD 74.4 billion, whereas in 2016 they had recorded a deficit of USD 316.7 billion (see Chart 1–6). In particular, net outflows of outward other investments (the net increase in assets) totaled USD 76.9 billion, up 78 percent, and net inflows of inward other investments (the net increase in liabilities) totaled USD 151.3 billion, up 3.6 times.

Reserve assets grew steadily. In 2017, reserve assets involving transactions (excluding the effects of non–transactional values, such as the exchange rate and prices) increased by USD 91.5 billion. In particular, foreign reserves involving transactions increased by USD 93 billion (see Chart 1–7). Reserve assets decreased by USD 2.5 billion during the first quarter, but then increased by USD 31.9 billion, USD 30.4 billion, and USD 33.1 billion during the following three quarters respectively. By the end of 2017, China's reserve assets totaled USD 3139.9 billion, up USD 129.4 billion since the end of 2016.

Chart 1-7

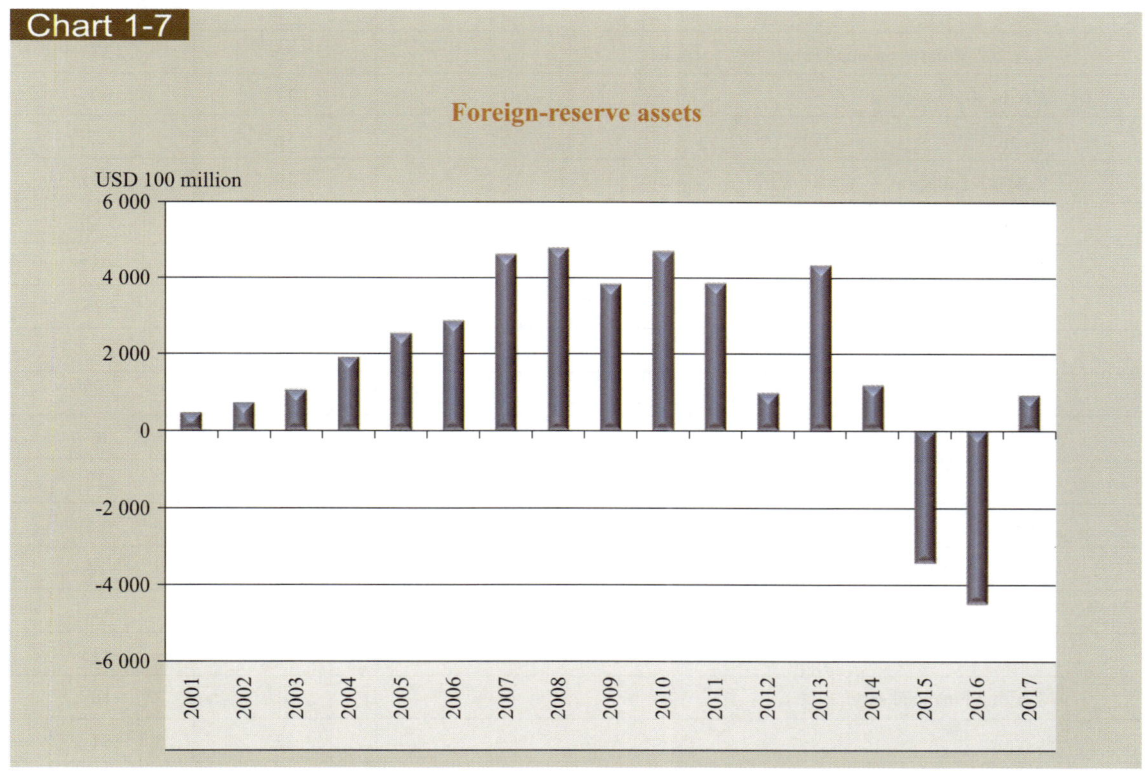

Source: SAFE.

Table 1-2 Balance of payments in 2017

in 100 million USD

Item	Line No.	2017
1. Current account	1	**1 649**
Credit	2	27 089
Debit	3	−25 440
1.A Goods and services	4	**2 107**
Credit	5	24 229
Debit	6	−22 122
1.A. a Goods	7	**4 761**
Credit	8	22 165
Debit	9	−17 403
1.A. b Services	10	**−2 654**
Credit	11	2 065
Debit	12	−4 719
1.A. b.1 Manufacturing services on physical inputs owned by others	13	**179**
Credit	14	181
Debit	15	−2
1.A. b.2 Maintenance and repair services n. i.e	16	**37**
Credit	17	60
Debit	18	−23
1.A. b.3 Transport	19	**−561**
Credit	20	372
Debit	21	−933
1.A. b.4 Travel	22	**−2 251**
Credit	23	326
Debit	24	−2 577
1.A. b.5 Construction	25	**36**
Credit	26	122
Debit	27	−86
1.A. b.6 Insurance and pension services	28	**−74**
Credit	29	41
Debit	30	−115
1.A. b.7 Financial services	31	**18**
Credit	32	34
Debit	33	−16
1.A. b.8 Charges for the use of intellectual property	34	**−239**
Credit	35	48
Debit	36	−287
1.A. b.9 Telecommunications, computer, and information services	37	**77**

(Continue)

Item	Line No.	2017
Credit	38	270
Debit	39	−193
1.A. b.10 Other business services	40	**161**
Credit	41	586
Debit	42	−426
1.A. b.11 Personal, cultural, and recreational services	43	**−20**
Credit	44	8
Debit	45	−27
1.A. b.12 Government goods and services n. i.e	46	**−18**
Credit	47	17
Debit	48	−35
1.B Primary income	49	**−344**
Credit	50	2 573
Debit	51	−2 918
1.B.1 Compensation of employees	52	**150**
Credit	53	217
Debit	54	−67
1.B.2 Investment income	55	**−499**
Credit	56	2 349
Debit	57	−2 848
1.B.3 Other primary income	58	**5**
Credit	59	7
Debit	60	−3
1.C Secondary income	61	**−114**
Credit	62	286
Debit	63	−400
2. Capital and financial account	64	**570**
2.1 Capital account	65	**−1**
Credit	66	2
Debit	67	−3
2.2 Financial account	68	**571**
Assets	69	−3 782
Liabilities	70	4 353
2.2.1 Financial account excluding reserve assets	71	**1 486**
Financial assets excluding reserve assets	72	−2 867
Liabilities	73	4 353
2.2.1.1 Direct investment	74	**663**

(Continue)

Item	Line No.	2017
2.2.1.1.1 Assets	75	**−1 019**
2.2.1.1.1.1 Equity and investment fund shares	76	−997
2.2.1.1.1.2 Debt instruments	77	−22
2.2.1.1.2 Liabilities	78	**1 682**
2.2.1.1.2.1 Equity and investment fund shares	79	1 422
2.2.1.1.2.2 Debt instruments	80	260
2.2.1.2 Portfolio investment	81	**74**
2.2.1.2.1 Assets	82	**−1 094**
2.2.1.2.1.1 Equity and investment fund shares	83	−377
2.2.1.2.1.2 Debt securities	84	−717
2.2.1.2.2 Liabilities	85	**1 168**
2.2.1.2.2.1 Equity and investment fund shares	86	340
2.2.1.2.2.2 Debt securities	87	829
2.2.1.3 Financial derivatives (other than reserves) and employee stock options	88	**5**
2.2.1.3.1 Assets	89	15
2.2.1.3.2 Liabilities	90	−10
2.2.1.4 Other investment	91	**744**
2.2.1.4.1 Assets	92	**−769**
2.2.1.4.1.1 Other equity	93	0
2.2.1.4.1.2 Currency and deposits	94	−370
2.2.1.4.1.3 Loans	95	−397
2.2.1.4.1.4 Insurance, pension, and standardized guarantee schemes	96	0
2.2.1.4.1.5 Trade credit and advances	97	−194
2.2.1.4.1.6 Other accounts receivable	98	192
2.2.1.4.2 Liabilities	99	**1 513**
2.2.1.4.2.1 Other equity	100	0
2.2.1.4.2.2 Currency and deposits	101	1 055
2.2.1.4.2.3 Loans	102	496
2.2.1.4.2.4 Insurance, pension, and standardized guarantee schemes	103	7
2.2.1.4.2.5 Trade credit and advances	104	−12
2.2.1.4.2.6 Other accounts payable	105	−32
2.2.1.4.2.7 Special drawing rights	106	0
2.2.2 Reserve assets	107	**−915**
2.2.2.1 Monetary gold	108	0
2.2.2.2 Special drawing rights	109	−7
2.2.2.3 Reserve position in the IMF	110	22

(Continue)

Item	Line No.	2017
2.2.2.4 Foreign exchange reserves	111	-930
2.2.2.5 Other reserve assets	112	0
3.Net errors and omissions	113	**-2 219**

Notes:

1. This chart was compiled according to the IMF's *Balance of Payments and International Investment Manual* (sixth edition).
2. In the financial account, a positive value for assets indicates a net decrease, whereas a negative value indicates a net increase. A positive value for liabilities indicates a net increase, whereas a negative value indicates a net decrease.
3. The chart is based on a rounding principle.

Source: SAFE.

(III) Evaluation of the Balance of Payments

The current account recorded a reasonable surplus and the balance in the non-reserve financial account changed from a deficit to a surplus. In 2017, the ratio of the current-account surplus to GDP was 1.3 percent, and the non-reserve financial account posted a surplus of USD 148.6 billion; in 2015 and 2016 they recorded a deficit of USD 434.5 billion and USD 416.1 billion respectively. The surplus in each quarter amounted to USD 36.8 billion, USD 31.1 billion, USD 44.1 billion, and USD 36.5 billion respectively. Before 2017, they had recorded deficits for eleven consecutive quarters. The surplus indicates that cross-border capital flows have generally stabilized after the continued capital outflows. Supported by the surpluses under the current account and the non-reserve financial account, China's reserve assets continued to recover (see Chart 1-8) and the balance of payments situation became stable.

Chart 1-8

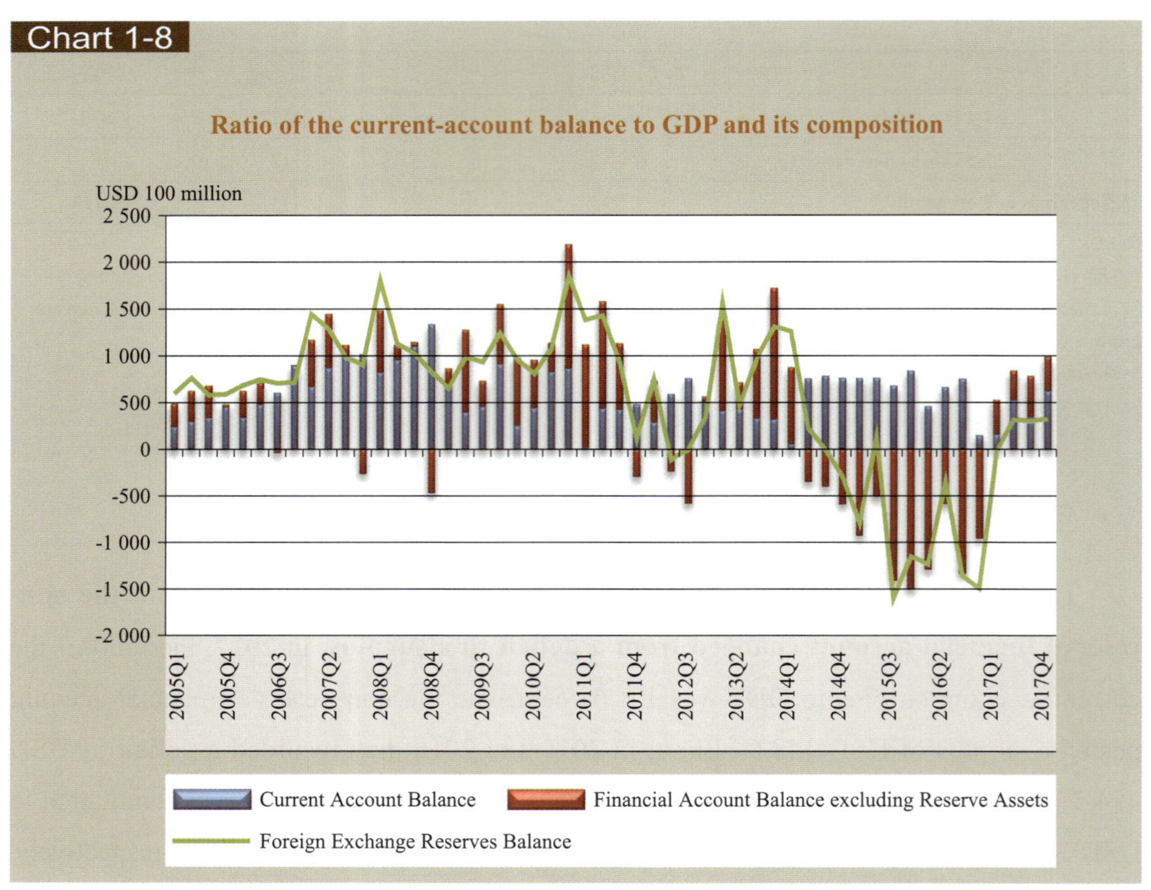

Sources: SAFE, NBS.

Outward investments by domestic entities tended to be stable. In 2017, the net increase in assets, including outward direct investment, portfolio investment, and other investments totaled USD 286.7 billion, down 58 percent year on year. The net increase in each quarter was USD 54.7 billion, USD 79.5 billion, USD 78.8 billion, and USD 73.7 billion. First, outward direct investments became more rational and stabilized. In 2017, the net increase in direct-investment assets totaled USD 101.9 billion, down 53 percent year on year. The average net increase during the first three quarters was USD 21.7 billion, down 64 percent, and in the fourth quarter it was USD 36.9 billion, up 1 percent. Second, the outward portfolio investments grew steadily. The net increase in external assets including equities and bonds totaled USD 109.4 billion, up 6 percent. Third, the other-investment assets, such as deposits and loans, recorded a net increase of USD 76.9 billion, down 78 percent (see Charts1–9 and 1–10).

Chart 1-9

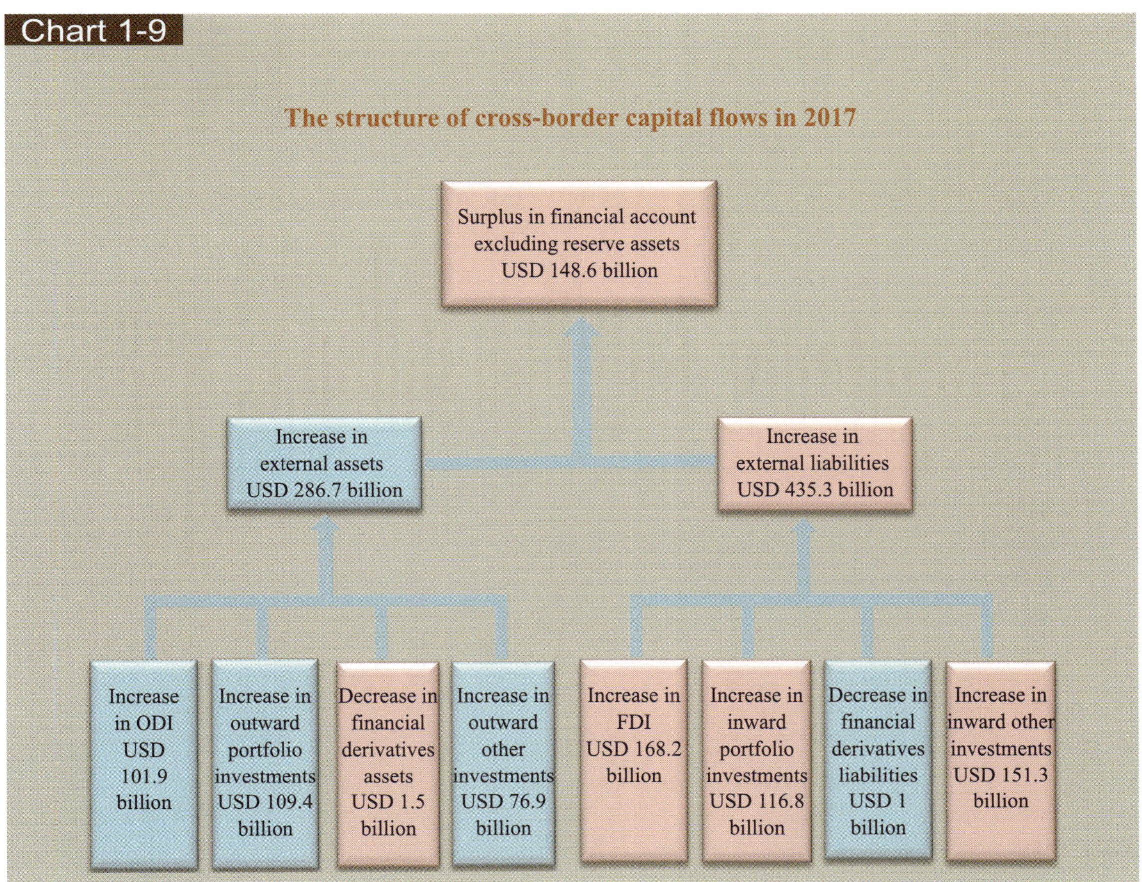

Source: SAFE.

Chart 1-10

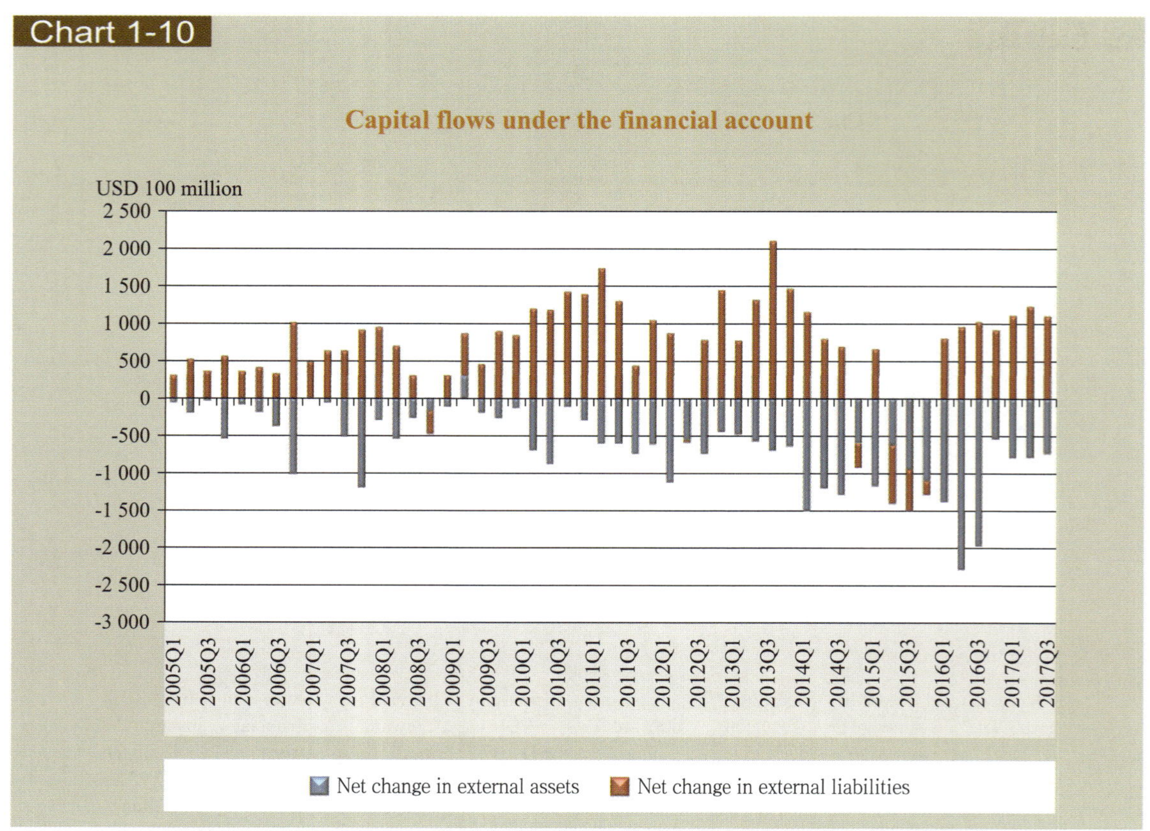

Source: SAFE.

Rebounding of inward investments by foreign entities. In 2017, net inflows of inward investments, including direct investments, portfolio investments, and other investments totaled USD 435.3 billion, up 68 percent year on year. In particular, net inflows in each quarter were USD 91.5 billion, USD 110.6 billion, USD 123 billion, and USD 110.2 billion respectively. In terms of items, net inflows of inward direct investments reached a high of USD 168.2 billion, the net inflows of outward portfolio investments reached a new record of USD 116.8 billion, up 1.3 times, reflecting the effects of the opening of the domestic capital market. Net inflows under deposits and loans totaled USD 105.5 billion due to an improved willingness by nonresidents to hold RMB assets, whereas in 2016 net inflows were USD 9.1 billion and in 2015 they recorded a net outflow of USD 122.6 billion. External loans and trade credits borrowed by domestic entities recorded a net inflow of USD 48.4 billion, whereas during the last three years they had posted a net outflow of USD 36.4 billion, USD 229 billion, and USD 1.2 billion respectively. The adjustment reflected a desire for a recovery of financing by domestic entities and therefore their financing began to increase (see Charts 1−9 and 1−10).

China's BOP was generally self-balancing. From the long–term perspective, China's balance of payments revealed a trend of self–balancing after over ten years of continuous net inflows and a period of net outflows. First, foreign reserves increased steadily. In 2017, the increase in foreign reserves involving transactions totaled USD 93 billion. Second, the RMB exchange rate against the US dollar showed more significant two–way fluctuations. China's foreign–reserve assets increased rapidly under the inflow pressures prior to 2014 and annual growth reached about USD 400 billion from 2007 to 2013 (except for in 2012). During this period, there was a long period of RMB appreciation against the US dollar. Due to the outflow pressures from 2015 to 2016, foreign reserves involving transactions decreased by USD 395.5 billion annually and the RMB depreciated against the US dollar. In general, the domestic and the external market environments were both improving and expectations about the RMB rate became diversified, establishing a solid foundation for a self–balancing of China's BOP.

Box 1

The Evolution of China's BOP During the Forty Years Since the Reform and Opening-Up

Since the reform and opening–up, China has experienced dramatic changes in many respects, including the economy and society, and in particular the boom in external economic relationships that are adequately reflected in the BOP data.

1. The reform and opening-up promoted integration of the Chinese economy with the global economy, and China's BOP took a giant leap, from small to big and from weak to strong.

China's position in global trade was enhanced significantly. According to BOP statistics,① China's trade in goods and trade in services totaled USD 40.4 billion in 1982, ranking more than 20th in the world. During the following twenty years before China joined the WTO in 2001, China's trade in goods and services recorded annual growth of 14 percent. From 2001 to 2008, China's foreign trade also experienced rapid growth, with an annual growth rate of 26 percent. From 2009 to 2017, China's foreign trade exhibited a more stable trend but with some fluctuations, and it achieved an annual growth rate of 9 percent. In 2016,② China's trade in goods and trade in services totaled USD 4.14 trillion, ranking 2nd in the world (see Chart

① China's balance of payments can be traced back to 1982.

② Since data for 2017 in some countries have not yet been published, the data for 2016 have been selected for the comparison.

C1–1).

Chart C1-1

Top twenty countries in terms of global trade in goods and trade in services, 1982–2016

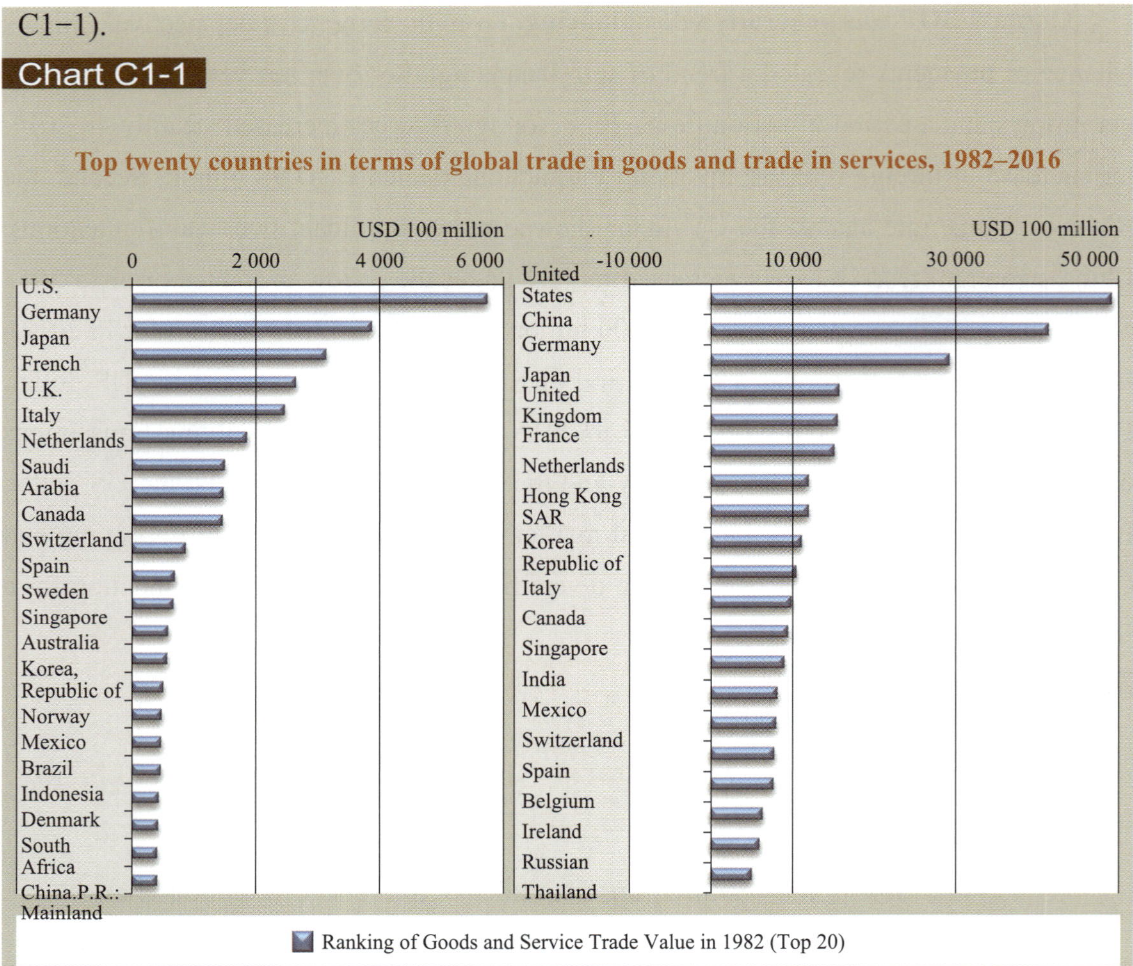

Note: The data sources for trade in goods and trade in services are the country BOP data.
Source: IMF.

External financial assets and liabilities grew steadily. After the reform and opening up, cross–border direct investments were the first group to be opened, followed by bond investments and loans. Portfolio investments achieved a break through after the introduction of the qualified institutional investors system. Moreover, more channels were established, including the stock–connect and the bond–connect, thus leading to more frequent cross–border investments (FDI) and financing. With respect to direct investments, according to the BOP statistics in the 1980s inward direct investments averaged USD 2–3 billion annually, in the 1990s annual foreign direct investments amounted to over tens of billions of dollars, and since 2005 FDI totaled more than USD 100 billion every year. China thus became an important market favored by global capital. With respect to outward direct investments, they amounted to less than USD 10 billion before 2005, but by 2014 they were totaling more USD 100 billion, reflecting the strengthened capability of domestic enterprises and their need for globalization. The IIP data reveal that the total external assets and liabilities amounted to USD 12.04 trillion, representing annual growth of 17 percent since 2004 (the first year of data). China ranked 8th globally in terms of total external assets and liabilities and was the second largest creditor.

2. The reform and opening-up promoted the optimization of the domestic economic structure as well the foreign economic pattern, and China's international balance of payments gradually achieved a general balance after a long-term twin surplus.

China's current-account surplus first increased and then decreased. From 1982 to 1993, China's current–account balance fluctuated, with deficits in several years. In 1994, the current account began to show a surplus, which continues to this day. In particular, from 1994 to 2007 the ratio of the current–account surplus to GDP increased from 1 percent to 9.9 percent, indicating that China was becoming more export–oriented, thus leading the domestic economy to grow rapidly. However, the 2008 international financial crisis indicated that China should lower its dependence on external demand and move to domestic demand–driven growth. Since 2008, the ratio of the current–account surplus to GDP fell back to a reasonable level, which was 1.3 percent in 2017. This adjustment reflected that domestic demand, especially consumption, was playing a more important role in economic growth, and it showed that the improved domestic economic structure was leading to a more balanced external economy.

Cross-border capital moved to a two-way flow instead of its former continuous net inflow. Since 1994 China's current account has recorded surpluses, and for twenty years China's non–reserve financial account had also recorded surpluses The twin–surpluses were previously a major feature of the status of China's BOP. Against this background, China's foreign reserves continued to increase and achieved a historical high of nearly USD 4 trillion. Impacted by both the domestic and the external environment since 2014, the non–reserve financial account continued to post a deficit for almost three years and foreign reserves declined until 2017. The adjustment led to a change in China's external asset and liability structure. By the end of 2017, reserve assets accounted for 47 percent of total external assets, down 18 percentage points from the ratio at the end of 2013, and the ratio of direct-investment assets, portfolio-investment assets, and other-investment assets rose by 10 percentage points, 3 percentage points, and 5 percentage points respectively. The adjustment revealed that the holding and investment of external assets were diversified. In the meantime, the ratio of portfolio investments to total liabilities rose by 11 percentage points, and the ratio of other investments decreased by 9 percentage points, reflecting the effects of the opening-up of the domestic capital market.

3. The reform and opening-up strengthened comprehensive national power and resilience against risks. China's balance of payments underwent serious external shocks on three occasions.

Since the reform and opening-up, China's balance of payments remained generally prudent. There were three major shocks from the historical turbulence in the international financial market. The first shock was the 1998 Asian financial crisis. Although the non-reserve financial account recorded a deficit of USD 6.3 billion in 1998, China's foreign reserves grew slightly due to the high current-account surplus. The second shock was the 2008 international financial crisis and the debt crisis in Europe and the United States. China maintained a twin-surplus and foreign reserves increased further. The third time was from 2014 to 2016 when the United States adjusted its monetary policy and the emerging markets were facing capital outflows and depreciation. China's external payments and solvency were strong and risk-controllable, although foreign reserves dropped significantly.

An increasingly stable economic foundation and improved risk-prevention capabilities were key protective factors against external shocks. First, Chinese economic power was increasingly strengthened as China became the second largest economy in the world. In addition, China established a comprehensive industrial structure, which established a solid foundation to prevent economic shocks. Second, a reasonable BOP structure strengthened China's risk-prevention capacity. China recorded continuous current-account surpluses. From 1982 to 2013, the current-account surplus contributed 63 percent to the growth in foreign reserves and since 2014 it has helped to balance capital outflows. China held sufficient foreign reserves, ranking 2nd in the world in 1998 and first in the world in 2006, even surpassing Japan.

Solvency to pay for imports and external debts was well below the international threshold. Third, the convertibility of China's capital account was steadily being promoted as was the reform of the RMB exchange rate mechanism, and China further experienced counter-cyclical adjustments of cross-border capital flows, which had a positive effect on preventing and alleviating risks.

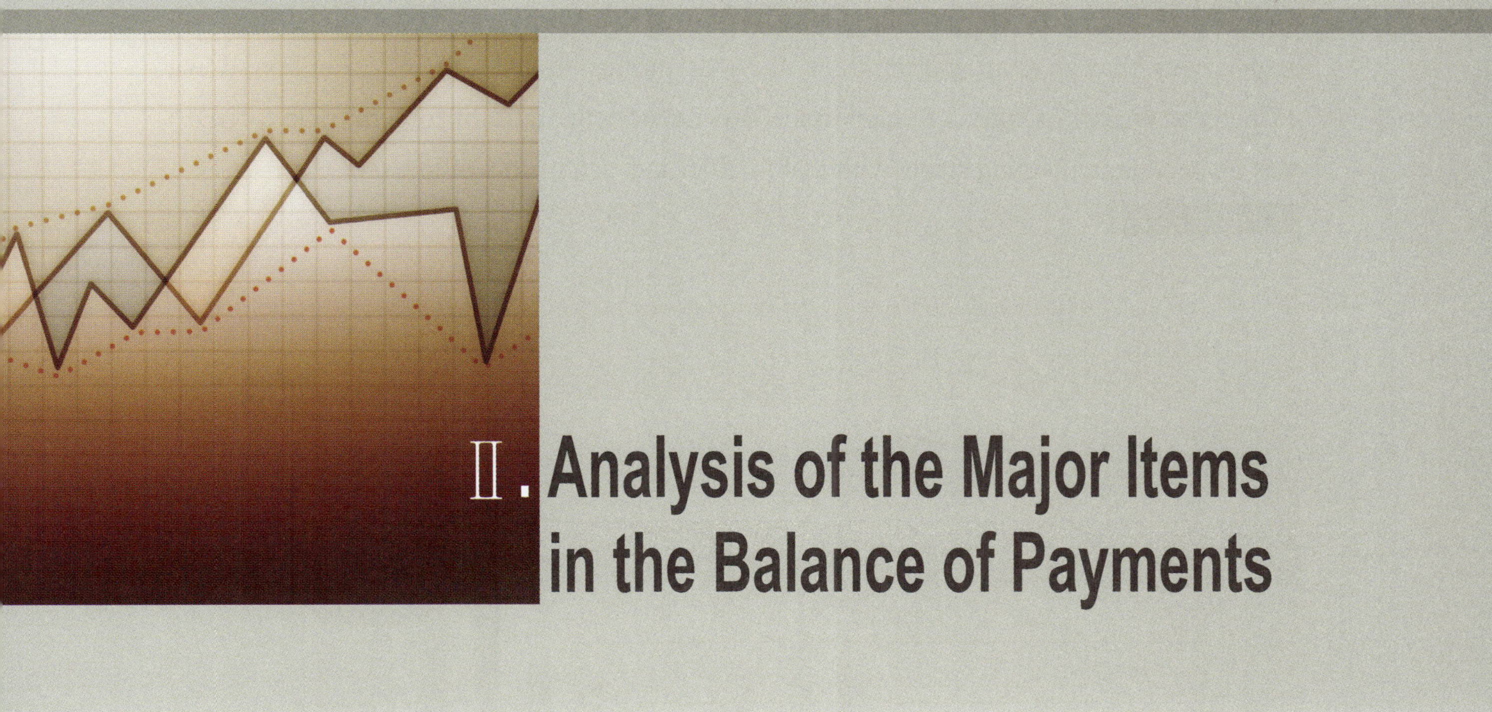

Ⅱ. Analysis of the Major Items in the Balance of Payments

(I) Trade in goods

The growth of imports was faster than the growth of exports, contributing to more balance foreign trade. According to statistics of the General Administration of Customs in 2017, exports and imports of trade in goods rose by 8 percent and 16 percent respectively year on year, and the trade in goods surplus totaled USD 422.5 billion, down 17 percent. In 2017 China's foreign-trade dependence (the ratio of foreign trade to GDP) was 34 percent, remaining stable with that in 2016 and at a historical low (see Chart 2-1).

Chart 2-1

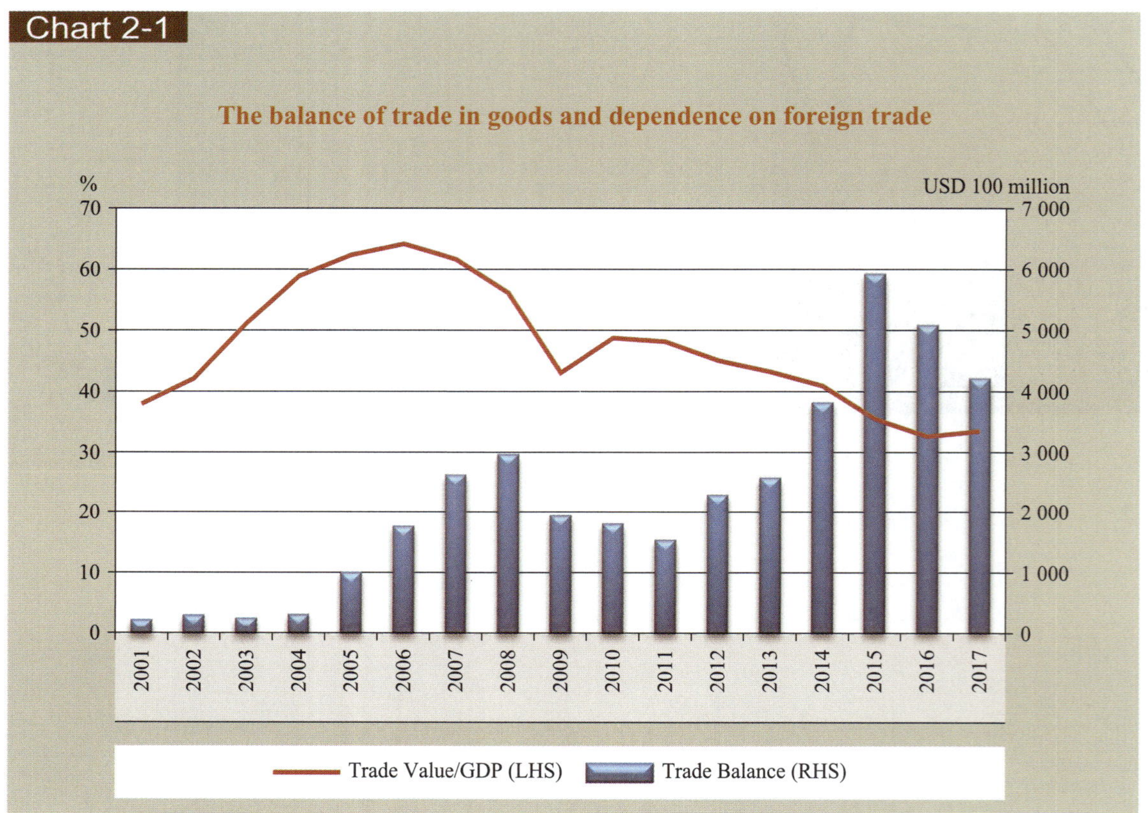

Sources: General Administration of Customs, NBS.

Both the volume and the price of imports grew more rapidly than the volume and the price of exports, reflecting enhanced domestic demand and an adjustment of staple goods in the international market. According to statistics of the General Administration of Customs (in RMB), the export volume index and the import volume index recorded monthly growth of 7.4 percent and 9.5 percent respectively, which were 4.7 percentage points and 5.8 percentage points higher than the indices in 2016. This indicates that the impact of enhanced domestic demand was more obvious with respect tothe volume ofimports than with respect to the value of exports. In 2017, the export price index and the import price index grew by 4 percent and 9.6 percent monthly respectively, whereas in 2016 they decreased by 2.2 percent and 3 percent monthly. The increase in the price of staple goods, for instance, that of crude oil,was the major reasons for this growth.

The trade in goods surplus decreased as did the surplus in foreign-exchange receipts and payments. In 2017, trade in goods revenue and payments grew by 9 percent and 15 percent respectively, and they posted a surplus of USD 186.7 billion, down 29 percent. In particular, foreign–exchange settlements posted a surplus of USD 233.6 billion, down 9 percent year on year, and RMB settlements posted a deficit of USD 46.8 billion, as opposed to a surplus of USD 5.7 billion in 2016.

Chart 2-2

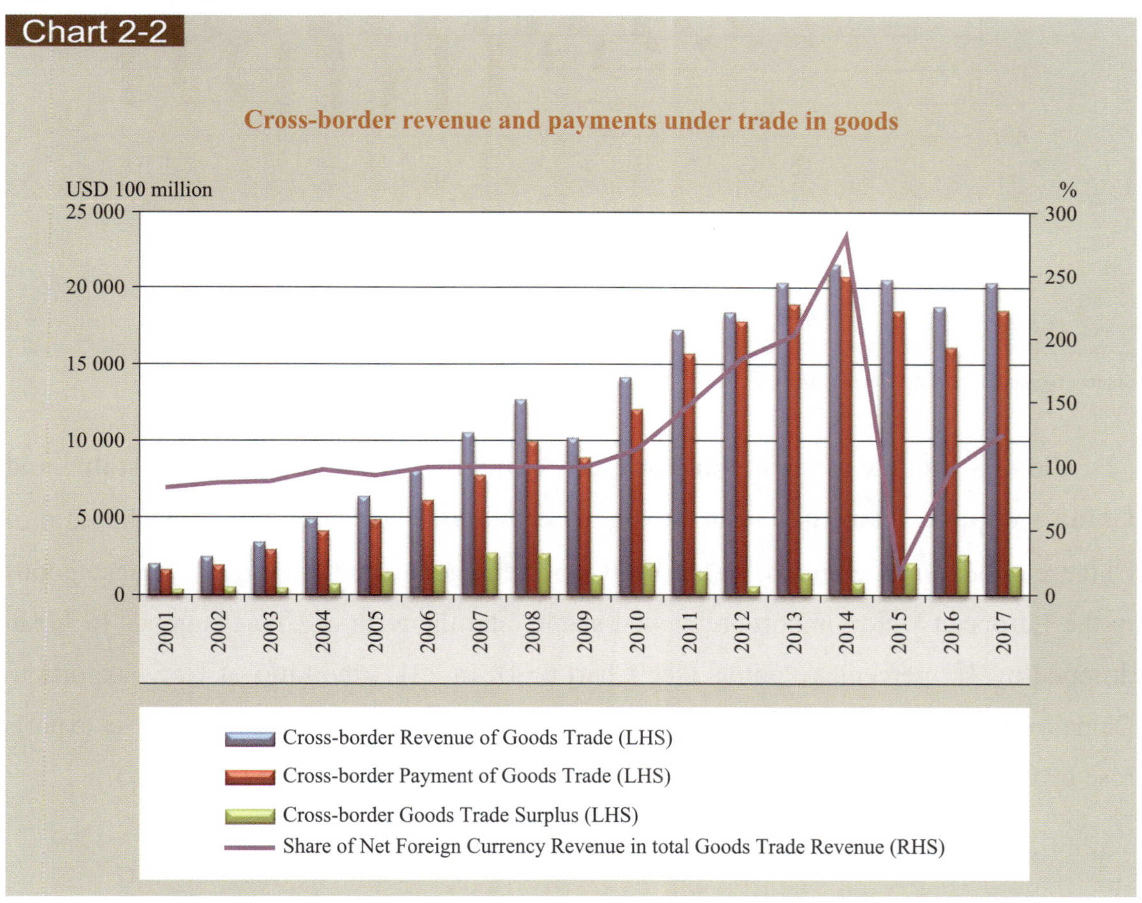

Source: SAFE.

The deficit in trade in goods for state-owned enterprises increased and the surplus in trade in goods for foreign-funded enterprises decreased. In 2017, state–owned enterprises recorded a deficit of USD 206.2 billion, up 42 percent year on year. Foreign–funded enterprises recorded a surplus of USD 116 billion, down 21 percent. Private enterprises posted a surplus of USD 503 billion, which was almost the same as that in 2016 (see Chart 2-3).

Chart 2-3

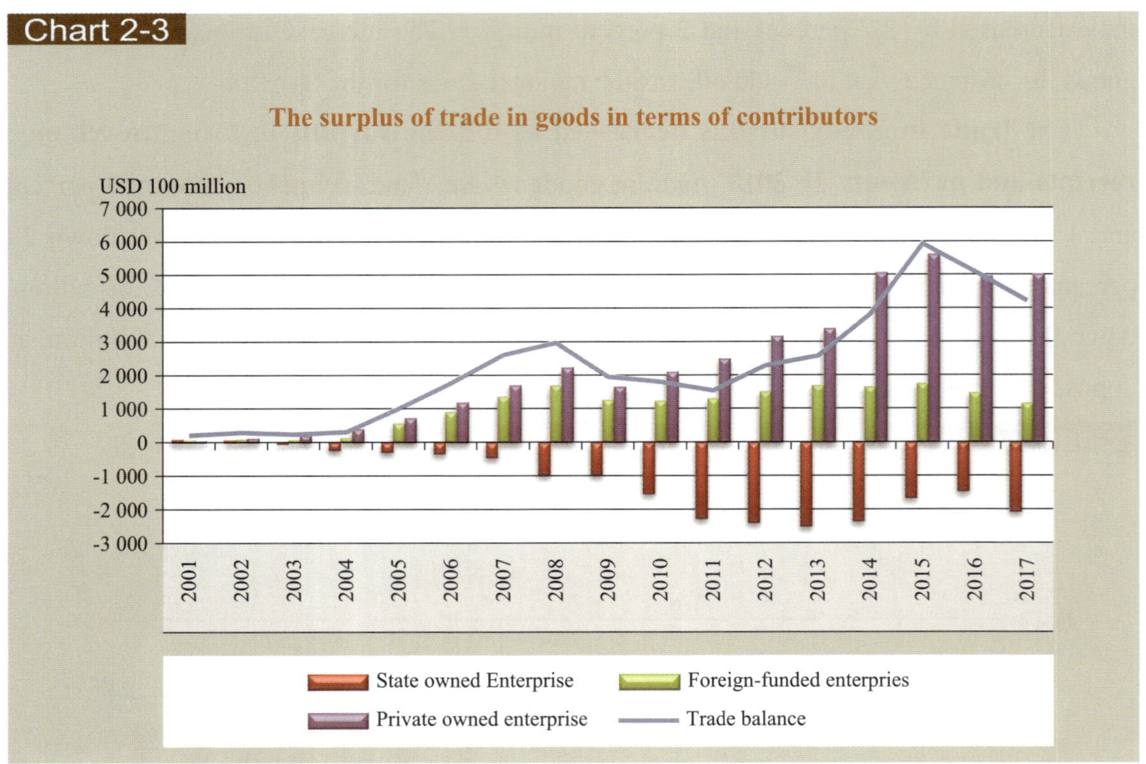

Source: General Administration of Customs.

China's exports to the major advanced economies remained relatively stable and China's imports from the major advanced economies increased. In 2017, the ratio of Chinese goods to U. S. imports rose by 0.4 percentage point; the ratio of Chinese goods to the European Union imports remained stable, and the ratio of Chinese goods to Japan dropped by 1.3 percentage points (see Chart 2-4). In 2017, the ratio of U. S. exports to China rose by 0.5 percentage point, and the ratios of European Union and Japanese exports rose by 0.8 percentage point and 1.4 percentage points respectively (see Chart 2-5).

Chart 2-4

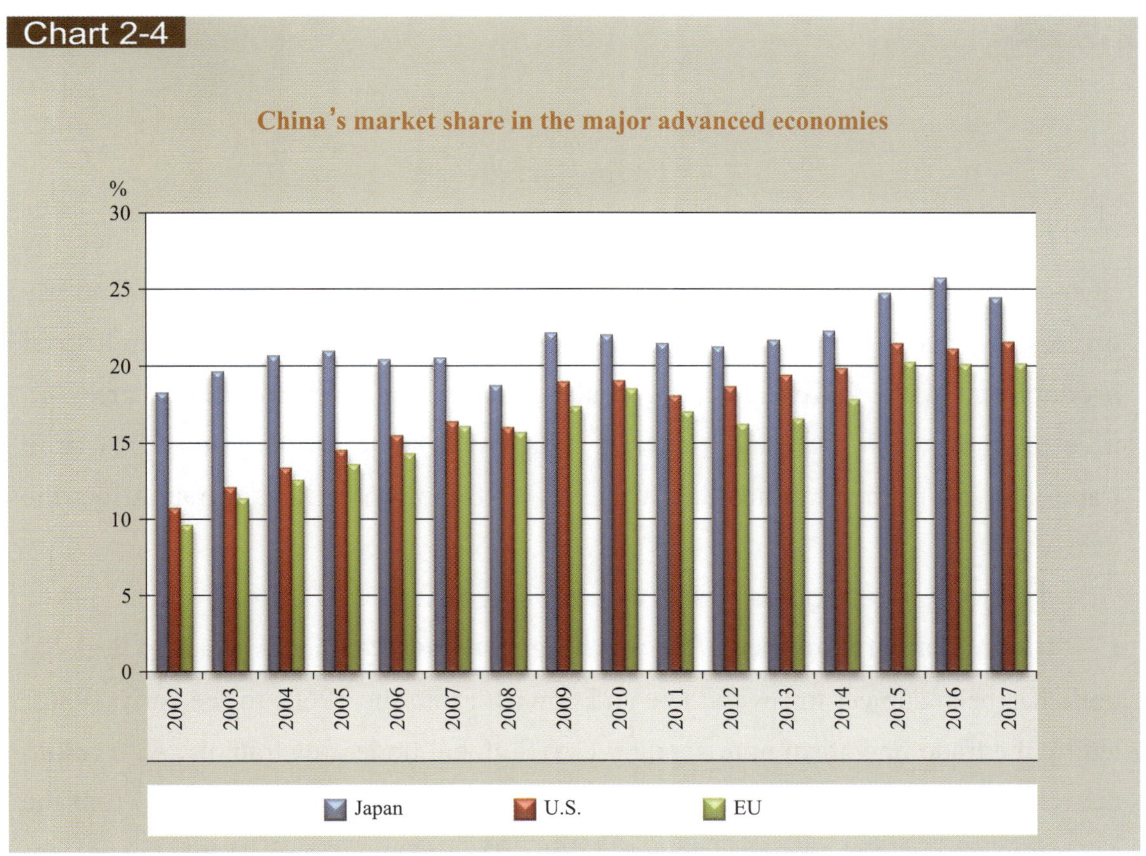

Source: CEIC.

Chart 2-5

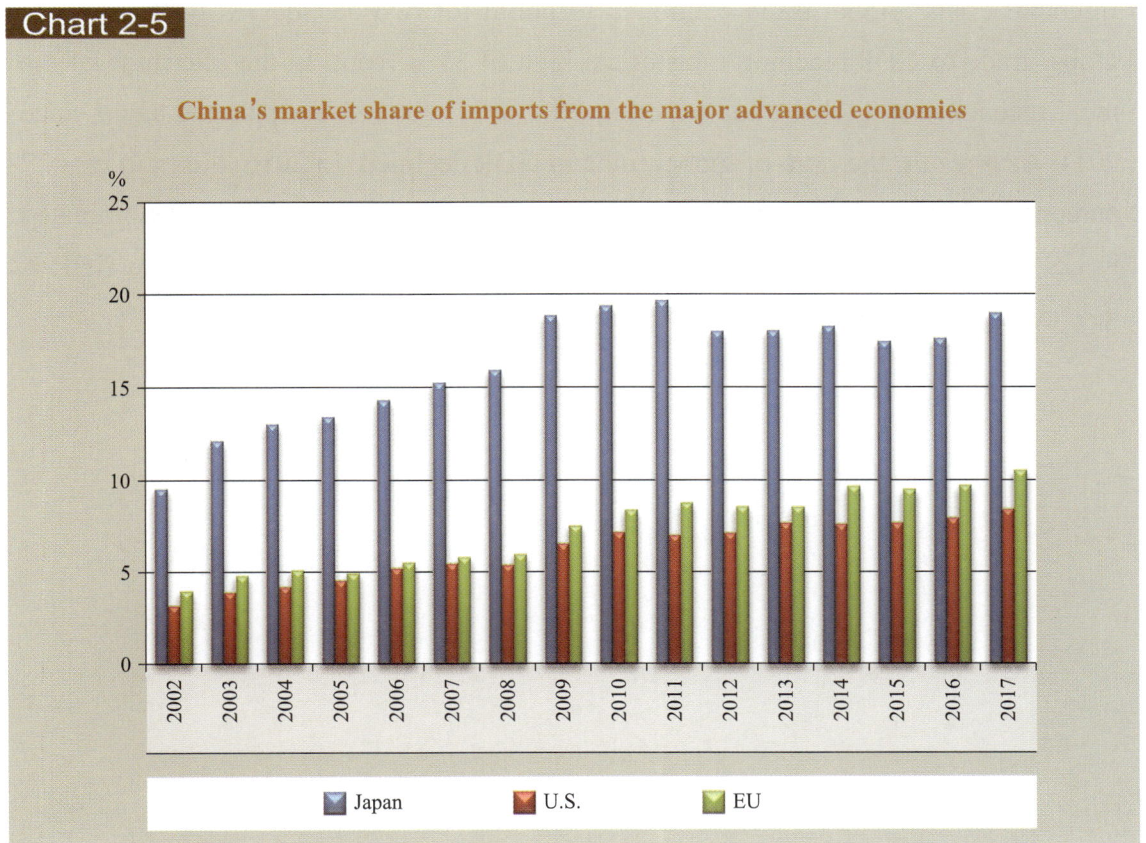

Source: CEIC.

Box 2

The Reasons behind and an Analysis of the Trends in the Recovery of Global Trade

In 2017, global trade had fully recovered from the sluggishness since the financial crisis, posting a cyclical restoration in the aftermath of the crisis. The key drivers for this were the surging investments and the high demand for industrial production. In the future, as the global economy picks up, a virtuous growth-investment-growth cycle may emerge, which will support continuous growth in trade. However, uncertainties due to the rising trade protectionism may affect the recovery.

I The recovery global trade was broadly based

Global trade rebounded after reaching a low point. Since World War II,global trade has been subject to several ups and downs. From the 1960s to the early 1980s, led by the trade liberalism nourished by GATS global trade grew rapidly. As a result, the ratio of global trade to GDP increased from 12 percent to 20 percent. From the economic crisis in the advanced economies in 1985 to the outbreak of the most recent financial crisis, global trade continued to boom for two decades, with the ratio of global trade to GDP reaching a historical high of 31 percent. In the aftermath of the most recent crisis, global trade experienced a brief rebound but plunged again since 2011. As a result, the ratio of global trade to GDP declined. In 2016, the ratio was 27 percent. In 2017, as the global economy became stronger , global trade denominated in US dollars rose by 9 percent, recreating an uptrend in the ratio of trade to GDP. A new cycle in the recovery of global trade was on its way (See Chart C2-1).

Chart C2-1

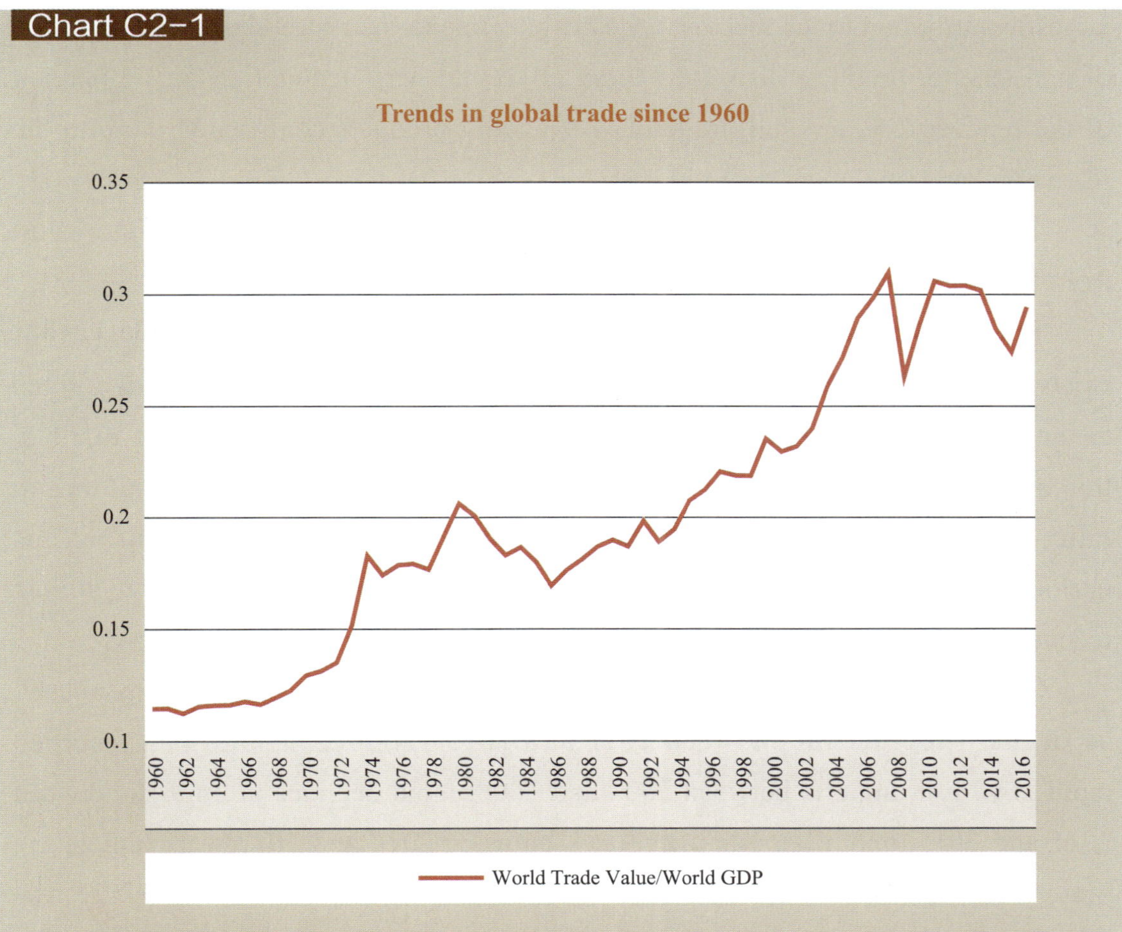

Sources: World Bank, Haver.

The trade recovery was supported by increases in both prices and quantities. This round of the trade recovery was basically synchronized with the recovery of the volume of trade, but with w slightly smaller amplitude. This indicates that the recovery was affected by both trade prices and trade volumes,and was not solely because of rising commodity prices, even though this latter view has been popular. If we exclude the impact of changes in the exchange rate, the volume of trade denominated in domestic currency and conveyed at fixed exchange rates will show a large increase. This is similar to the volume of trade denominated in US dollars, indicating that a depreciation of the US dollar has had a limited impact on this round of the trade recovery.

This round in the trade recovery is broadly based. From 2016 to 2017, trade of almost every product fully recovered. Among the products, trade of energy products grew rapidly, accounting for 34 percent of the recovery and making the largest contribution to the recovery. Meanwhile, due to their high share of trade, trade of non-energy products also grew in an all-round way, accounting for 66 percent of the recovery. As a result, trade of non-energy products contributed more to the recovery than trade of energy products.

II This round of the trade recovery represented a cyclical restoration from the decline in the post-crisis period.

The elasticity of trade to GDP has been restored to the average level that existed from 2002 to 2008. It is broadly accepted that elasticity in the growth of trade to the GDP growth rate is a measurement of structural factors. From 2011 to 2015, this indicator declined rapidly to less than one time of the long-term equilibrium ratio, thus providing major evidence that trade declined structurally during this period. However, during the first half of 2017, the ratio increased to 1.8, almost recovering to the average level from 2002 to 2008.

Cyclical fluctuations contributed to this round of the trade recovery as well as to the trade decline between 2011 and 2015. Those economies that recorded rapid growth in imports between 2002 and 2008, rapid declines in imports between 2011 and 2015, and a large bounce-back between 2016 and 2017 were almost the same economies. This indicates that the decline in trade between 2011 and 2015 was mainly due to cyclical adjustments to the exceptionally high growth rate between 2002 and 2008. It also indicates that this round in the trade recovery was another cyclical movement to adjust the decline in trade from between 2011 and 2015. This conclusion is in line with the view of the IMF① that three-fourths of the decline in global trade between 2012 and 2015 was cyclical.

III Global trade will continue to recover but potential risks will still exist in the future.

As to regions, Chinese demand served as the initial engine for the trade recovery and then the impact spilled over globally. Measured by both the growth rates and the import shares of individual economies, Chinese demand contributed the most to this round of the trade recovery. From 2016 to 2017, growth of the Chinese economy was stable. As demand for imports was strengthened, China became an engine to jumpstart the global trade recovery. As a spillover effect, demand for global

① IMF,WorldEconomic Outlook, October 2016: Subdued Demand: Symptoms and Remedies, chap. 2:Global trade: What is behind the slowdown?

imports increased, helping to form a virtuous cycle to broadly support global trade.

Accelerating global investments will continue to support the global trade recovery. Unlike the relatively large share of trade in services in GDP, trade in goods is primarily trade of machinery and other durable goods, which is reflective of the movement of global investments. This round in the trade recovery was synchronized with the recovery of global investments and the upturn in industrial production, proving that investments and industrial production are key variables in global trade. Looking ahead, according to investment acceleration theory, as global economic growth increases, willingness to invest will become self–reinforcing, helping to start a virtuous economic growth–investment growth cycle, and thus accelerating global investments. Under such circumstances, global trade will continue to expand.

Trade protectionism may put global trade at risk. Currently, the intended policies for tax reform, infrastructure, and so forth by the US government aim to boost the US economy and to encourage investments. These policies may also help to boost global trade. However, the priority trade policies of the US government may also have an adverse impact on global trade. For instance, the recently announced 25 percent and 10 percent tariffs on steel, iron, and aluminum respectively imported by the US have resulted in opposition by many parties. If these unilateral actions by the US evolve to a large– scale trade war, they will have a relatively large impact on global trade and may also affect current trends in the trade recovery (See Chart C2–2).

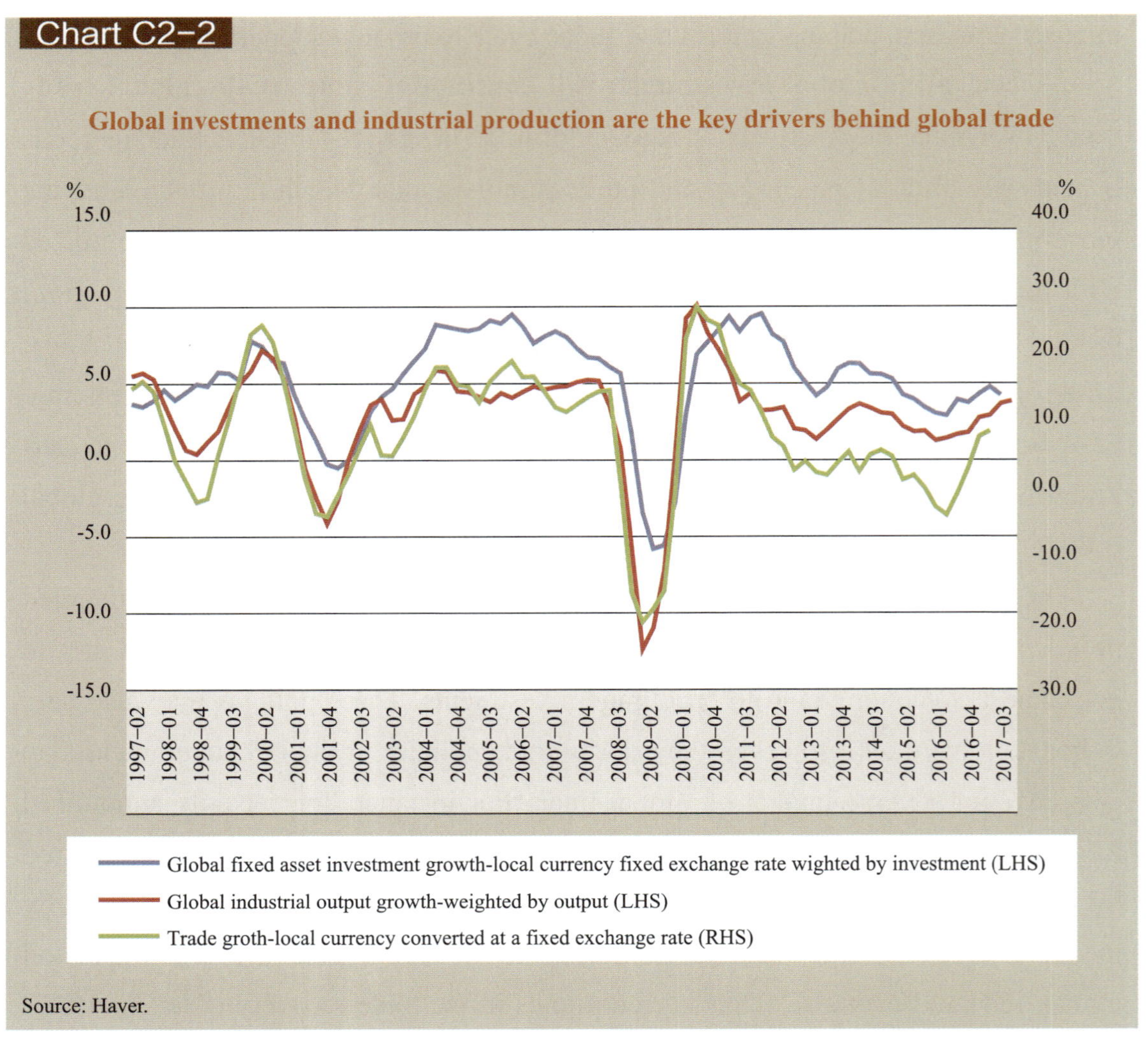

Source: Haver.

(II) Trade in services

Trade in services grew steadily. In 2017, China's trade in services totaled USD 678.3 billion, up 4 percent year on year. The ratio of trade in services to trade in goods was 17 percent (see Chart 2-6). High value-added services, such as charges for the use of intellectual property, personal, cultural, and entertainment services, and telecommunications, computer, and information services, grew rapidly, up 33 percent, 22 percent, and 21 percent respectively year on year.

Chart 2-6

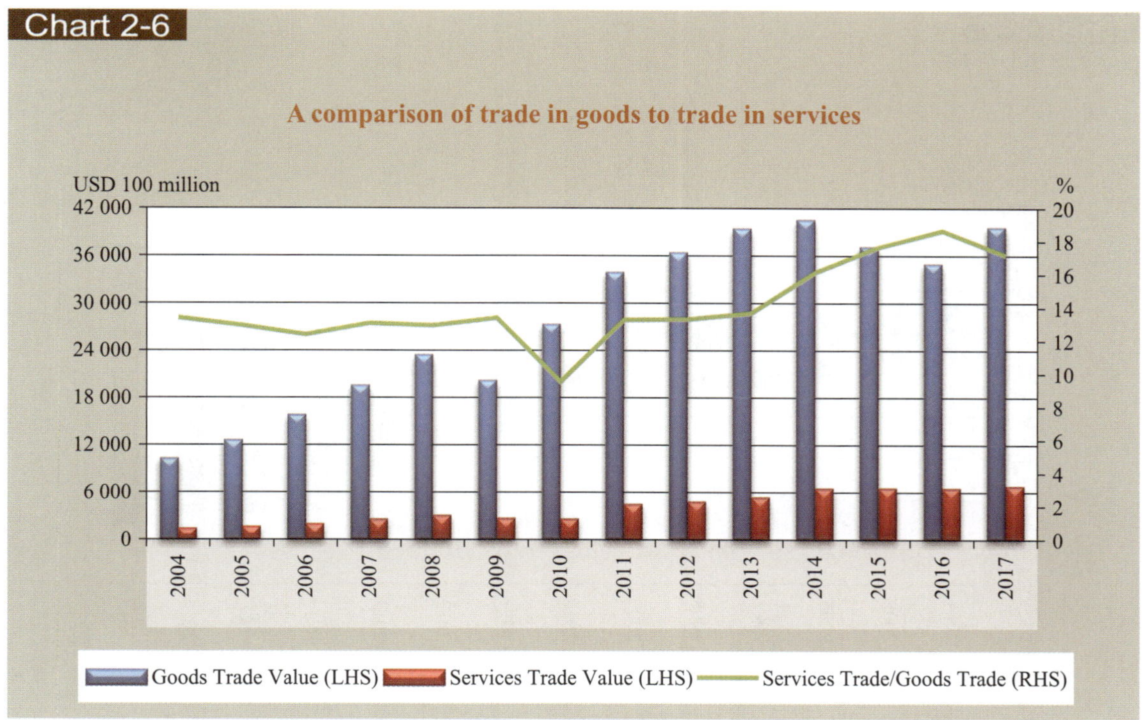

Source: SAFE.

Revenue from trade in services decreased slightly. In 2017, revenue from trade in services totaled USD 206.5 billion, a year–on–year decrease of 1 percent (see Chart 2–7). Among the major items, revenue from other business services increased by 1 percent, revenue from transport services increased by 10 percent, and revenue from travel decreased by 27 percent. Among the fastest–growing items, charges for the use of intellectual property increased 3.1 times.

Expenditures for trade in services continued to grow. In 2017, expenditures for trade in services reached USD 471.9 billion, a year–on–year increase of 7 percent. Among the major items, travel accounted for 55 percent of total expenditures, a year–on–year increase of 3 percent. Transport accounted for 20 percent, a year–on–year increase of 16 percent. Other business services decreased by 2 percent, charges for the use of intellectual property increased by 51 percent, and insurance and pension fund services decreased by 11 percent.

Chart 2-7

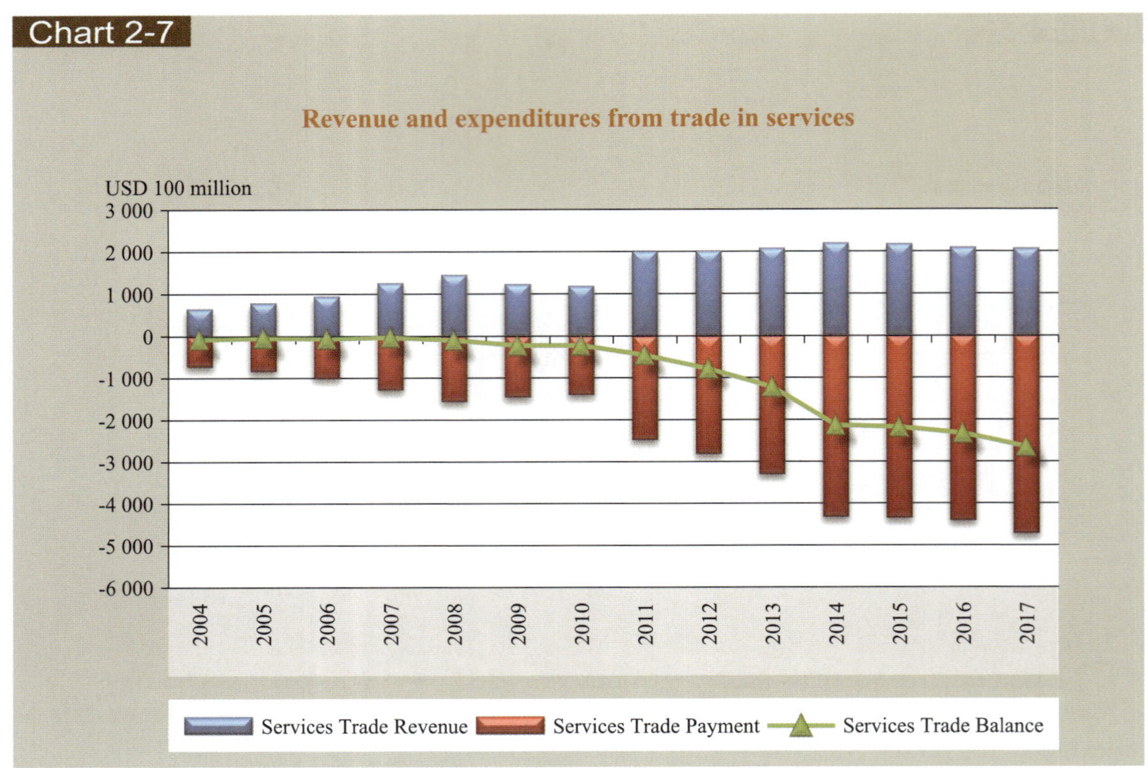

Source: SAFE.

The trade in services deficit expanded. In 2017, trade in services recorded a deficit of USD 265.4 billion,a year–on–year increase of 14 percent. Travel remained the main source for the deficit (see Chart 2–8). In 2017, travel recorded a deficit of USD 225.1 billion, an increase of 9 percent year on year. With improved economic development and increased national income, more Chinese went abroad to travel and study. The second largest deficit item was transport, which recorded a deficit of USD 56.1 billion, an increase of 20 percent year on year. Due to the relatively large increase in China's imports of goods, cargo transport expenditures increased, contributing to the larger transport deficit.

Chart 2-8

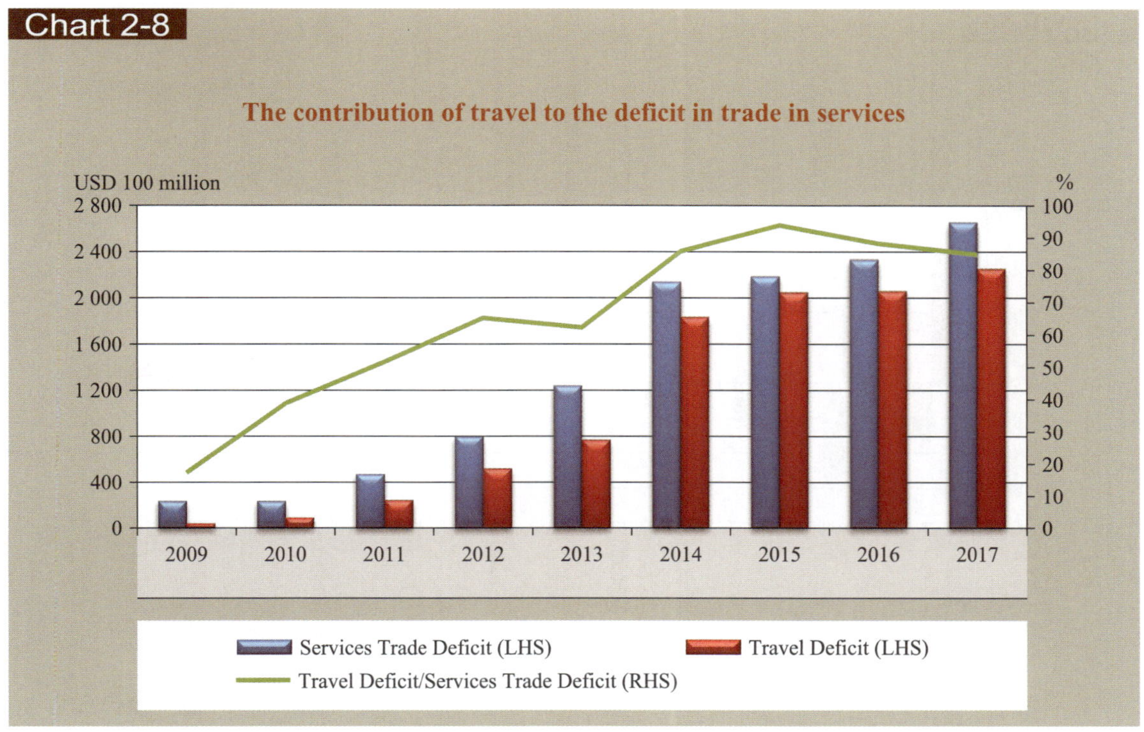

Source: SAFE.

Deficit counter-parties remained highly concentrated. In 2017, China's top ten partners in terms of trade in services were the Hong Kong SAR, the United States, Japan, the United Kingdom, Australia, Germany, Korea, Canada, Singapore, and Taiwan of China. Trade in services with these economies amounted USD 492.3 billion,accounting for 72 percent of the total. With the exception of Singapore, China posted deficits with its other nine partners. The deficits with the United States, the Hong Kong SAR, Australia, Canada, Japan, the United Kingdom, and Germany all exceeded USD 10 billion respectively (see Chart 2-9).

Chart 2-9

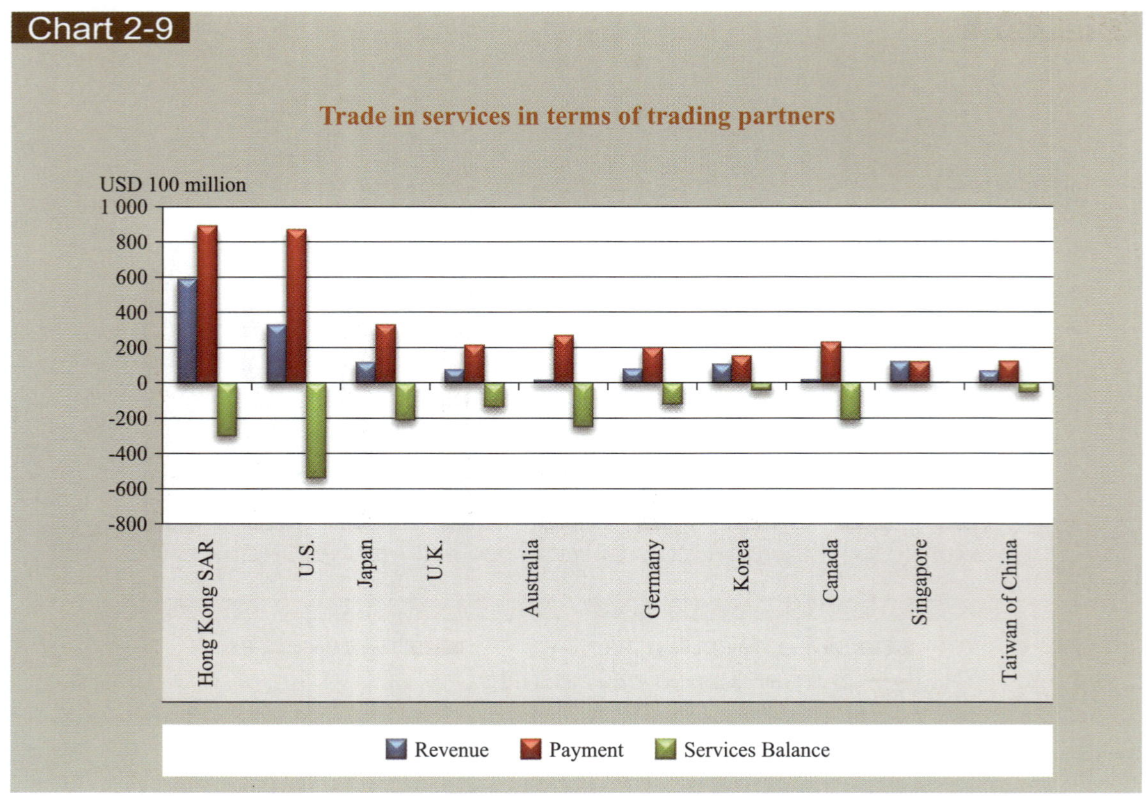

Source: SAFE.

(III) Direct investments

Net outflows of direct investments became net inflows. In 2017, China's direct investments recorded net inflows① of USD 66.3 billion (see Chart 2-10), whereas in 2016 direct investment recorded a net outflow of USD 41.7 billion.

① The net flow of direct investments refers to the gap between the net increase in direct-investment assets and the net increase in direct-investment liabilities. When the net increase in direct-investment assets is more than the net increase in direct-investment liabilities, a net outflow is recorded, and vice versa.

Chart 2-10

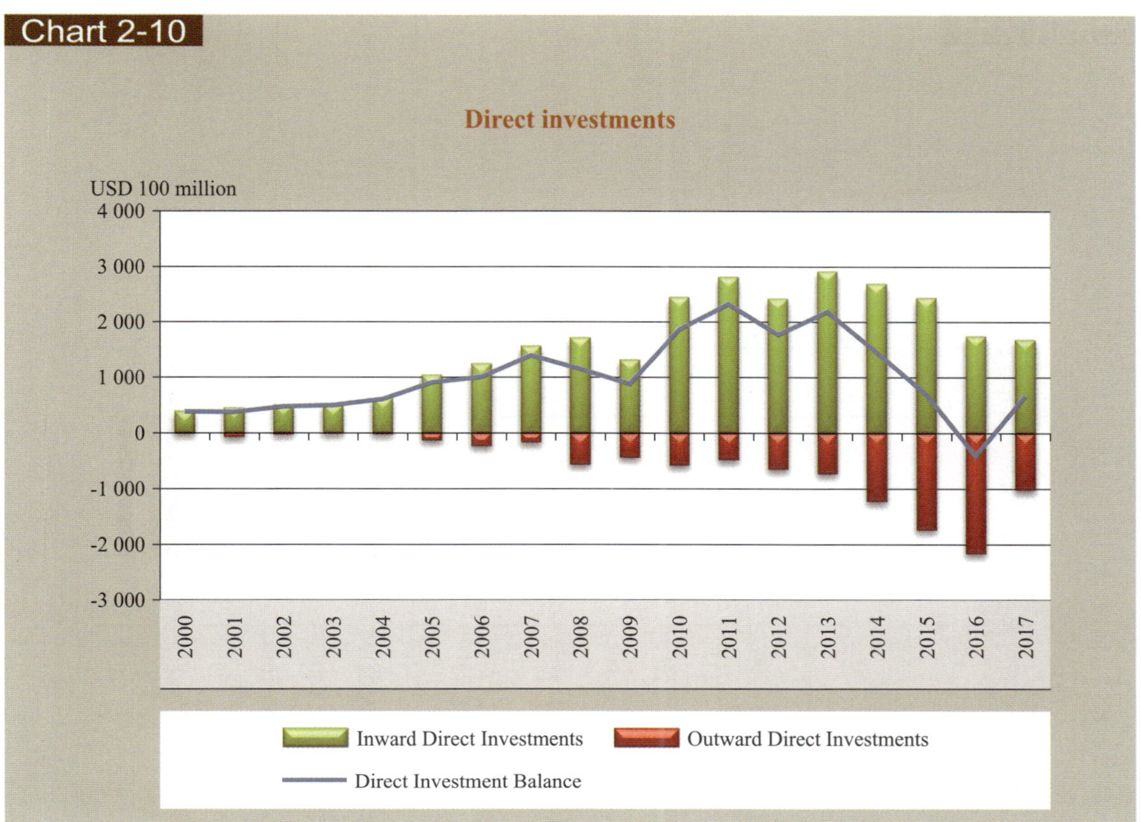

Source: SAFE.

Direct-investment assets accumulated at a decreasing pace. In 2017, China's direct-investment assets[①] (mainly China's outward direct investments) recorded a net increase of USD 101.9 billion, down 53 percent year on year (see Chart 2-11).

① A major component of direct-investment assets is outward direct investments. In addition, reverse investments by domestic foreign-funded enterprises to their parent companies are also included.

Chart 2-11

Source: SAFE.

In terms of composition, outward direct investments exhibited orderly performance. First, equity–investment assets recorded a net increase of USD 99.7 billion, down 32 percent year on year, but the amount was comparable to that in 2015. On the one hand, irrational outward direct investments during 2016 contributed to the exceptionally high benchmark in 2017. On the other hand, high equity investments indicated that domestic enterprises had become more rational and stable with respect to their outward investments. Second, loan assets to overseas affiliates recorded a net increase of USD 2.2 billion, down 97 percent year on year. With more stable RMB exchange rates, short–term loans from domestic enterprises to their overseas affiliates declined rapidly.

In term of sectors, direct–investment assets recorded structural improvements. First, direct–investment assets by the non–financial sector recorded a net increase of USD 83.2 billion, down 57 percent year on year. In term of the investors' industries, manufacturing ranked as the largest industry, accounting for 28 percent of the total and up 7 percent, whereas in 2016 it ranked as the second largest industry. Information transfers, software, and information technology accounted for 26 percent, and its share increased more than two times from 2016 (see Chart 2–12).The largest outward direct–investment destination was the Hong Kong SAR, accounting for more than 50 percent of the total. Outward direct investments to the British Virgin Islands and the United States together accounted for 39 percent of the total. China's major outward direct–investment destinations were economies where the management of capital inflows and outflows as relatively loose. Second, direct–investment assets of the financial sector recorded a net increase of USD 18.7 billion, down 12 percent. Banks contributed approximately 80 percent of the total.

Chart 2-12

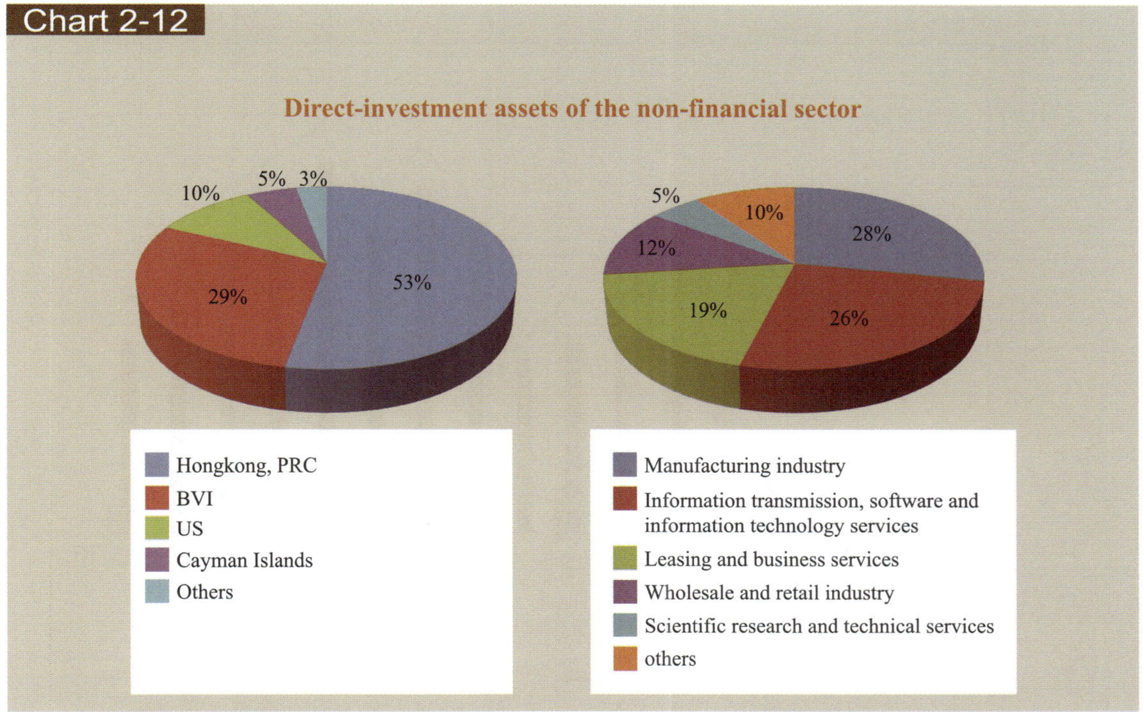

Source: SAFE.

Direct-investment liabilities maintained relatively large net inflows. In 2017, direct–investment liabilities① recorded a net increase of USD 168.2 billion, up 4 percent year on year. Net inflows remained high.

In terms of composition, direct–investment liabilities were stable. First, equity–investment liabilities recorded a net increase of USD 142.2 billion, down 14 percent year on year (see Chart 2–13).Equity investments remained stable and high, reflecting the supply–side structural reforms and the higher quality economic growth in the future, and China continues to be a major foreign direct investment destination. Second, loans from

① Direct–investment liabilities are mainly composed of foreign direct investments. Reverse investments to domestic parent companies by overseas subsidiaries are also included.

overseas affiliates posted a net increase of USD 26 billion, up 1.65 times year on year. This indicates that against the backdrop of positive domestic economic performance and stable RMB exchange rates, cross–border borrowing among foreign–owned enterprises and their overseas related counter–parties became more active.

Chart 2-13

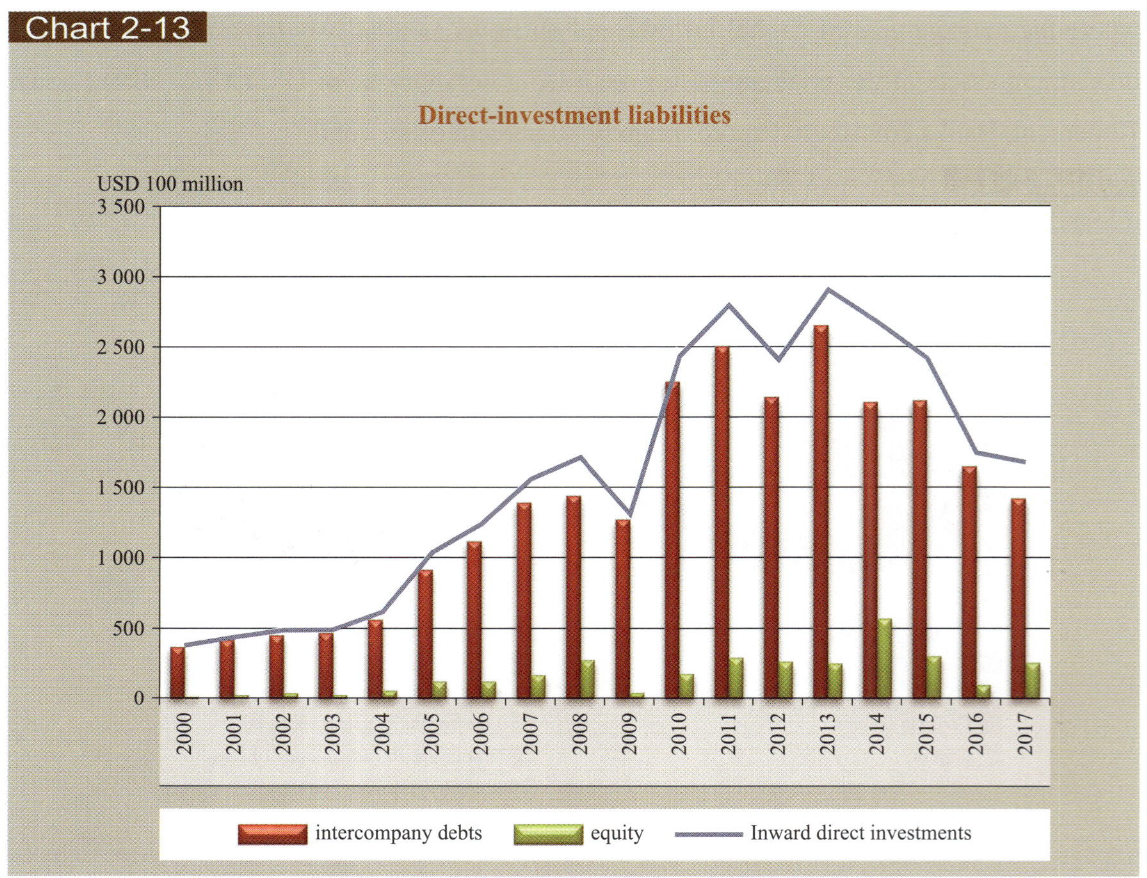

Source: SAFE.

In terms of sectors, direct–investment liabilities experienced structural changes. First, direct–investment liabilities in the non–financial sector posted a net increase of USD 153.9 billion, down 5 percent year on year and accounting for 90 percent of the total. As the Chinese economy underwent a progressive transformation, foreign shareholders adjusted their investments accordingly. In 2017, information transfers, software, and information technology services became the industries with the largest absorption of direct investments among the non–financial sectors,accounting for 24 percent, and up 14 percent compared to the previous year. Manufacturing ranked as the second largest industry, accounting for 21 percent and down 8 percent. Net flows to the real estate industry accounted for 3 percent, down 2 percent. The main FDI source remained the Hong Kong SAR, followed by Taiwan of China, Korea, and the Cayman Islands. The top four economies in terms of foreign direct investments changed slightly. Second, direct–investment liabilities of the financial sector recorded a net inflow of USD 14.4 billion, up17 percent year on year. Foreign direct investments mainly flowed to banks and other financial institutions, such as insurance companies in the form of reinvestments of earnings, indicating that the relatively good performance of the domestic financial sector continued to attract foreign investments.

(IV) Portfolio investments

Portfolio investments posted a low level of net inflows. In 2017,portfolio investments recorded net inflows of USD 7.4 billion, whereas in 2016 portfolio investments had recorded net outflows of USD 52.3 billion (see Chart 2–14). In terms of the composition of the investments,net outflows of equity investments dropped, whereas bond investments posted net inflows. In 2017, net outflows of equity investments totaled USD 3.7 billion, down 75 percent year on year. Net inflows of bond investments totaled USD 11.2 billion, whereas in 2016 bond investments had recorded net outflows of USD 37.4 billion.

Chart 2-14

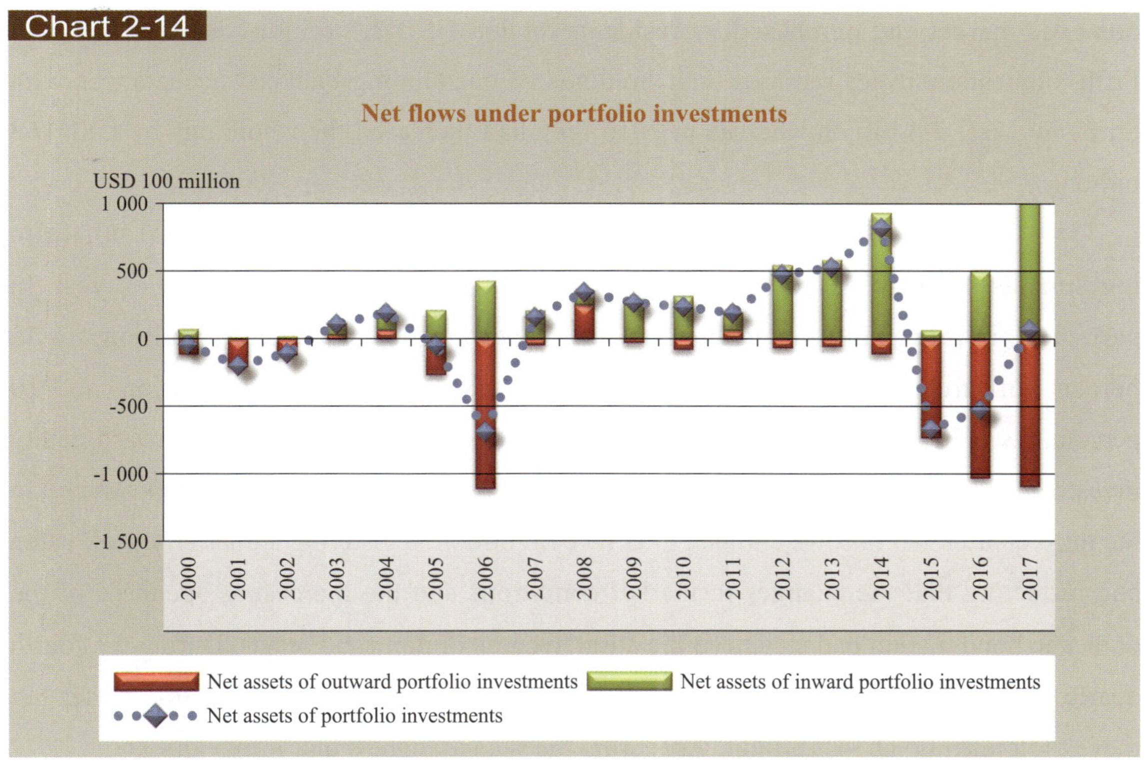

Note: Positive outward portfolio investments indicate a decrease in outward investments in equities and bonds, and vice versa. Positive inward portfolio investments indicate an increase in inward investments in equities and bonds, and vice versa.

Source: SAFE.

Outward portfolio investments continued to grow. In 2017, China's outward portfolio investments increased by USD 109.4 billion (net outflows), representing year-on-year growth of 6 percent. In particular, equity investments and bond investments increased by USD 37.7 billion and USD 71.7 billion respectively. As indicated by the quarterly data, outward portfolio investments posted net outflows of USD 14.7 billion, USD 25.4 billion, and USD 24.0 billion respectively in the first, second, and third quarter, but they soared to USD 45.2 billion in the fourth quarter, reflecting the increasing demand by domestic entities for allocations of cross-border portfolio assets.

In terms of the major channels, first, domestic banks and other financial institutions increased their outward portfolio investments, of which net outward equity and bond investments totaled USD 72.4 billion, up 27 percent year on year. Second, domestic residents purchased foreign securities in the amount of USD 39.6 billion via the Shanghai-Hong Kong Connect and the Mutual Recognition of Funds, up 45 percent. Third, net outflows by QDIIs and RQDIIs to purchase equity and bonds issued by non-residents totaled USD 6.5 billion, up 18 percent. Fourth, bonds issued by non-residents in the domestic market and purchased by residents totaled USD 2.9 billion, down 51 percent. Fifth, domestic entities reduced their holdings of outstanding bankers' acceptances with drafts by USD 7.4 billion,whereas in 2016 they had increased their holdings by USD 9.4 billion.

Inward portfolio investments increased markedly. In 2017,inward portfolio investments recorded net inflows of USD 116.8 billion, up 130 percent year on year. In particular, inward equity investments recorded net inflows of USD 34.0 billion, up 45 percent. Inward bond investments recorded a net inflow of USD 82.9 billion, up 210 percent. As indicated by the quarterly data, in the first and second quarters, inward equity investments recorded net inflows of USD 6.8 billion and USD 13.8 billion respectively. In the third quarter, net inflows climbed to USD 61.6 billion, registering a quarterly peak value and reflecting that the changes in market conditions and the increasing openness of the domestic bond market had enhanced the attractiveness of domestic bonds. During the fourth quarter, net inflows posted a slight decrease compared to that during the third quarter but they still totaled USD 34.7 billion, registering the second highest quarterly value.

In terms of the major channels, first, foreign institutional investors purchased USD 56.9 billion of domestic bonds, up 53 percent. In particular, capital inflows via the Shanghai-Hong Kong Bond Connect totaled USD 12.6 billion. Second, stocks and bonds issued by Chinese institutions in offshore markets and purchased by non-residents totaled USD 34.2 billion, up 31 percent. Third, investments by foreign investors in the domestic equity market via the Shanghai-Hong Kong Connect and the Shenzhen-Hong Kong Connect amounted to USD 24.8 billion, up 260 percent. In addition,inward investments by QFIIs and RQFIIs posted a decline of USD 7.9 billion. Net purchases of outstanding banker's acceptances (with drafts) registered a net inflow of USD 1.9 billion,whereas in 2016 they registered a net outflow of USD 28.3 billion.

(V) Other Investments

Other investments posted a net inflow. In 2017, a net inflow of USD 74.4 billion (an increase in net liabilities) was registered for other investments, whereas in 2016 other investments recorded an outflow of USD 316.7 billion (an increase in net assets). In particular, net liabilities of currency and deposits recorded a net inflow of USD 68.4 billion, net liabilities of loans increased by USD 9.8 billion, and net liabilities of trade credits decreased by USD 20.6 billion.

Asset growth under other investments declined dramatically. In 2017, external assets under other investments grew by USD 76.9 billion, down 78 percent year on year, suggesting that domestic entities had adjusted their financial operations for assets and liabilities under other investments, as expectations regarding the RMB exchange rate stabilized and market participants became rational. In 2017, growth of overseas loans, currency deposits,and trade-credit assets were the main drivers for outward investments, recording USD 39.7 billion, USD 37.0 billion, and USD 19.4 billion respectively.

Liabilities of other investments increased markedly. In 2017,liabilities of other investments recorded an increase of USD 151.3 billion, up 360 percent year on year. The main changes included: first, external debts borrowed by domestic enterprises rebounded and increased by USD 49.6 billion, whereas in 2016 they had decreased by USD 17.4 billion. The increased interest by domestic enterprises in borrowing external loans was directly related to the weakness of the US dollar as well as to the interest-rate spread between the onshore and offshore markets. Second, currency deposits increased by USD 105.5 billion, 106 percent more than that in 2016. In particular, non-resident RMB deposits increased by USD 56.9 billion, whereas they had decreased by USD 42.9 billion in 2016. The dramatic growth in non-resident RMB deposits reflected the increased interest in RMB assets by foreign investors.

Chart 2-15

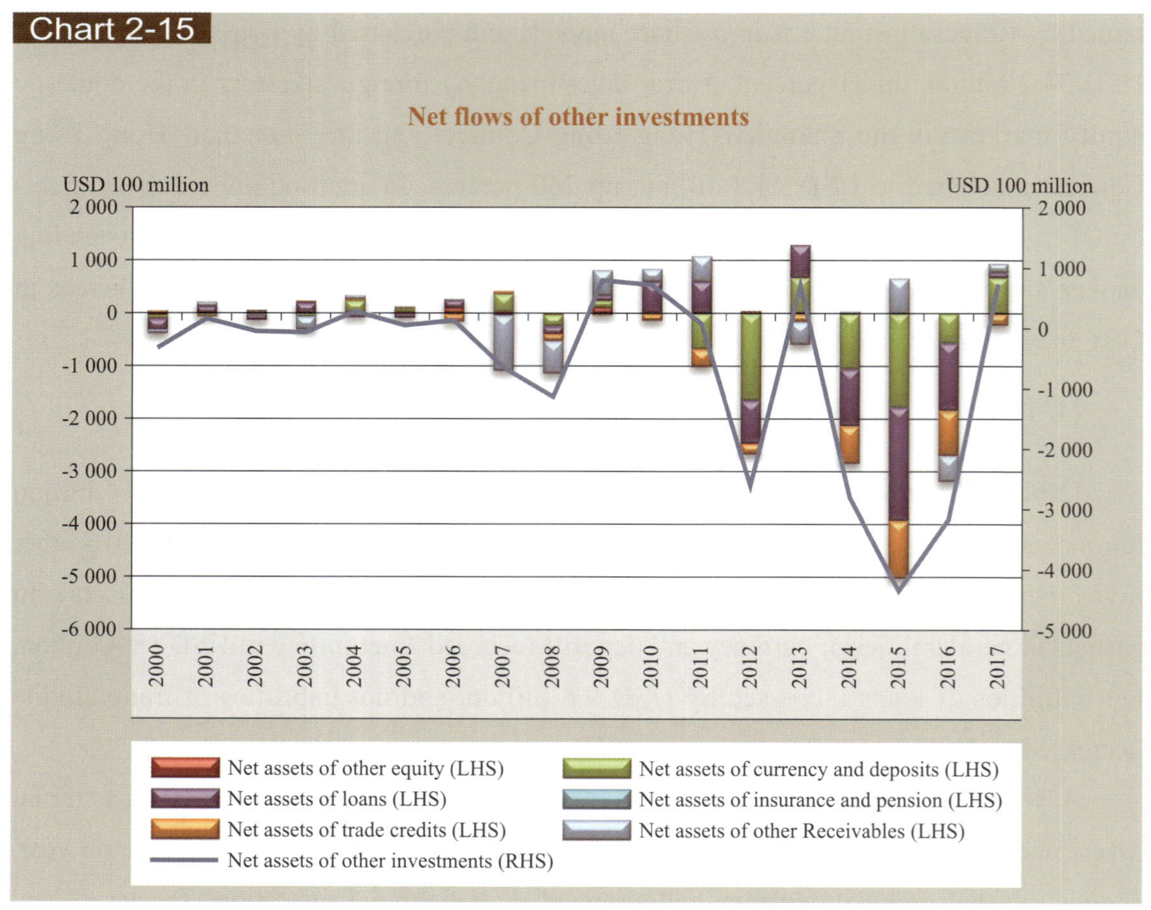

Source: SAFE.

Box 3

A Comprehensive Analysis of China's External Debt in 2017

By the end of 2017 China's outstanding external debt amounted to USD 1710.6 billion (excluding the Hong Kong SAR, the Macau SAR, and Taiwan of China). In particular, the outstanding short-term external debt totaled USD 1099 billion, 64 percent of the total. The outstanding mid and long-term external debt totaled USD 611.6 billion.

1. Major features of China's external debt.

China's external debt grew steadily. By the end of 2017, China's outstanding external debt had increased by USD 294.8 billion, recording an annual growth rate of 20.8 percent and indicating an upward trend for seven consecutive seasons.

In terms of the term structure, growth of short-term external debt was the main driver behind the growth of external debt. Short-term debt increased by 27 percent in 2017, contributing 79 percent of the total growth.

In terms of currency, the main source of growth was growth of external debt denominated in foreign currency. Foreign–currency debt grew by 22 percent in 2017 and contributed 71 percent to the total growth.

In terms of debtors, external debt borrowed by the banking sector was the major source of growth. External debt borrowed by the banking sector grew by 40 percent in 2017 and contributed 82 percent of the total growth.

In terms of instruments, currency and deposits, debt securities, and loans all grew rapidly. Outstanding currency and deposits, debt securities, and loans increased by 40 percent, 47 percent, and 21 percent in 2017 respectively, accounting for 42 percent, 37 percent, and 23 percent of total growth. Other liabilities dropped by 35 percent. Outstanding trade credits and advances remained stable with that which was outstanding at the end of 2016.

Chart C3-1

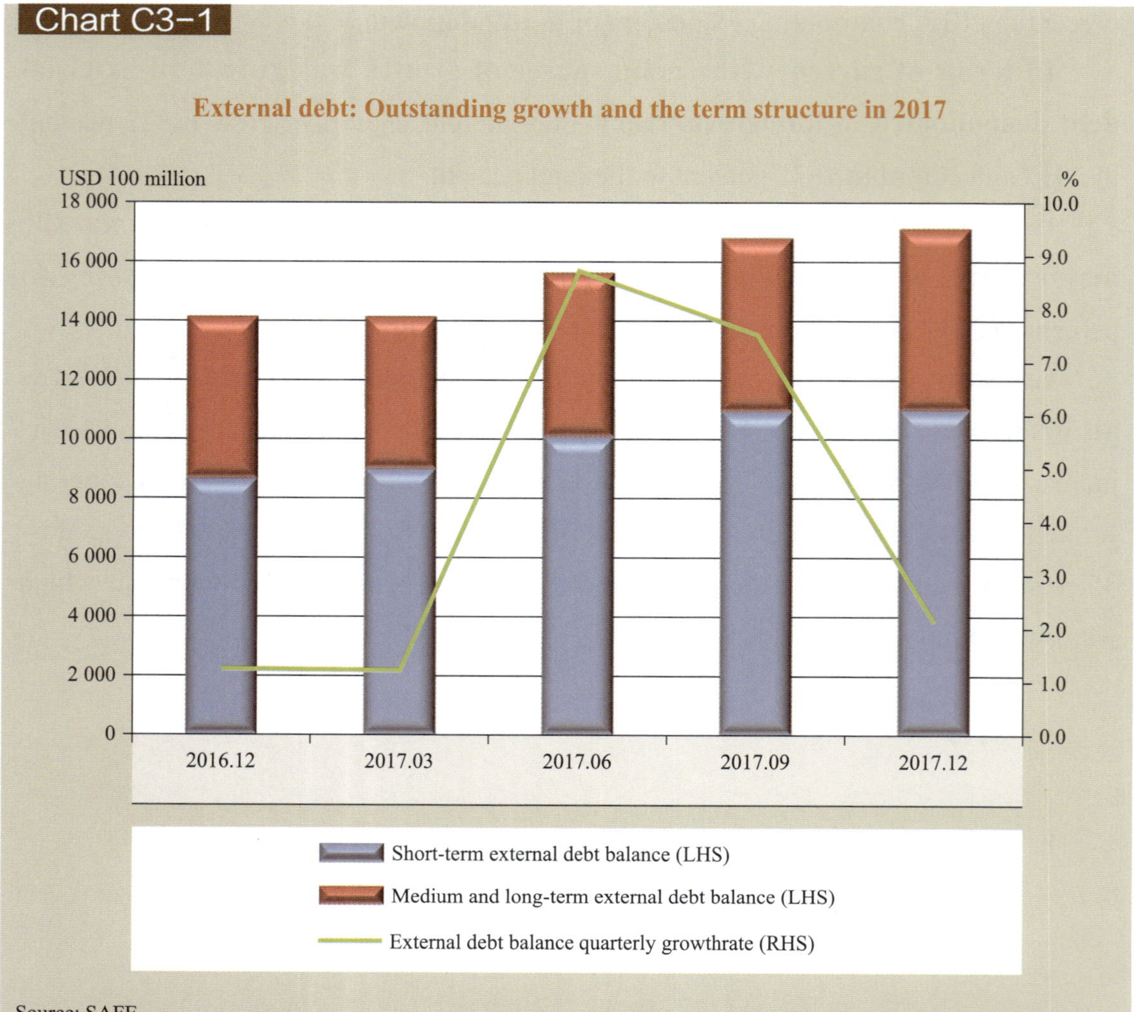

Source: SAFE.

2. Driving factors behind external-debt growth.

In 2017, China's external debt grew due to the effects of both macroeconomic development and the reform dividend. In terms of macro factors, in 2017 China maintained a steady upward momentum with annual growth of 6.9 percent. The decrease in foreign trade in 2016 changed to an increase in 2017. Expectations about the RMB exchange rate remained stable. These were the fundamental factors behind the growth of external debt. With respect to policies, a basket of facilitating policies, including a macro prudential policy for comprehensive cross-border financing by the PBOC and the SAFE, trade, investment, and financing policies in the free trade zones, and the launch of the Bond Connect between the mainland and the Hong Kong SAR all contributed to a further opening of the domestic market. Foreign institutions revealed a more positive attitude about holding domestic bonds, and financing channels for domestic institutions were further diversified, which led to lower financing costs and were beneficial to more enterprises, and satisfied and facilitated the financing needs of the real economy.

In general, China's external-debt risks remained under control. By the end of 2017, the ratio of outstanding external debt to GDP was 14 percent, the ratio of outstanding external debt to revenue from trade in goods and services was 71 percent, the ratio of debt services (the ratio of the sum of mid and long-term external-debt payments and short-term external-debt interest payments to revenue from trade in goods and services) was 7 percent, and the ratio of short-term external debt to foreign reserves was 35 percent. The above indicators all fall within internationally recognized thresholds.

In the future, the PBOC and the SAFE will implement the requirements established by the 19th CPC National Congress for improving the two-pillar framework to adjust monetary policy and the macro prudential policy by further improving macro prudential management of comprehensive cross-border financing, which will be used as a counter-cyclical instrument. In addition, the SAFE will pay attention to the evolution of the external-debt situation, coordinate between the development of the real economy and the prevention of systemic risks, and further promote healthy economic development.

Ⅲ. International Investment Position

China's external assets and liabilities① **were both on the rise.** At end–December 2017, China's external financial assets reached USD 6 925.6 billion, representing growth of 6.4 percent compared to end–December 2016; external liabilities reached USD 5 111.5 billion, up 12.2 percent; and net assets reached USD 1814.1 billion, down 7.0 percent (see Chart 3–1).

Chart 3-1

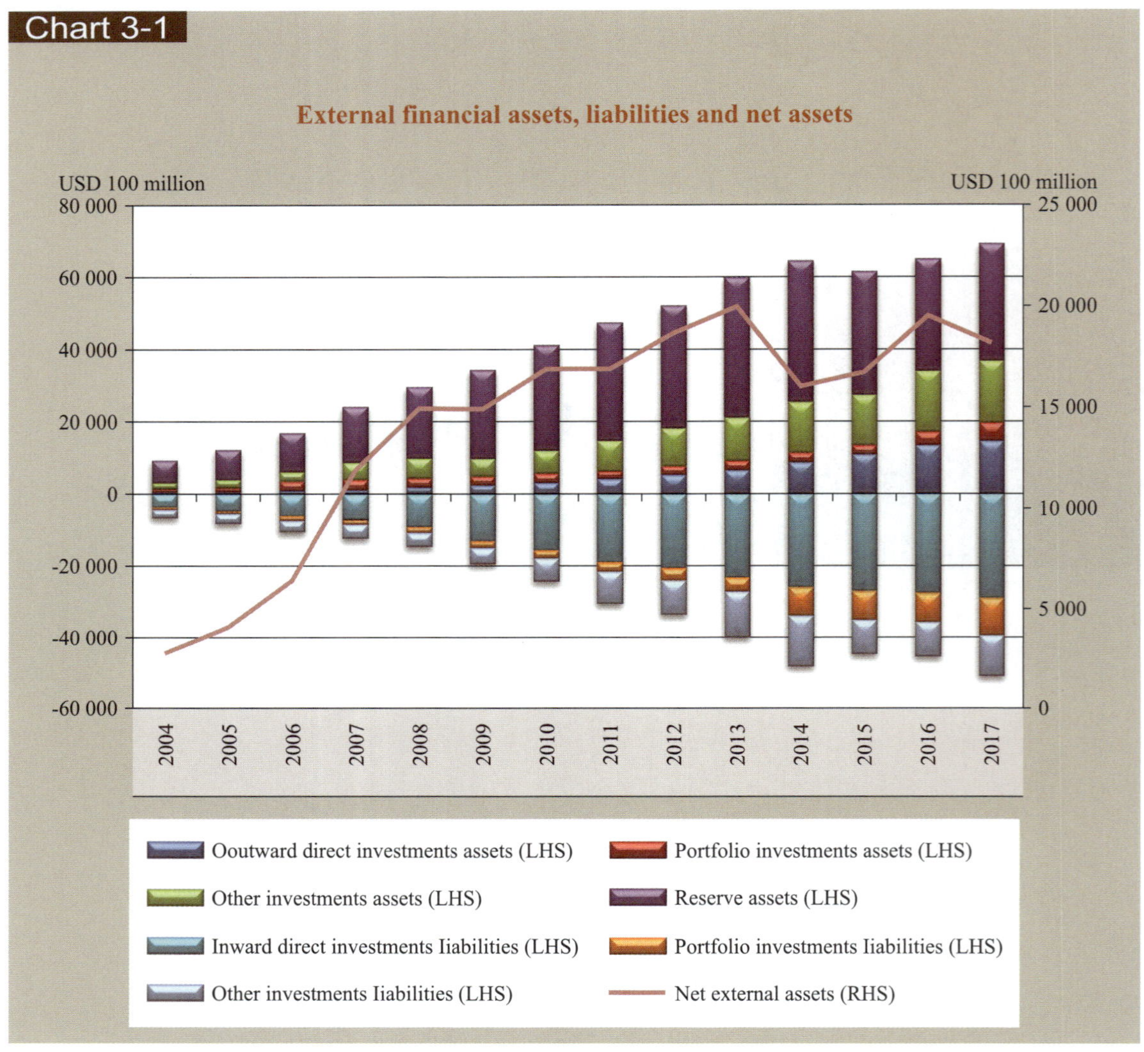

Source: SAFE.

Reserve assets remained the largest component in total external assets, but the ratio of private-sector holdings continued to increase. Among the external financial

① External financial assets and liabilities include direct investments, portfolio investments, and other investments, such as loans and deposits. Outward direct investments are included as financial assets because the equity issued by non-resident direct–investment enterprises and held by domestic investors is the same type of financial instrument as the equity investments in portfolio investments. The difference is that direct investments require a higher threshold of equity holdings so as to reflect a significant influence or control over the production and operations of the enterprises. Inward direct investments belong to external financial liabilities because foreign investors hold equity in foreign–owned companies.

assets, at end–December 2017 reserve assets amounted to USD 3235.9 billion, up 4.5 percent, of which USD 91.5 billion was due to BOP transactions and USD 46.5 billion was due to changes in exchange rates and in prices other than BOP transactions. As the largest component, reserve assets accounted for 47 percent of the total external assets, 1 percentage point less than that at end–December 2016 and a historical low since China's first IIP statement at end–December 2004. Direct–investment assets amounted to USD 1473.0 billion, accounting for 21 percent of the total assets. Portfolio–investment assets amounted to USD 497.2 billion, accounting for 7 percent. Financial–derivative assets amounted to USD 6 billion, accounting for 0.1 percent. Other investments, such as loans and deposits, amounted to USD 1713.6 billion, accounting for 25 percent (see Chart 3–2).

Chart 3-2

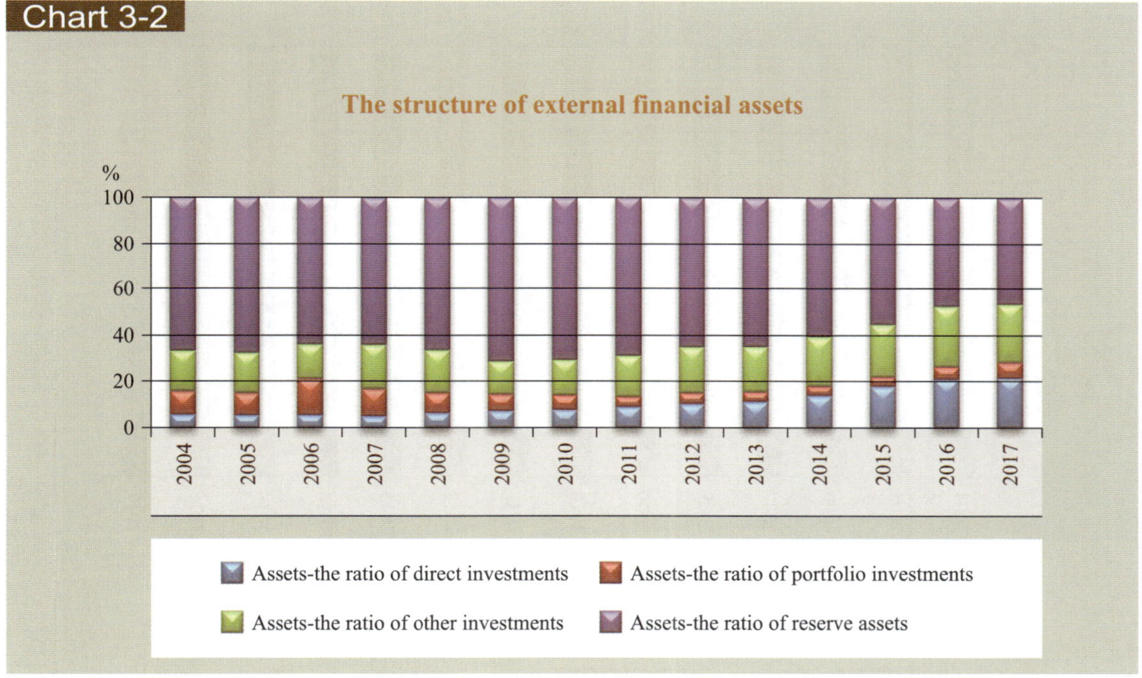

Source: SAFE.

Although foreign direct investments remained the major item in external liabilities, the proportion of portfolio investments grew due to the increase in the stock prices of overseas listed enterprises. Among the external liabilities, FDI totaled USD 2901.4 billion at end–December 2017,① up 5.3 percent. Continuing as the largest component, FDI accounted for 57 percent of the total external liabilities, 3 percentage

① The inward foreign direct investment position includes FDI stocks of both the non–financial sector and the financial sector. The position includes inter–company lending as well as other debt positions among relevant offices. The statistics also reflect the impact of revaluations. The statistical coverage of inward FDI is different from the cumulative statistics of the Ministry of Commerce. Over the years, the latter used the cumulative FDI equity investment flows as the inward FDI position.

points less than that at end–December 2016. Portfolio–investment liabilities amounted to USD 1043.9 billion, accounting for 20 percent, 2 percentage points more than that at end–December 2016, mainly due to the sharp increase in the valuation of equity securities and liabilities caused by rising stock prices of domestic and foreign listed companies. Financial–derivative liabilities amounted to USD 3.4 billion, accounting for 0.1 percent. Other investments, such as loans and deposits, amounted to USD 1162.8 billion, accounting for 23 percent, 1 percentage point more than that at end–December 2016 (see Chart 3–3).

Chart 3-3

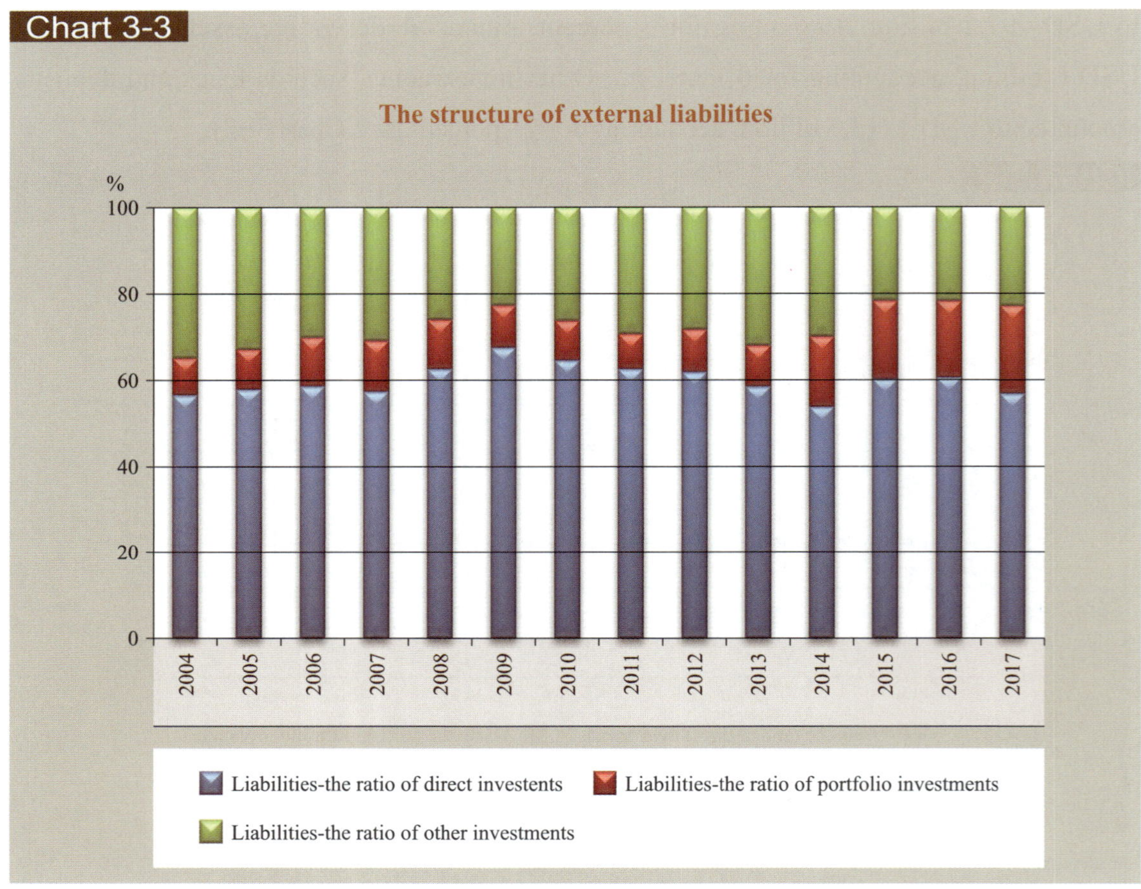

Source: SAFE.

The deficit in investment income remained, but there was with impressive improvement. In 2017, China's net investment income recorded a deficit of USD 49.9 billion, a year–on–year decline of 23 percent. In particular, revenue from outward investments reached USD 234.9 billion, a year–on–year increase of 18 percent. Income payments for inward investments reached USD 284.8 billion, a year–on–year increase of 8 percent. The annualized yield difference between assets and liabilities was −2.5 percentage points, a narrowing by 0.3 percentage point compared with that in 2016 (see Chart 3–4).

This narrowing trend in the yield difference suggests that China's overall outward-investment returns were increasing due to the recent optimization of the allocation of global assets. However, the structure of external financial assets and liabilities determined the deficit in the investment-income account. At end-December 2017, reserve assets accounted for almost one-half of total assets, which were invested in assets with high liquidity. As a result, the average annualized yield of China's external assets from 2005 to 2017 was 3.3 percent. Among the external liabilities, inward FDI was the major component. As long-term and stable investments, equity liabilities in inward FDI require a higher yield than other types of investments. From 2005 to 2017, the average annualized yield of external liabilities was 6.4 percent. Continuous inflows of FDI and high investment returns reveal that the long-term investment environment in China still had a great attraction for foreign investors, and inward FDI also played a positive role in the development of the Chinese economy.

Chart 3-4

Yields of China's external assets and liabilities

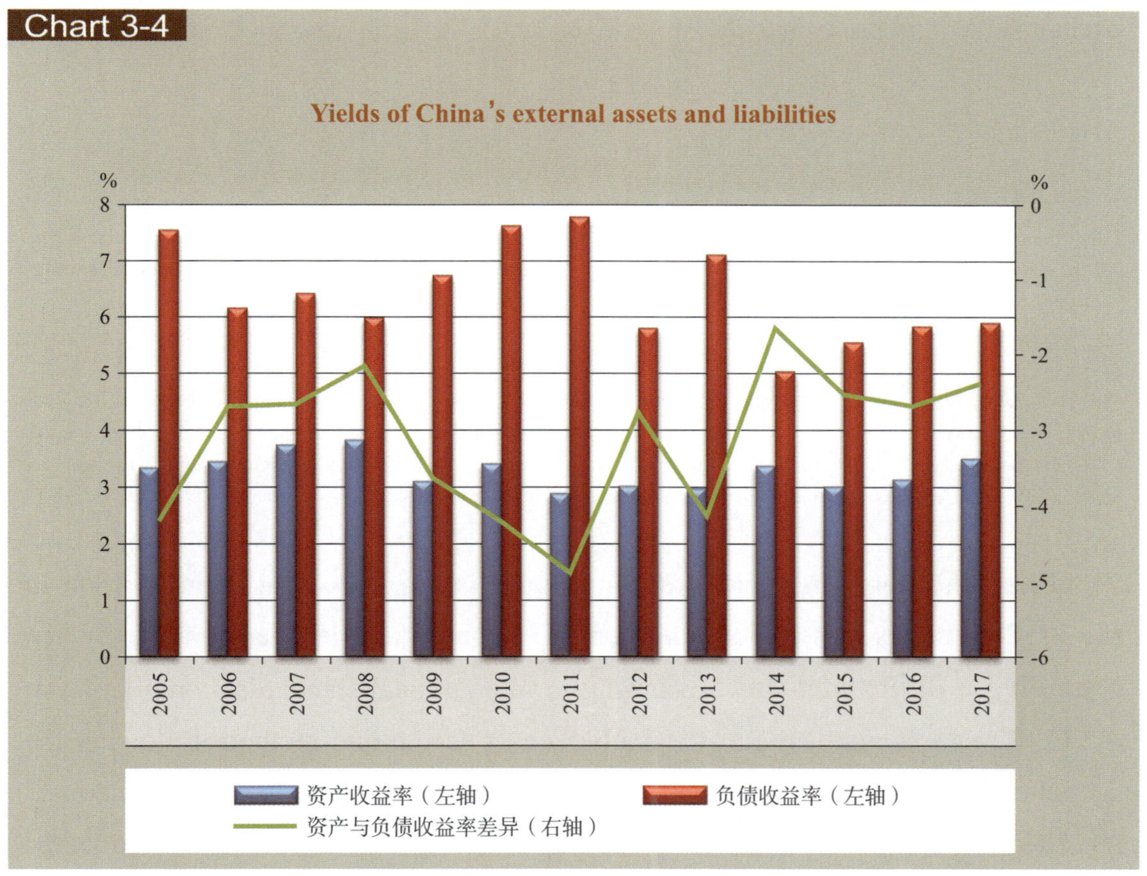

Notes: 1. Yields of assets (liabilities) = $\frac{\text{annualized revenue (payments) of investment income}}{\text{(positionsat the reference year-end+positionsat the previous year-end)/2}}$

2. The difference between the yields of assets and liabilities =the yield of assets– the yield of liabilities

Source: SAFE.

Box 4

The Relationship between the Current-Account Surplus and the Net Growth of External Assets

In theory, the surplus in the BOP current–account should be equal to the growth of net external assets. However, in practice, an unavoidable gap exists between the accumulation of surplus in the current–account and the growth of net external assets. The gap consists of two parts. The first is the item in the BOP statement called "net errors and omissions" in the BOP statement, which reveals the discrepancy between the current–account surplus and the flows of net external assets; the second part of the gap is the difference between the accumulation of the flows and the position of the net external assets, which is mainly the result of the revaluation effects from the exchange rate and price changes.

Table C4–1 Reconciliation between the BOP and the IIP

	BOP for this period		
	Current–account surplus		
	Capital account surplus		
Net external assets at the end of the last period (beginning position)	Net acquisition of external assets under the financial account (transactions during this period)	Changes other than BOP transactions during this period	Net external assets at the end of this period(ending position)
	Net errors & omissions		

Note: According to the IMF's Balance of Payments and International Investment Position Manual (sixth edition), the reconciliation between the BOP and the IIP is illustrated by the following equation: the beginning position of net external assets+the transactions of net external assets during this period (transactions under the financial account in the BOP)+ changes other than BOP transactions during this period= the ending position of net external assets.

First, the item "net errors & omissions" is the statistical residual item in the BOP statistics and it is a standard BOP component in every country when compiling a BOP statement. According to international standards, compilation of the BOP requires application of a double–entry accounting method, following the accounting principal of "one debit and one credit entry should be simultaneously recorded in an equal number," However, in practice, as data sources are collected from different administrative agencies, such as the General Administration of Customs, the Ministry of Commerce, and the National Bureau of Statistics, their timing and method of calibration may not be strictly consistent with the BOP statistical standard. In addition, the exchange–rate conversion in the various data sources is also different. Therefore, imperfections in the data sources and in the compilation of the data inevitably produce data discrepancies. To balance the statistical discrepancies, the international standard introduced the item "net errors & omissions," which became a standard component in the BOP for each country when compiling a BOP statement. Therefore, "net errors & omissions" result from both the current account and the financial account, and it arbitrarily draws conclusions about hot money inflows or about capital flight by the sign, scale,or changes in the "net errors & omissions."

Second, the revaluation effects brought about by changes in the exchange rates and the prices on the net external assets are not actual capital flows. Take the IIP at end-December 2014 as an example. In line with the latest edition of the international standards, as a replacement of the previous book-value method,a market-equivalent value method was applied to reevaluate the stock value of Chinese enterprises listed abroad. The difference caused by this change in method can be illustrated by the following example. Suppose years ago, a Chinese enterprise issued stocks abroad at a price of 1 HK dollar per share,but years later, the current price was 3 HK dollars per share; so the 2 HK dollar difference is called the revaluation by the market price. As shares issued by overseas listed Chinese enterprises purchased by non-residents should be included in China's external-equity liabilities, the change in the accounting method in 2014 released revaluation effects from the previous years, and increased China's external liabilities by USD 300 billion. This growth of USD 300 billion reflected both the change in the stock price and the growth in value of the listed enterprises. In addition, the quality of statistical data has improved, such as improvements in the foreign debt statistics in both local and foreign currencies, which has caused the net foreign debt to fall by more than USD 100 billion.

In short, due to the complexity of balance-of-payments statistics, there is not a one-to-one correspondence between the current account surplus and the increase in China's net external assets, and the related gap is not simply equivalent to unknown cross-border capital flows. Foreign- exchange bureaus have always attached great importance to the significance of this gap in improving the statistical quality and have been committed to studying and adopting more scientific statistical methods to ensure the comprehensiveness, timeliness, and accuracy of the balance-of-payments statistics.

Table 3-1 China's International Investment Position, end 2017

Unit: 100 million USD

	Line No.	2017
Net International Investment Position	**1**	**18 141**
Assets	2	69 256
1 Direct investment	3	14 730
1.1 Equity and investment fund shares	4	12 413
1.2 Debt instruments	5	2 317
1.a Financial sector	6	2 345
1.1.a Equity and investment fund shares	7	2 249
1.2.a Debt instruments	8	95
1.b Non-financial sector	9	12 385
1.1.b Equity and investment fund shares	10	10 164
1.2.b Debt instruments	11	2 221
2 Portfolio investment	12	4 972
2.1 Equity and investment fund shares	13	3 075
2.2 Debt securities	14	1 896
3 Financial derivatives (other than reserves) and employee stock options	15	60
4 Other investment	16	17 136
4.1 Other equity	17	54
4.2 Currency and deposits	18	3 677
4.3 Loans	19	6 372
4.4 Insurance, pension, and standardized guarantee schemes	20	101
4.5 Trade credit and advances	21	6 339
4.6 Other accounts receivable	22	593
5 Reserve assets	23	32 359
5.1 Monetary gold	24	765
5.2 Special drawing rights	25	110
5.3 Reserve position in the IMF	26	79
5.4 Foreign currency reserves	27	31 399
5.5 Other reserve assets	28	5
Liabilities	**29**	**51 115**
1 Direct investment	30	29 014
1.1 Equity and investment fund shares	31	26 758
1.2 Debt instruments	32	2 256
1.a Financial sector	33	1 491
1.1.a Equity and investment fund shares	**34**	**1 375**
1.2.a Debt instruments	35	115
1.b Non-financial sector	36	27 524
1.1.b Equity and investment fund shares	37	25 383

(Continue)

	Line No.	2017
1.2.b Debt instruments	38	2 141
2 Portfolio investment	39	10 439
2.1 Equity and investment fund shares	40	7 166
2.2 Debt securities	41	3 272
3 Financial derivatives (other than reserves) and employee stock options	42	34
4 Other investment	43	11 628
4.1 Other equity	44	0
4.2 Currency and deposits	45	4 452
4.3 Loans	46	3 922
4.4 Insurance, pension, and standardized guarantee schemes	47	100
4.5 Trade credit and advances	48	2 871
4.6 Other accounts payable	49	184
4.7 Special drawing rights	50	100

Source: SAFE.

Note:Net position is the result of assets minus liabilities: A "+"sign indicates net assets, whereas a "–"sign indicates net liabilities. The data employ rounded–off numbers.

Box 5

External Assets and Liabilities in China's Banking Sector at end-December 2017

At end–December 2017, the external assets, liabilities, and net liabilities of China's banking sector all increased. External assets reached USD 997.7 billion,① a year–on–year increase of 12 percent and accounting for 14 percent of China's external assets.② The external liabilities of China's banking sector reached USD 1278.9 billion, a year–on–year increase of 30 percent and accounting for 25 percent of China's external liabilities. The net liability position was USD 281.2 billion, up 2.3 times year on year.

Among the external financial assets, loans and deposits accounted for approximately 80 percent of the outstanding claims. Debt securities accounted

① The data are derived from the *Statistical Report on External Assets and Liabilities*, of the State Administration of Foreign Exchange. Since end–December 2015, has China participated in the international banking statistics of the Bank for International Settlements and began to submit cross–border financial assets and liabilities of Chinese banks on a quarterly basis. The box is based on data reported at end–December 2017.

② The positions of external assets include international reserve assets. If the international reserve assets are excluded, the banks' external assets constitute 27 percent of China's total external assets.

for a small portion but they were growing at a rapid rate. Other investments increased due to the increase in equity investments, such as retained earnings in overseas subsidiaries. Cross–border loan and deposit assets held by China's banking sector amounted to USD 748.1 billion, a year–on–year increase of 9 percent and accounting for 75 percent of the banks' external assets. Among these, loan assets dominated. Cross–border debt security investments amounted to USD 116.7 billion, a year–on–year increase of 22 percent and accounting for 12 percent of external assets. This rise was due to investments in debt securities in the US and the Hong Kong SAR markets. Other investments, such as financial derivatives and equity assets, amounted to USD 132.9 billion, an increase of 18 percent and accounting for 13 percent of external assets. Retained earnings in overseas subsidiaries were the major contributor.

Among external liabilities, more than one-half were loans and deposits. The portion of debt securities grew rapidly, and other investments increased due to the surge in prices of shares listed abroad. Loan and deposit liabilities of China's banking sector amounted to USD 691.2 billion, a year–on–year increase of 34 percent and accounting for 54 percent of the banks' external liabilities. Among these, loans borrowed from unrelated banks were a major component. Debt securities amounted to USD 183.9 billion, an increase of 57 percent and accounting for 14 percent of external liabilities. The increase was due to domestic banks' overseas bond issuances and foreign investments in domestic bond markets. Other investments such as financial derivatives and equity liabilities amounted to USD 403.8 billion, a year–on–year increase of 17 percent and accounting for 32 percent of external liabilities. The surge in the price of shares of domestic banks contributed to the increase in cross–border equity liabilities (see Chart C5–1).

Chart C5-1

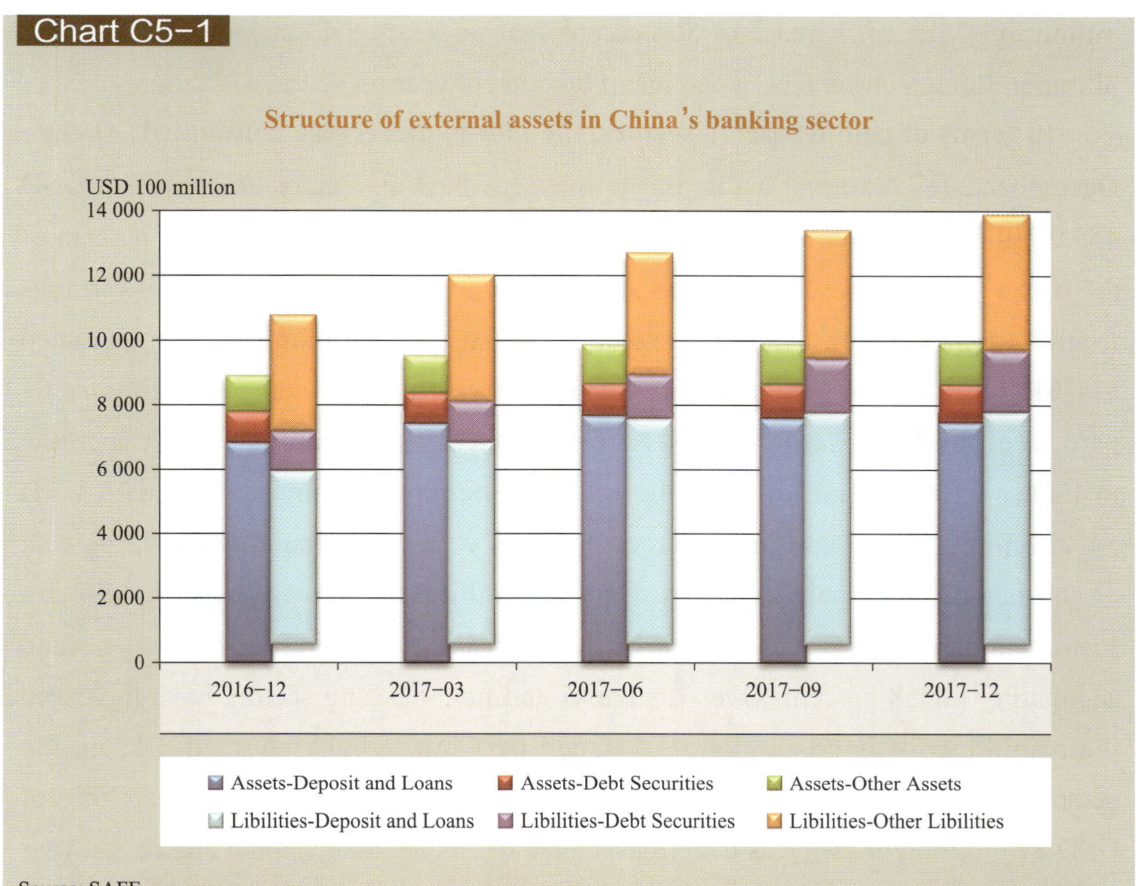

Source: SAFE.

In terms of currency, China's banking sector recorded net foreign-exchange external assets and net RMB liabilities. At end-December 2017, cross-border USD assets amounted to USD 674.5 billion, a year-on-year increase of 11 percent and accounting for 68 percent of the banks' external assets. Expansion in USD loans and debt security investments were the major contributors. RMB assets amounted to USD 117.9 billion, a decrease of 2 percent year on year and accounting for 12 percent of external assets. The decrease in RMB bond investments and overseas RMB loans played a major role. External assets in other foreign currencies amounted to USD 205.2 billion, 21 percent of the external assets. USD liabilities amounted to USD 470.9 billion, an increase of 33 percent and accounting for 37 percent of the external liabilities. RMB liabilities amounted to USD 402.7 billion, an increase of 33 percent and accounting for 31 percent of the external liabilities. External liabilities in other foreign currencies amounted to USD 405.4 billion and accounted for 32 percent. In terms of net assets and liabilities, Chinese banks recorded net liabilities of USD 284.7

billion in RMB, an increase of 56 percent year on year, and net assets of USD 3.5 billion in foreign currencies, a decline of 96 percent year on year.

In terms of counter-party sectors, the non-bank sectors dominated. At end-December 2017, external assets in the overseas banking sector amounted to USD 455.9 billion, an increase of 5 percent year on year and accounting for 46 percent of the banks' external assets. The increase was due to the increase in retained earnings from overseas affiliates. External assets of overseas non-banking sectors amounted to USD 541.8 billion, an increase of 18 percent year on year and accounting for 54 percent of the banks' external assets. The increase was mainly due to the increase in loans. External liabilities to the overseas banking sector amounted to USD 543.5 billion, an increase of 41 percent year on year and accounting for 42 percent of the banks' external liabilities. External liabilities to overseas non-banking sectors amounted to USD 735.4 billion, an increase of 24 percent year on year and accounting for 58 percent. Overseas banks and non-banking sectors have increased their holdings of bonds and stocks issued by China's banking sector. From the perspective of net assets and liabilities, China's banking industry has net liabilities of USD 87.6 billion to overseas banking sectors, and its net assets at the end of last year were USD 48.4 billion. Net liabilities to overseas non-banking sectors reached USD 193.6 billion, up by 44 percent. As to the net positions, net liabilities of domestic banks to the overseas banking sector reached USD 87.6 billion, whereas net assets of USD 48.4 billion were recorded at end-December 2016. Net liabilities to the overseas non-banking sector reached USD 193.6 billion, up 44 percent year on year.

Chart C5-2

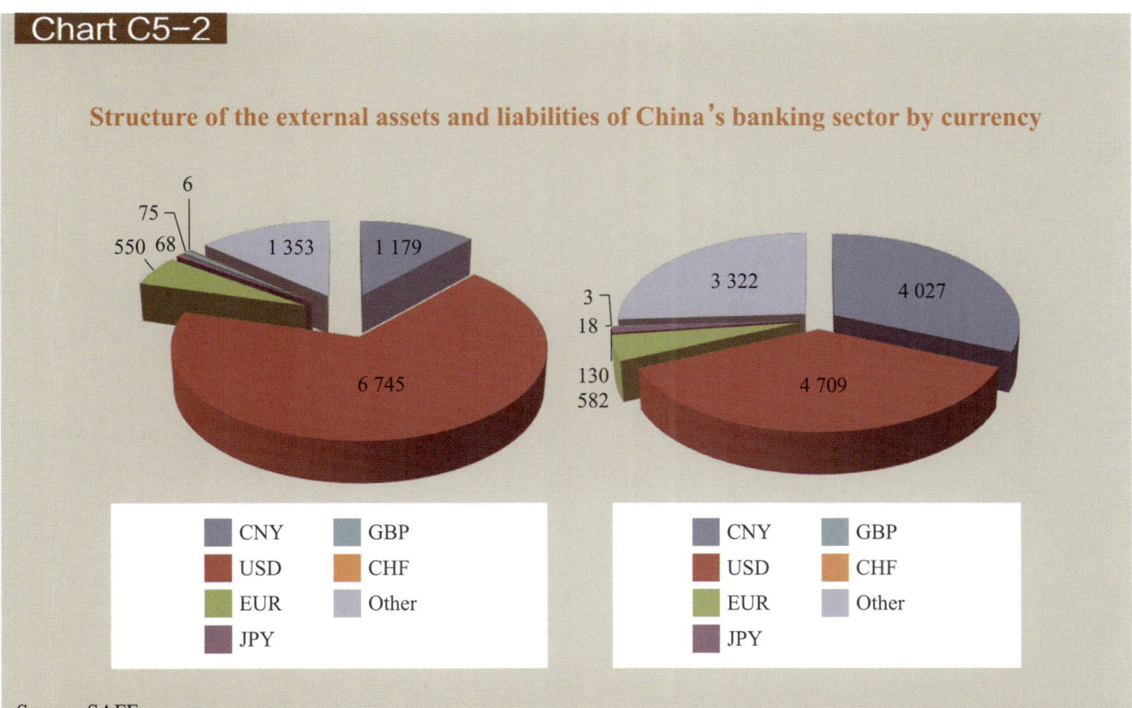

Source: SAFE.

In terms of the counter-party country/region in the external positions, the advanced economies and the off-shore centers were the major counter-parties. The top three debtor economies of Chinese bank investments were: the Hong Kong SAR (USD 267 billion), the US (USD 111.5 billion), and the UK (USD 38.7 billion). They received 27 percent, 11 percent, and 4 percent of Chinese bank investments respectively. The top three creditor economies of the external liabilities of Chinese banks were: the Hong Kong SAR (USD 695.5 billion), Singapore (USD 119.1 billion), and Taiwan of China (USD 75.7 billion). They contributed 54 percent, 9 percent, and 6 percent of the banks' total liabilities respectively.

Table C5-1 The structure of external assets and liabilities of China's banking sector at end-December 2017

Unit: 100 million of USD

		Assets		Libilities		Net Assets
		Amounts	Occupation Ratio	Amounts	Occupation Ratio	Amounts
By Tools	Deposit and Loans	7 481	75%	6 912	54%	568
	Debt Securities	1 167	12%	1 839	14%	−672
	Other	1 329	13%	4 038	32%	−2 709
By Sectors	Bank	4 559	46%	5 435	42%	−876
	Non Bank	5 418	54%	7 354	58%	−1 936
By Currencies	CNY	1 179	12%	4 027	31%	−2 847
	USD	6 745	68%	4 709	37%	2 036
	EUR	550	6%	582	5%	−32
	JPY	68	1%	130	1%	−62
	GBP	75	1%	18	0.1%	57
	Other	1 359	14%	3 324	26%	−1 965
Total		**9 977**	**100%**	**12 789**	**100%**	**-2 812**

Source: SAFE.

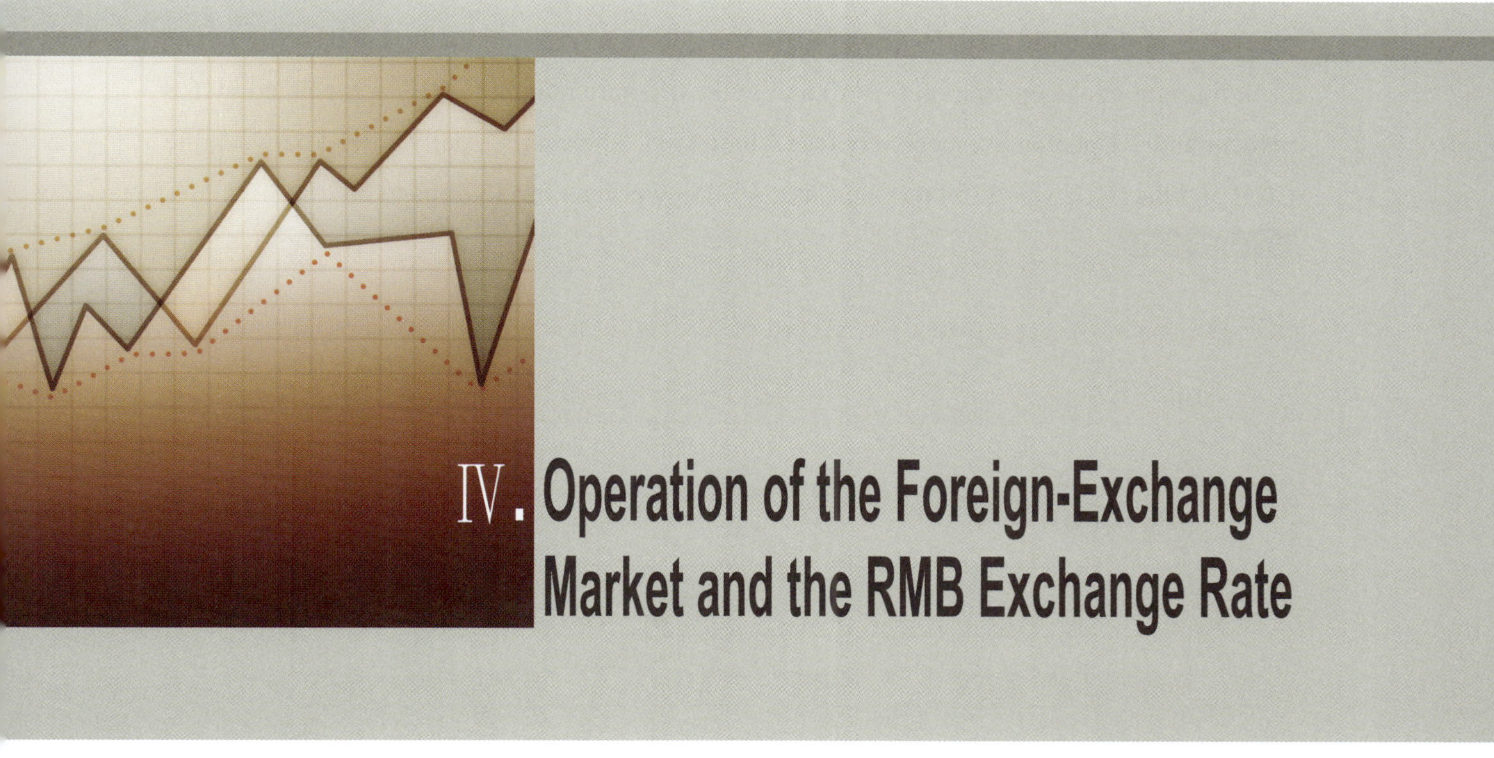

IV. Operation of the Foreign-Exchange Market and the RMB Exchange Rate

(I) Trends in the RMB Exchange Rate

The RMB exchange rate appreciated against the USD. At end– December 2017, the mid–price of the RMB exchange rate against the USD was 6.5342, an appreciation of 6.2 percent from the end of 2016. The RMB spot exchange rate against the USD in the inter–bank foreign–exchange market (CNY) and in the offshore market (CNH) appreciated by 6.8 percent and 7.1 percent, respectively (see Chart 4–1). The average daily spread between the CNH and the CNY was 130 bps (see Chart 4–2), lower than the 134 bps in 2016.

Chart 4-1

Trends in the RMB spot exchange rate against the USD in the domestic and offshore markets, 2017

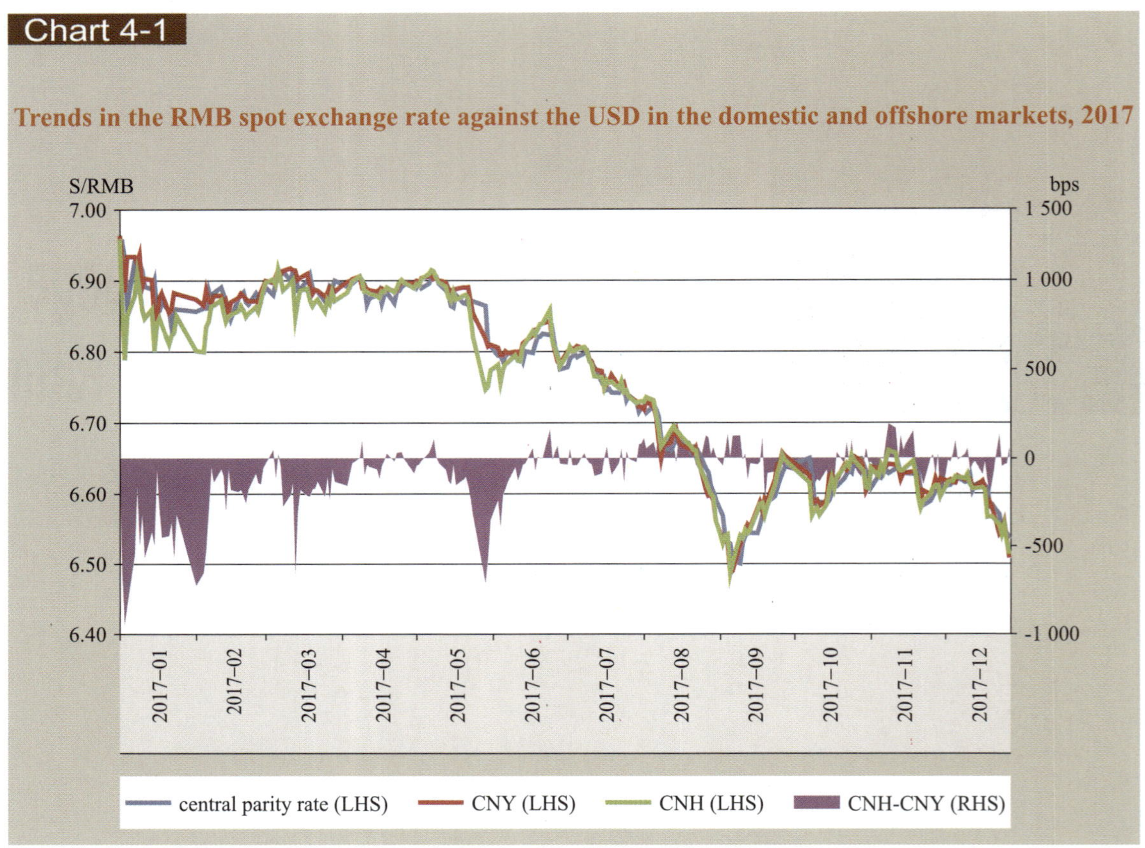

Sources: CFETS, Reuters.

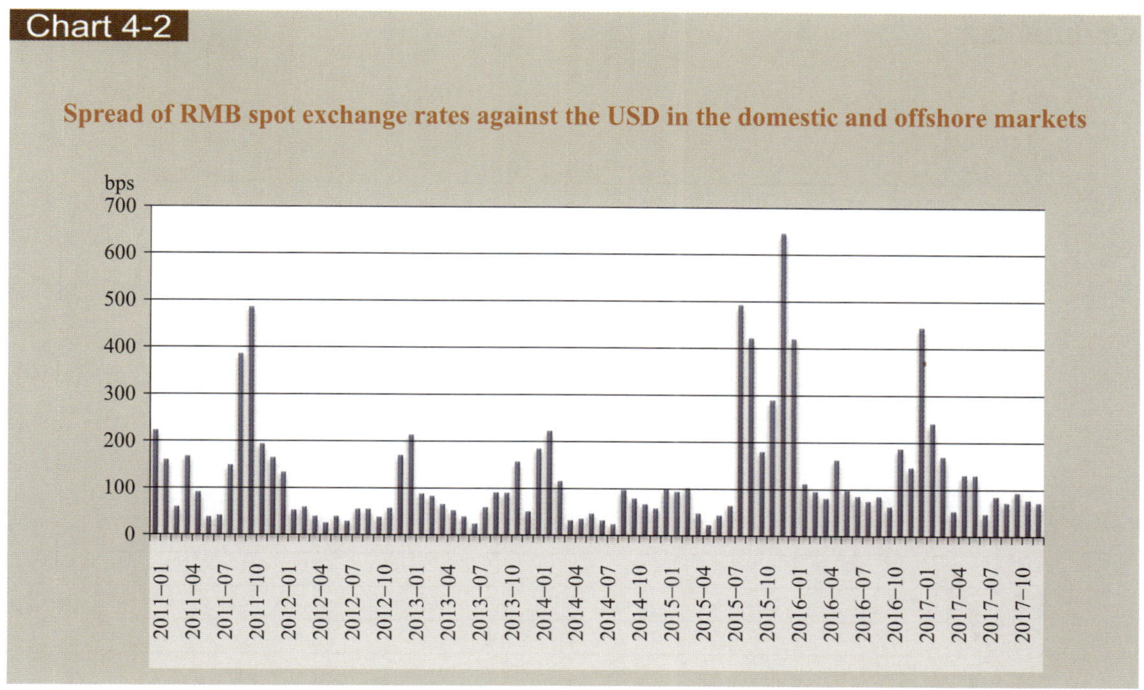

Note: The absolute values of the average daily spread.

Sources: CFETS, Reuters.

At the end of 2017, the mid-price of the RMB exchange rate against the EUR, 100JPY, GBP, AUD, and CAD stood at 7.8023, 5.7883, 8.7792, 5.0928, and 5.2009, respectively, a depreciation of 6.4 percent, an appreciation of 3.0 percent, and a depreciation of 3.1 percent, 1.5 percent, and 1.2 percent, respectively.

The RMB exchange rate was basically stable against the basket of currencies. According to CFETS data, at the end of 2017 the RMB exchange-rate indexes of the CFETS, the BIS basket of currencies, and the SDR basket of currencies were 94.85, 95.93, and 95.99, respectively, an appreciation of 0.02 percent, a depreciation of 0.32 percent, and an appreciation of 0.51 percent, respectively, from the end of the previous year.

Chart 4-3

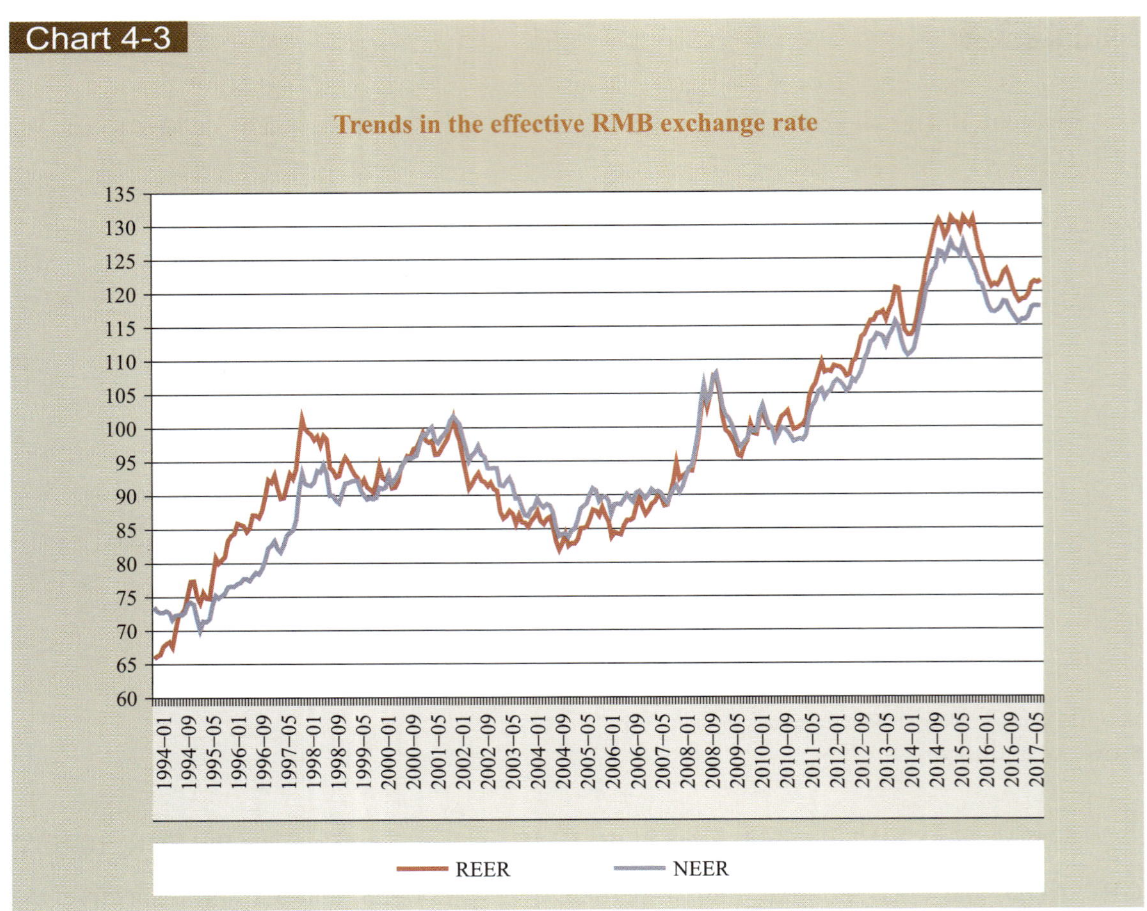

Source: BIS.

According to the BIS, the nominal effective exchange rate of the RMB depreciated by 0.6 percent in 2017. Deducting for inflation, the real effective exchange rate of the RMB depreciated by 1.0 percent (see Chart 4–3). Since the reform of the exchange–rate regime in 2005, the nominal and real effective exchange rates of the RMB appreciated by 33.4 percent and 43.1 percent, respectively.

The RMB exchange rate fluctuated in both directions but remained stable. In 2017, international economic and financial conditions were stable and the USD exchange rate continued to weaken. The domestic economy stabilized and was better oriented, while the RMB exchange–rate formation mechanism was continuously improving. All these factors were in favor of a basically stable RMB exchange rate. At the end of December, the one–year historic volatility of the RMB exchange rate in the domestic and offshore markets stood at 3.1 percent and 3.7 percent, up 12.3 percent and 8.5 percent from the beginning of 2017, respectively. The implied volatilities in the domestic and offshore options markets reached 4.6 percent and 4.9 percent, down 10.6 percent and 39.5 percent from the beginning of 2017, respectively (see Chart 4–4).

Chart 4-4

Volatility of 1-year RMB exchange rates against the USD in the domestic and offshore markets

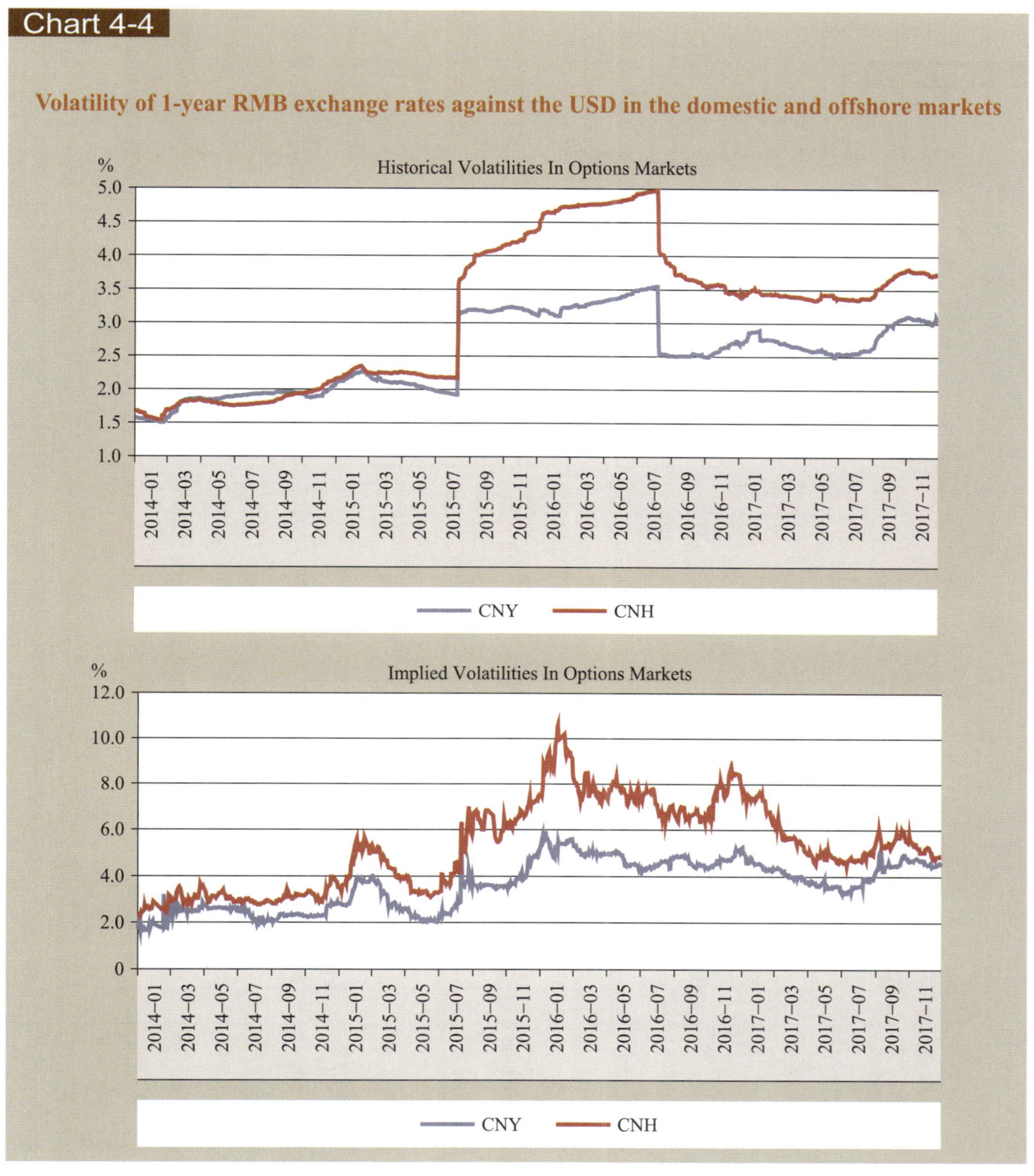

Source: Bloomberg.

The RMB weakened in the foreign–exchange forward market. Due to the interest–rate spread of domestic and foreign currencies, foreign exchange supply and demand, and market expectations, the RMB showed a gradually strengthening trend in both the domestic and overseas forward markets (see Chart 4–5 and Chart 4–6). In 2017, the one–year RMB/

USD domestic delivered forward rate, the offshore delivered forward rate, and the offshore delivered forward rate without the principal rose by 6.0 percent, 10.1 percent, and 10.1 percent, respectively.

Chart 4-5

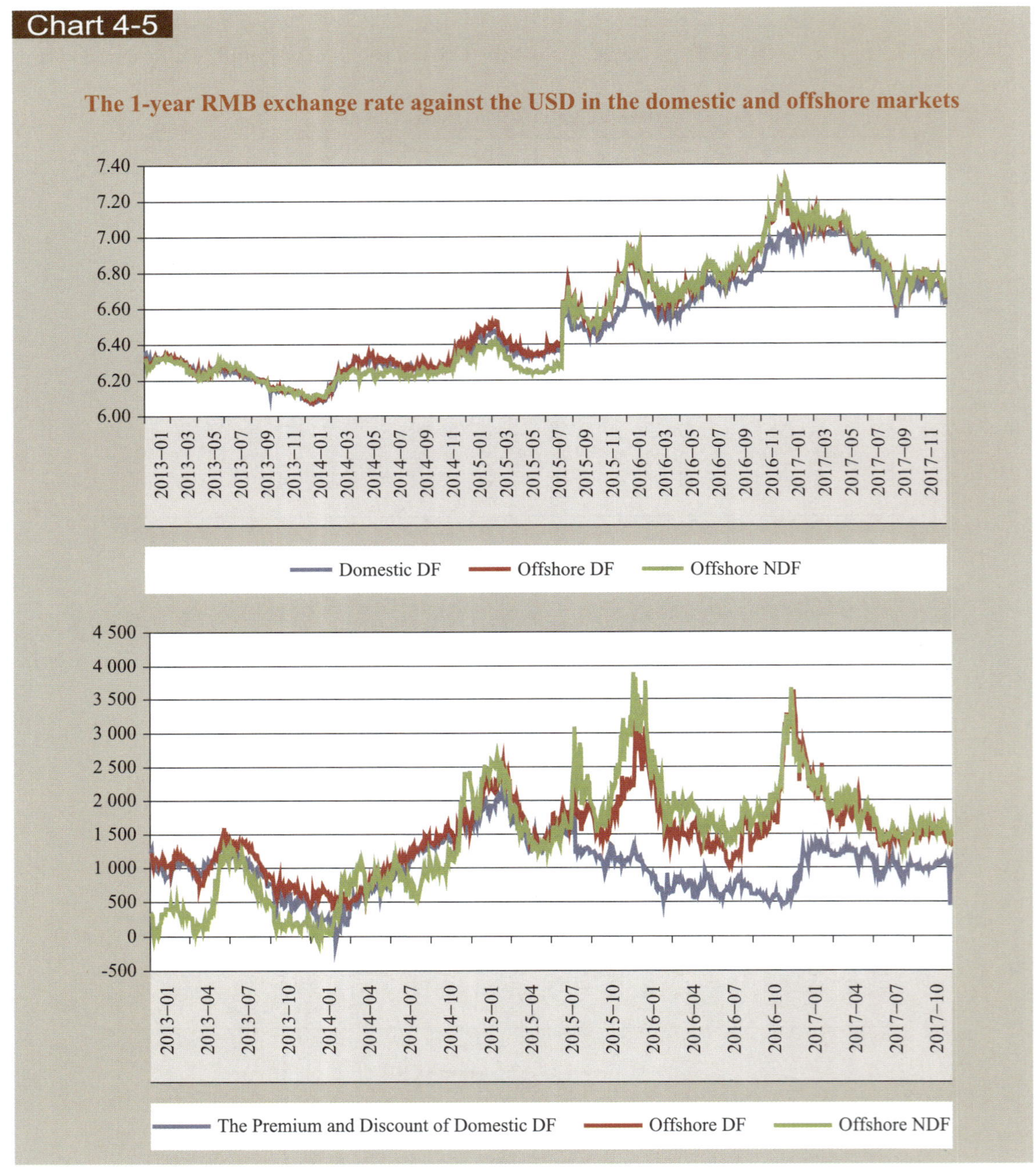

Sources: CFETS, Reuters.

Chart 4-6

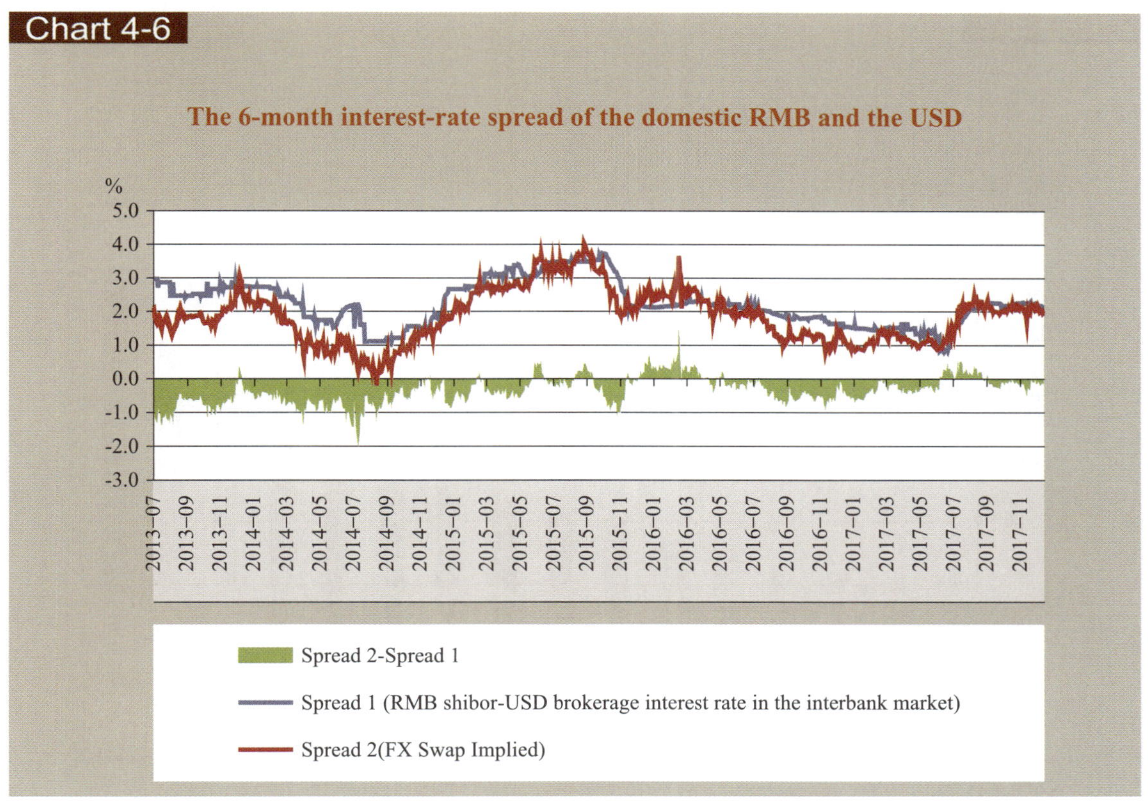

Sources: CFETS, Reuters.

(II) Transactions in the Foreign-Exchange Market

In 2017, the cumulative trading volume of the RMB/foreign-currency market totaled USD 24.08 trillion, an increase of 18.7 percent from the same period of the previous year (see Chart 4-7), with an average daily trading volume of USD 98.7 billion. The total trading volume in the client market and the inter-bank market was USD 3.75 trillion and USD 20.34 trillion, respectively①. Spot and derivative transactions witnessed a trading volume of USD 9.49 trillion and USD 14.6 trillion, respectively (see Table 4-1). Derivatives, at 60.6 percent, accounted for a historic high in the share of the total transactions in the foreign-exchange market. This structure was closer to that of the global foreign-exchange market (see Chart 4-8).

① The amount of transactions in the client market is the total amount of transactions including purchases and sales of foreign exchange by clients. The amount of transactions in the inter-bank market is the amount of unilateral transactions. The same as below.

Chart 4-7

Sources: SAFE, CFETS.

Chart 4-8

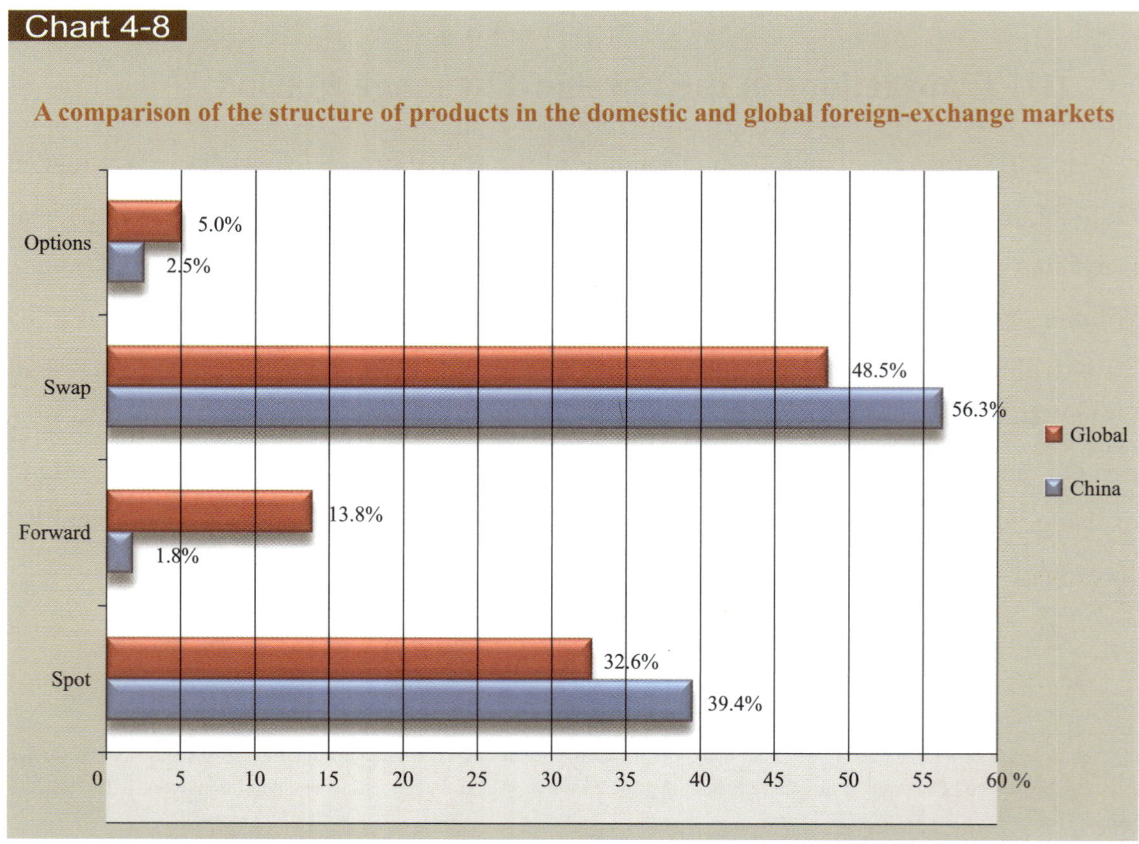

Sources: SAFE, CFETS, BIS.

Steady growth of foreign-exchange spot transactions. In 2017, the spot foreign-exchange market saw a trading volume of USD 9.49 trillion, up 7.4 percent from the same period of the previous year. Spot purchases and sales of foreign exchange in the client market totaled USD 3.09 trillion (including banks, but excluding implementation of forwards), up 6.3 percent from the previous year. The spot inter-bank foreign-exchange market saw a trading volume of USD 6.4 trillion, up 7.9 percent from the previous year. The share of USD transactions was 96.7 percent.

A slight recovery in foreign-exchange forward transactions. In 2017, the forward market saw a trading volume of USD 425.9 billion, up 12.6 percent from the previous year. In the client market, purchases and sales of forwards in foreign exchange totaled USD 322.5 billion, up 43.1 percent from the previous year. Purchases and sales of forwards were USD 148.2 billion and USD 174.3 billion, up 110.9 percent and 12.3 percent, respectively (see Chart 4-9). Short-term 6-month transactions accounted for 67 percent of the total transactions, up 7.7 percent from the previous year. In the inter-bank foreign-exchange market, forwards totaled USD 103.4 billion, down 32.4 percent from the previous year.

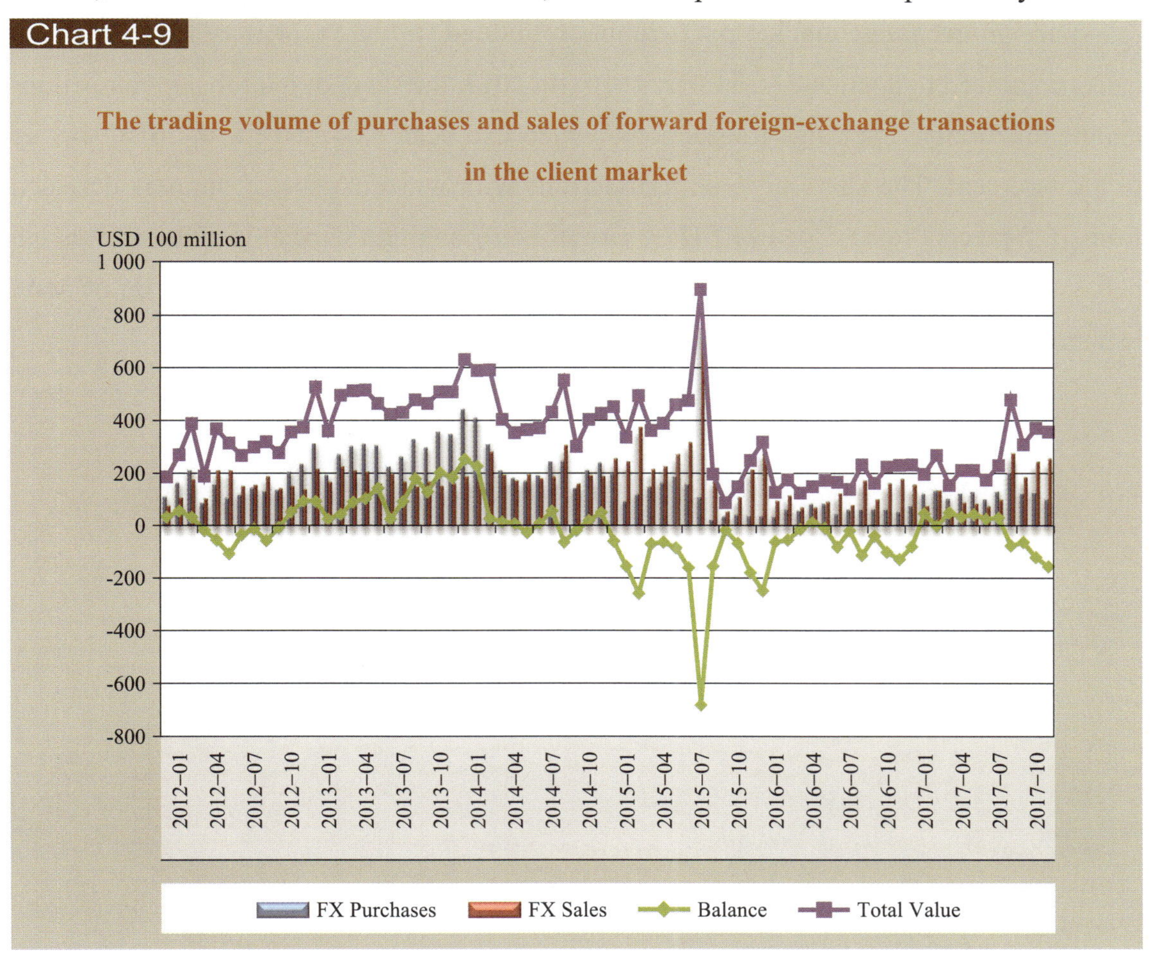

Chart 4-9

The trading volume of purchases and sales of forward foreign-exchange transactions in the client market

Source: SAFE.

Swap transactions continued to rise. In 2017, cumulative foreign–exchange and currency–swap transactions totaled USD 13.57 trillion, up 33.9 percent from the previous year. Cumulative foreign–exchange and currency–swap transactions in the client market reached USD 103.2 billion, down 3.3 percent from the previous year. Spot purchases/forward sales and spot sales/forward purchases stood at USD 86.9 billion and USD 16.3 billion, respectively, up 18 percent and down 50 percent from the previous year, respectively. The cumulative foreign–exchange and currency–swap transactions in the inter–bank market reached USD 13.46 trillion, up 34.3 percent from the previous year. Swap transactions were an important tool for banks to manage the liquidity of domestic and foreign currencies.

A reduction in options transactions. In 2017, the trading volume of options totaled USD 602.1 billion, down 37 percent from the previous year. The client market saw a total trading volume of USD 230.8 billion, up 11 percent from the previous year. The inter–bank market saw a total trading volume of USD 371.2 billion, down 50.3 percent from the previous year.

Foreign-exchange market participants remained stable. Proprietary transactions by banks continued to dominate (see Chart 4–10). In 2017, the share of inter–bank transactions among all foreign–exchange transactions, which had been 82.4 percent in 2016, was up to 83.9 percent. The share of bank transactions with non–financial customers declined from 16.7 percent to 15.3 percent. The share of non–banking financial institutions was 0.8 percent, basically the same as that in 2016, thus indicating that the participation of non–banking institutions in the market was still limited (See table 4–1).

Chart 4-10

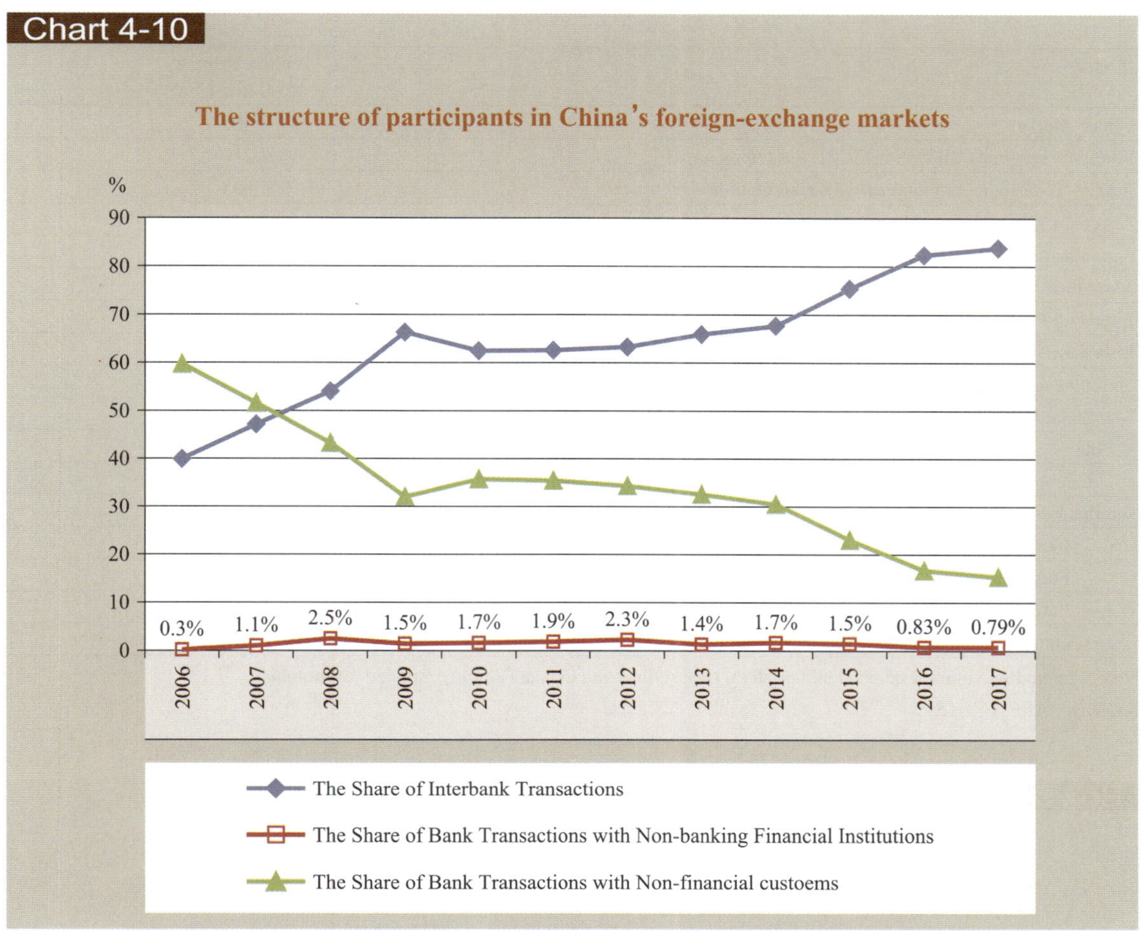

Sources: SAFE, CFETS.

Table 4-1 Transactions in the RMB/foreign-exchange market, 2017

Products	Trading Volume (100 million USD)
Spot	94 894
Client Market	30 914
Interbank Foreign Exchange Market	63 980
Forward	4 259
Client Market	3 225
Less than 3 months (including 3 months)	1 598
3 months to 1 year (including 1 year)	1 411
More than 1 year	216
Interbank Foreign Exchange Market	1 034
Less than 3 months (including 3 months)	726
3 months to 1 year (including 1 year)	270
More than 1 year	38
Foreign Exchange and Currency Swaps	135 672
Client Market	1 032
Interbank Foreign Exchange Market	134 640
Less than 3 months (including 3 months)	116 566
3 months to 1 year (including 1 year)	17 935
More than 1 year	137
Options	6 021

(Continue)

Products	Trading Volume (100 million USD)
Client Market	2 308
Foreign Exchange Call Options/RMB Put Options	1 210
Foreign Exchange Put Options/RMB Call Options	1 098
Less than 3 months (including 3 months)	615
3 months to 1 year (including 1 year)	1 391
More than 1 year	303
Interbank Foreign Exchange Market	3 712
Less than 3 months (including 3 months)	2 381
3 months to 1 year (including 1 year)	1 324
More than 1 year	7
Total	240 845
Client Market	37 480
Interbank Foreign Exchange Market	203 365
Including: Spots	94 894
Forwards	4 259
Foreign Exchange and Currency Swaps	135 672
Options	6 021

Note: The trading volumes here are all unilateral transactions and the data employ rounded–off numbers.

Sources: SAFE, CFETS.

Box 6

Development of China's Foreign-Exchange Market During the Forty Years of Reform and Opening

Before the Reform and Opening, China implemented centralized management of foreign–exchange income and payments and there was no foundation for or concept of foreign–exchange markets. As the Reform and Opening continued, China's foreign–exchange market gradually developed from nothing. After forty years of development, China's foreign–exchange market has continued to diversify its products and to develop market entities. The market has continuously become more open and its ability to allocate foreign–exchange resources and serve the real economy has become stronger. The market has explored ways to develop with China's characteristics.

Continuously serving the real economy and enriching products on the foreign- exchange market. The basic and core demand of the real economy for the foreign- exchange market is to effectively allocate foreign–exchange resources and to guard against exchange–rate risks. The reform and development of the foreign–exchange market has always regarded serving the real economy as its priority and it has fully considered the abilities of market entities to identify and manage risks. Various new tools, both simple and complex and basic and derivative, were introduced. At present, our market already has basic products such as spots, forwards, foreign–exchange swaps, currency swaps, and options, which can basically meet the demands of various market entities for foreign–exchange risks. In 2017, China's foreign–exchange market saw a trading volume of 24.1 trillion dollars for RMB/foreign currency transactions of different kinds of products, up 43 times from 2002. The ratio of derivatives among all transactions rose from 0.7 percent in 2002 to 60 percent in 2017. According to the recent BIS survey of foreign–exchange markets that is held every three years, China accounted for 1.1 percent of global foreign–exchange transactions. This ratio was 0.02 percent in 2004. The further development of the depth and width of the foreign–exchange market has offered a sound guarantee for promoting the market–oriented exchange–rate reform and for supporting market entities to become accustomed to the two–way direction in the fluctuation of foreign–exchange rates.

Expanding conditions for opening the markets and conducting diversified levels of market entities. Beginning in 2004, a group of overseas financial institutions that take responsibility for overseas RMB settlements successively entered the inter–bank foreign–exchange market. More overseas financial institutions carried out OTC transactions with domestic banks under RMB settlements for cross–border trade. The opening of the foreign–exchange market to the outside gradually improved. Since the 2005 exchange–rate regime reform, the original structure whereby only banks could join the market as participants has begun to break down. On the one hand, it is to open the market domestically, allowing qualified non–bank financial institutions and non–financial enterprises to join the market for trading. On the other hand, it is to encourage the market to open overseas based on the demand from Hong Kong and Macau and the cross–border development of the RMB. At the end of 2017, there were 81 overseas financial institutions in the inter–bank foreign–exchange market, accounting for 13 percent of all participants. In the inter–bank market, the transaction volume of different products was 64.5 billion, accounting for 0.2 percent of all transactions. The opening of the foreign–exchange market not only enriched the participants in the domestic market but also was a sign that overseas institutions fully recognized the comprehensive development of the domestic market, including the trading products, the regimes, and the infrastructures. To a certain extent, the introduction of overseas institutions has also realized the "going-out" of the Chinese model.

Learning from international experiences and exploring ways to develop a foreign-exchange market with Chinese characteristics. While fully learning from mature international experiences, China's foreign-exchange market takes a forward-looking perspective and has always been exploring ways that are in line with China's situation and that can lead international trends. The inter-bank market, which uses the CEFETS as a major platform, was established in 1994, when its basic feature was that of an organized trading platform. The platform can afford different kinds of trading patterns and tools. It broke the traditional boundary between the market and OTC transactions and combined their functions. At the same time, China's inter-bank foreign exchange market has a unique convenient basis for the new global regulatory requirements and development measures, such as central counterparty liquidation, post-transaction confirmations, write-offs, and reporting in practice. Benefiting from the organized trading platform, which is a long-term regime arrangement, to some extent China's market implemented a global regulatory reform in advance after the 2008 international financial crisis. Meanwhile, China's foreign-exchange market has special convenient foundation for implementing the new global regulatory requirements and development measures, such as centralized counterpart settlements and confirmations and write-offs and reports after the transactions.

When we look back at history, the achievements in terms of the development of China's foreign-exchange market have been a natural outcome of the deepening of the economic reforms, the comprehensive opening up to the outside world, and advancing the in-depth development of the financial market. When looking forward to the future, as the Reform and Opening continues to be promoted, the foreign-exchange market will still face significant development opportunities. We should grasp the challenges and opportunities raised by the market-oriented trends in the RMB exchange rate and the RMB convertibility and internationalization. We will continue to deepen development of the foreign-exchange market, while placing an emphasis on expanding the scope of transactions, enriching the trading tools, expanding the participants, promoting the market opening, optimizing the infrastructure, and improving market supervision.

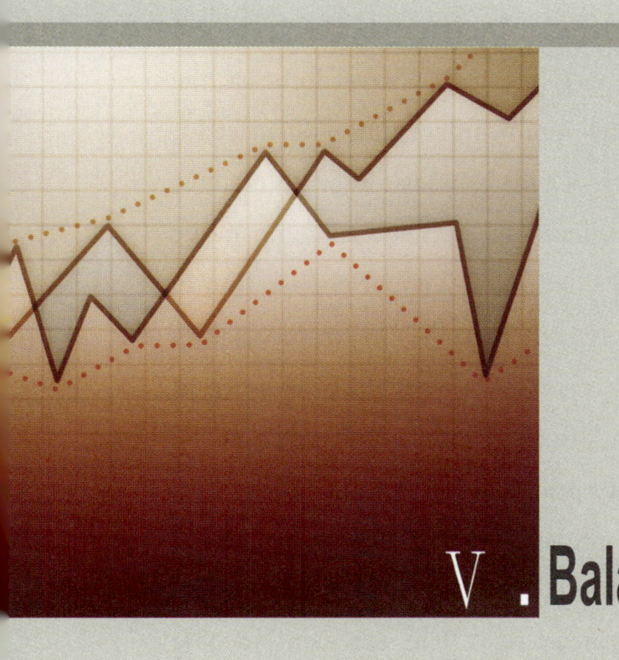

V . Balance-of-Payments Outlook

In 2018 China's balance of payments is expected to maintain a basic equilibrium, as the current–account surplus will remain within a reasonable scale and cross–border capital flows overall will be stable.

The current account will maintain a reasonable surplus. First, the surplus in the trade in goods account will become more balanced. In term of exports, in 2018 the global economy is expected to continue its recovery. According to the IMF's latest forecast, the global economy will grow at 3.9 percent, 0.2 percentage point higher than that in 2017, indicating a stable external demand for Chinese goods. As China's industrial chain matures and its capability for innovation improves, China will maintain its international comparative advantage. In addition, stable progress in the belt–and–road initiative and cooperation in its international capacity will benefit regional commerce. In fact, the major uncertainty stems from the growing trade protectionism. In terms of imports, as the performance of the Chinese economy will continue to be steady and will continue to improve, domestic demand will remain stable and international commodity prices may stabilize or even rise slightly. In addition, China will expand imports to improve the balance in international trade. Second, the deficit in trade in services will continue its basically stable growth. The travel deficit will remain a major deficit item in the services trade. The increasing income and upgrading of consumption by households will drive a formidable demand for overseas tourism and overseas studies, even though travel expenditures have been stabilizing in recent years. Third, investment returns will continue to improve. The deficit in investment returns narrowed in 2016 and 2017, reflecting the optimized structure of China's foreign financial assets. As Chinese enterprises "go global" in an orderly manner, the deficit in investment returns is expected to continue to narrow. On the whole, in 2018 the surplus in the current account will maintain a reasonable scale and its ratio to GDP will remain within a reasonable range.

Cross-border capital flows will continue their overall stability. In 2018 the global economy will continue its momentum for recovery, the normalization of monetary policy in the major advanced economies will develop in a progressive manner, and cross–border capital flows are expected to remain relatively stable in the emerging markets. At the same time, the domestic economy has entered a new era. As the structural reform on the supply side becomes deeper and the domestic economic structure is further optimized, the momentum for endogenous growth will gradually increase; preventing and resolving major risks will also stabilize market confidence and will be conducive to the stability of cross–border capital flows in China. To be specific, overseas capital will continue to flow into China. First, China will remain an important investment destination for long–term capital. As 2018 marks the 40th anniversary of the implementation of China's reform and opening–up policy, the scope and level of China's opening will be further expanded, the threshold for orderly market entry will be lowered, foreign investment–related laws will be perfected, and protection of intellectual property rights will be strengthened. As a result, the business environment for foreign investments will be further improved, overall returns and market prospects for foreign enterprises will remain promising, and the structure of foreign capital will improve. Second, portfolio capital inflows will remain stable as the progressive opening of the stock market and the bond market will continue to attract foreign investments. Third, willingness of enterprises for cross–border financing will continue. In 2018, the normalization of monetary policy in the major advanced economies may drive up the rate of external financing, but the borrowing rate will still stay at a relatively low level. Therefore, domestic enterprises will balance domestic and external financing costs comprehensively and make rational financing choices based on their real demand. In addition, outward investments will make stable progress. First, domestic enterprises will continue their outward direct investments. As China's belt–and–road initiative and its international capacity for cooperation are steadily promoted, a normalized institutional framework to manage outward direct investments has been gradually established, which will be beneficial to domestic enterprises for rational and orderly participation in overseas investments and will deepen mutual cooperation between China and other countries. Second, domestic enterprises will more rationally allocate their overseas assets. At present, market participants hold different views about the main international currencies, so the RMB exchange rate reflects an expectation of two–way volatility, which will bring about more rational investments. However, uncertainties still remain, for example, the effects of synergy from the convergence of the monetary policies of the major advanced economies, the heating up of trade protectionism, turbulencein international financial markets, regional political risks, geopolitical conflicts, and so on. All of these could possibly change market sentiment and introduce volatility into the international capital and currency markets.

In 2018, the foreign–exchange administration agencies will march forward under the guidance of Xi's socialism with Chinese characteristics for the new era, make progress while maintaining stability, focus on the three tasks that refer to serving the real economy, controlling financial risks, and deepening the financial reform, boost balanced management of cross–border capital flows, serve the new pattern for a comprehensive opening–up and development of the real economy, control risks associated with cross–border capital flows, and maintain national economic and financial security. First, they will further enhance liberalization and facilitation of cross–border trade and investments. To be specific, true compliance will be guaranteed for foreign–exchange demand under the current and capital accounts,innovative development of foreign trade will be supported and cultivated, and policiesto "bring in capital" and to "go global" will be balanced, while also focusing on the construction of the belt–and–road initiative. Second, they will steadily promote the two–way opening–up of financial markets as well as the securities market, set up and improve an open and competitive foreign–exchange market, and enhance risk education for market participants. Third, they will construct a macro prudential policy framework for cross–border capital flows, strengthen monitoring capabilities, pre–alarm, and reacting mechanisms, enrich the policy tool box, and make counter–cyclical adjustments to cross–border capital flows using market–oriented measures. Fourth, they will perfect the framework of micro regulation for the foreign–exchange market, ensure the stability and consistency of cross–cyclical policies, and adhere to the reviews of authenticity, legitimacy, and compliance. Fifth, they will strengthen the capability for the operation and management of foreign–exchange reserves.

附　录　统计资料
Appendix Statistics

一、国际收支[①]
I. Balance of Payments

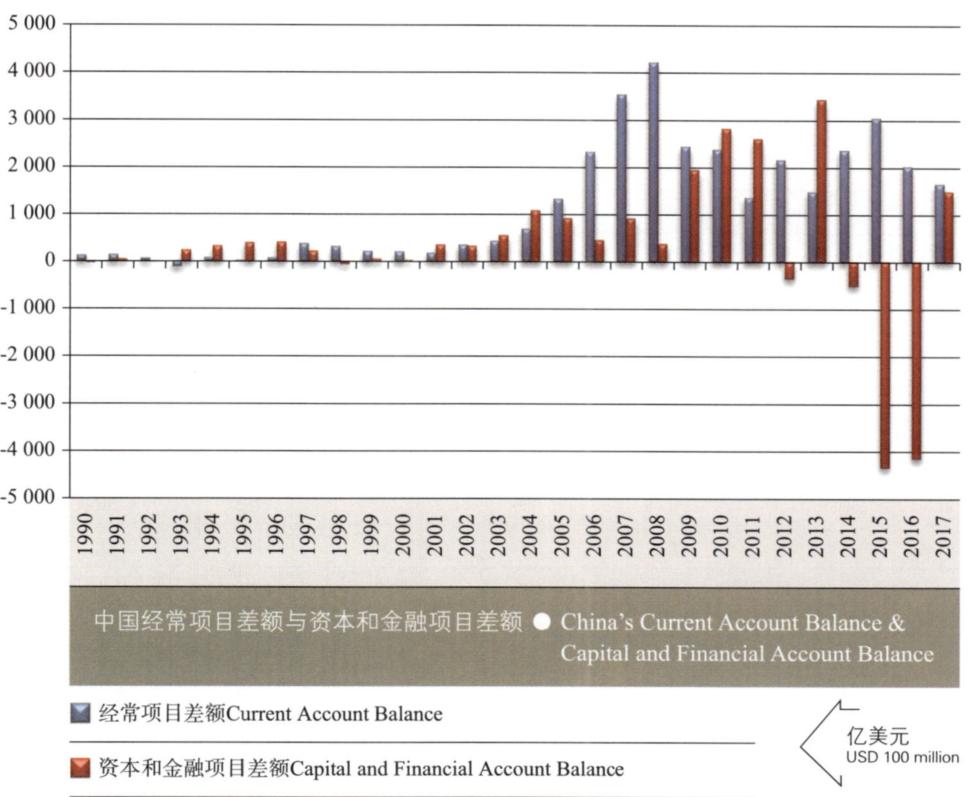

中国经常项目差额与资本和金融项目差额 ● China's Current Account Balance & Capital and Financial Account Balance

① 资料来源：国家外汇管理局；IMF《国际收支统计》《国际金融统计》；环亚经济数据库。
Sources: State Administration of Foreign Exchange; IMF, Balance of Payments Statistics, International Financial Statistics; CEIC Database.

中国国际收支概览表 (1)

China's Balance of Payments Abridged (1)

项目 / 年份 Item/Year	1982	1983	1984	1985	1986	1987
1. 经常账户 Current account	57	42	20	−114	−70	3
贷方 Credit	243	240	273	276	276	354
借方 Debit	−186	−198	−253	−390	−347	−351
A. 货物和服务 Goods and services	48	26	1	−125	−74	3
贷方 Credit	226	220	248	258	262	341
借方 Debit	−178	−194	−247	−383	−336	−338
a. 货物 Goods	42	18	−2	−131	−90	−13
贷方 Credit	199	192	217	227	223	300
借方 Debit	−158	−174	−219	−358	−313	−313
b. 服务 Services	6	8	2	6	16	16
贷方 Credit	27	28	31	31	39	41
借方 Debit	−20	−20	−29	−25	−23	−25
B. 初次收入 Primary income	4	12	15	8	0	−2
贷方 Credit	10	15	19	14	9	10
借方 Debit	−6	−3	−4	−5	−9	−12
C. 二次收入 Secondary income	5	5	4	2	4	2
贷方 Credit	7	6	6	4	5	4
借方 Debit	−2	−1	−2	−2	−1	−2
2. 资本和金融账户 Capital and financial account	−60	−41	−32	139	83	11
2.1 资本账户 Capital account	0	0	0	0	0	0
贷方 Credit	0	0	0	0	0	0
借方 Debit	0	0	0	0	0	0
2.2 金融账户 Financial account	−60	−41	−32	139	83	11
资产 Assets	−71	−54	−58	50	13	−58
负债 Liabilities	11	13	25	89	70	69
2.2.1 非储备性质的金融账户 Financial account excluding reserve assets	−17	−14	−38	85	65	27
资产 Assets	−29	−27	−63	−4	−4	−42

单位：亿美元
Unit: USD 100 million

续表 (Continue)

项目 / 年份 Item/Year	1982	1983	1984	1985	1986	1987
负债 Liabilities	11	13	25	89	70	69
直接投资 Direct investment	4	8	13	13	18	17
资产 Assets	0	−1	−1	−6	−5	−6
负债 Liabilities	4	9	14	20	22	23
证券投资 Portfolio investment	0	−6	−16	30	16	11
资产 Assets	0	−6	−17	23	0	−1
负债 Liabilities	0	0	1	8	16	12
金融衍生工具 Financial derivatives (other than reserves) and employee stock options	0	0	0	0	0	0
资产 Assets	0	0	0	0	0	0
负债 Liabilities	0	0	0	0	0	0
其他投资 Other investment	−21	−16	−34	41	32	0
资产 Assets	−28	−19	−44	−20	1	−34
负债 Liabilities	6	4	10	62	31	34
2.2.2 储备资产 Reserve assets	−42	−27	5	54	17	−17
其中：外汇储备 Foreign exchange reserves	−43	−19	7	56	12	−15
3. 净误差与遗漏 Net errors and omissions	3	−2	12	−25	−12	−14

中国国际收支概览表 (2)

China's Balance of Payments Abridged (2)

项目 / 年份 Item/Year	1988	1989	1990	1991	1992	1993
1. 经常账户 Current account	-38	-43	120	133	64	-119
贷方 Credit	470	436	525	602	736	800
借方 Debit	-508	-479	-405	-469	-672	-919
A. 货物和服务 Goods and services	-41	-49	107	116	50	-118
贷方 Credit	449	412	491	555	668	743
借方 Debit	-490	-461	-385	-439	-618	-861
a. 货物 Goods	-56	-72	70	62	19	-143
贷方 Credit	398	350	411	460	543	597
借方 Debit	-454	-422	-341	-398	-524	-740
b. 服务 Services	15	23	37	54	31	25
贷方 Credit	51	62	81	95	126	146
借方 Debit	-36	-39	-44	-41	-94	-120
B. 初次收入 Primary income	-2	2	11	8	2	-13
贷方 Credit	15	19	30	37	56	44
借方 Debit	-16	-17	-20	-29	-53	-57
C. 二次收入 Secondary income	4	4	3	8	12	12
贷方 Credit	6	5	4	9	12	13
借方 Debit	-1	-1	-1	-1	-1	-1
2. 资本和金融账户 Capital and financial account	48	42	-89	-65	19	217
2.1 资本账户 Capital account	0	0	0	0	0	0
贷方 Credit	0	0	0	0	0	0
借方 Debit	0	0	0	0	0	0
2.2 金融账户 Financial account	48	42	-89	-65	19	217
资产 Assets	-45	-15	-138	-160	-59	-109
负债 Liabilities	93	58	49	94	77	326
2.2.1 非储备性质的金融账户 Financial account excluding reserve assets	53	64	-28	46	-3	235
资产 Assets	-40	7	-77	-49	-80	-91

单位：亿美元
Unit: USD 100 million

续表 (Continue)

项目 / 年份 Item/Year	1988	1989	1990	1991	1992	1993
负债 Liabilities	93	58	49	94	77	326
直接投资 Direct investment	23	26	27	35	72	231
资产 Assets	−9	−8	−8	−9	−40	−44
负债 Liabilities	32	34	35	44	112	275
证券投资 Portfolio investment	9	−2	−2	2	−1	31
资产 Assets	−3	−3	−2	−3	−5	−6
负债 Liabilities	12	1	0	6	4	36
金融衍生工具 Financial derivatives (other than reserves) and employee stock options	0	0	0	0	0	0
资产 Assets	0	0	0	0	0	0
负债 Liabilities	0	0	0	0	0	0
其他投资 Other investment	20	40	−52	9	−74	−27
资产 Assets	−28	18	−66	−36	−35	−41
负债 Liabilities	49	22	14	45	−38	14
2.2.2 储备资产 Reserve assets	−5	−22	−61	−111	21	−18
其中：外汇储备 Foreign exchange reserves	−4	−22	−55	−106	23	−18
3. 净误差与遗漏 Net errors and omissions	−10	1	−31	−68	−83	−98

中国国际收支概览表 (3)

China's Balance of Payments Abridged (3)

项目 / 年份 Item/Year	1994	1995	1996	1997	1998	1999
1. 经常账户 Current account	77	16	72	370	315	211
贷方 Credit	1 121	1 389	1 645	1 986	1 990	2 124
借方 Debit	−1 045	−1 373	−1 573	−1 617	−1 675	−1 913
A. 货物和服务 Goods and services	74	120	176	428	438	306
贷方 Credit	1 046	1 319	1 548	1 874	1 888	1 987
借方 Debit	−973	−1 199	−1 373	−1 446	−1 449	−1 681
a. 货物 Goods	35	128	122	366	456	329
贷方 Credit	844	1 074	1 268	1 532	1 637	1 693
借方 Debit	−810	−947	−1 147	−1 167	−1 181	−1 364
b. 服务 Services	39	−8	54	63	−18	−23
贷方 Credit	202	244	280	342	251	294
借方 Debit	−163	−252	−226	−280	−268	−317
B. 初次收入 Primary income	−10	−118	−124	−110	−166	−145
贷方 Credit	57	52	73	57	56	83
借方 Debit	−68	−170	−198	−167	−222	−228
C. 二次收入 Secondary income	13	14	21	51	43	49
贷方 Credit	18	18	24	55	47	54
借方 Debit	−4	−4	−2	−3	−4	−4
2. 资本和金融账户 Capital and financial account	21	162	83	−147	−127	−33
2.1 资本账户 Capital account	0	0	0	0	0	0
贷方 Credit	0	0	0	0	0	0
借方 Debit	0	0	0	0	0	0
2.2 金融账户 Financial account	21	162	83	−147	−127	−33
资产 Assets	−367	−247	−357	−788	−479	−452
负债 Liabilities	389	409	440	641	352	419
2.2.1 非储备性质的金融账户 Financial account excluding reserve assets	326	387	400	210	−63	52
资产 Assets	−62	−22	−40	−431	−415	−367

单位：亿美元
Unit: USD 100 million

续表 (Continue)

项目 / 年份 Item/Year	1994	1995	1996	1997	1998	1999
负债 Liabilities	389	409	440	641	352	419
直接投资 Direct investment	318	338	381	417	411	370
资产 Assets	−20	−20	−21	−26	−26	−18
负债 Liabilities	338	358	402	442	438	388
证券投资 Portfolio investment	35	8	17	69	−37	−112
资产 Assets	−4	1	−6	−9	−38	−105
负债 Liabilities	39	7	24	78	1	−7
金融衍生工具 Financial derivatives (other than reserves) and employee stock options	0	0	0	0	0	0
资产 Assets	0	0	0	0	0	0
负债 Liabilities	0	0	0	0	0	0
其他投资 Other investment	−27	40	2	−276	−437	−205
资产 Assets	−38	−3	−13	−396	−350	−244
负债 Liabilities	12	43	15	120	−86	39
2.2.2 储备资产 Reserve assets	−305	−225	−317	−357	−64	−85
其中：外汇储备 Foreign exchange reserves	−304	−220	−315	−349	−51	−97
3. 净误差与遗漏 Net errors and omissions	−98	−178	−155	−223	−187	−178

中国国际收支概览表 (4)

China's Balance of Payments Abridged (4)

项目 / 年份 Item/Year	2000	2001	2002	2003	2004	2005
1. 经常账户 Current account	204	174	354	431	689	1 324
贷方 Credit	2 725	2 906	3 551	4 825	6 522	8 403
借方 Debit	−2 521	−2 732	−3 197	−4 395	−5 833	−7 080
A. 货物和服务 Goods and services	288	281	374	358	512	1 246
贷方 Credit	2 531	2 721	3 330	4 480	6 074	7 733
借方 Debit	−2 243	−2 440	−2 956	−4 121	−5 562	−6 487
a. 货物 Goods	299	282	377	398	594	1 301
贷方 Credit	2 181	2 329	2 868	3 966	5 429	6 949
借方 Debit	−1 881	−2 047	−2 491	−3 568	−4 835	−5 647
b. 服务 Services	−11	−1	−3	−40	−82	−55
贷方 Credit	350	392	462	513	645	785
借方 Debit	−362	−393	−465	−553	−727	−840
B. 初次收入 Primary income	−147	−192	−149	−102	−51	−161
贷方 Credit	126	94	83	161	206	393
借方 Debit	−272	−286	−233	−263	−257	−554
C. 二次收入 Secondary income	63	85	130	174	229	239
贷方 Credit	69	91	138	185	243	277
借方 Debit	−5	−6	−8	−10	−14	−39
2. 资本和金融账户 Capital and financial account	−86	−125	−432	−513	−819	−1 553
2.1 资本账户 Capital account	0	−1	0	0	−1	41
贷方 Credit	0	0	0	0	0	42
借方 Debit	0	−1	0	0	−1	−1
2.2 金融账户 Financial account	−86	−125	−432	−512	−818	−1 594
资产 Assets	−666	−541	−932	−1 212	−1 916	−3 352
负债 Liabilities	580	416	500	699	1 098	1 758
2.2.1 非储备性质的金融账户 Financial account excluding reserve assets	20	348	323	549	1 082	912
资产 Assets	−561	−67	−177	−150	−16	−845

单位：亿美元
Unit: USD 100 million

续表 (Continue)

项目 / 年份 Item/Year	2000	2001	2002	2003	2004	2005
负债 Liabilities	580	416	500	699	1 098	1 758
直接投资 Direct investment	375	374	468	494	601	904
资产 Assets	−9	−69	−25	0	−20	−137
负债 Liabilities	384	442	493	495	621	1 041
证券投资 Portfolio investment	−40	−194	−103	114	197	−47
资产 Assets	−113	−207	−121	30	65	−262
负债 Liabilities	73	12	18	84	132	214
金融衍生工具 Financial derivatives (other than reserves) and employee stock options	0	0	0	0	0	0
资产 Assets	0	0	0	0	0	0
负债 Liabilities	0	0	0	0	0	0
其他投资 Other investment	−315	169	−41	−60	283	56
资产 Assets	−439	208	−31	−180	−61	−447
负债 Liabilities	123	−39	−10	120	345	502
2.2.2 储备资产 Reserve assets	−105	−473	−755	−1 061	−1 901	−2 506
其中：外汇储备 Foreign exchange reserves	−109	−466	−742	−1 060	−1 904	−2 526
3. 净误差与遗漏 Net errors and omissions	−119	−49	78	82	130	229

中国国际收支概览表 (5)

China's Balance of Payments Abridged (5)

项目 / 年份 Item/Year	2006	2007	2008	2009	2010	2011
1. 经常账户 Current account	2 318	3 532	4 206	2 433	2 378	1 361
贷方 Credit	10 779	13 832	16 597	14 006	17 959	22 087
借方 Debit	−8 460	−10 300	−12 391	−11 574	−15 581	−20 726
A. 货物和服务 Goods and services	2 089	3 080	3 488	2 201	2 230	1 819
贷方 Credit	9 917	12 571	14 953	12 497	16 039	20 089
借方 Debit	−7 828	−9 490	−11 465	−10 296	−13 809	−18 269
a. 货物 Goods	2 157	3 117	3 599	2 435	2 464	2 287
贷方 Credit	8 977	11 316	13 500	11 272	14 864	18 078
借方 Debit	−6 820	−8 199	−9 901	−8 836	−12 400	−15 791
b. 服务 Services	−68	−37	−111	−234	−234	−468
贷方 Credit	941	1 254	1 453	1 226	1 175	2 010
借方 Debit	−1 008	−1 291	−1 564	−1 460	−1 409	−2 478
B. 初次收入 Primary income	−51	80	286	−85	−259	−703
贷方 Credit	546	835	1 118	1 083	1 424	1 443
借方 Debit	−597	−754	−832	−1 168	−1 683	−2 146
C. 二次收入 Secondary income	281	371	432	317	407	245
贷方 Credit	316	426	526	426	495	556
借方 Debit	−35	−55	−94	−110	−88	−311
2. 资本和金融账户 Capital and financial account	−2 355	−3 665	−4 394	−2 019	−1 849	−1 223
2.1 资本账户 Capital account	40	31	31	39	46	54
贷方 Credit	41	33	33	42	48	56
借方 Debit	−1	−2	−3	−3	−2	−2
2.2 金融账户 Financial account	−2 395	−3 696	−4 425	−2 058	−1 895	−1 278
资产 Assets	−4 519	−6 371	−6 087	−4 283	−6 536	−6 136
负债 Liabilities	2 124	2 676	1 662	2 225	4 641	4 858
2.2.1 非储备性质的金融账户 Financial account excluding reserve assets	453	911	371	1 945	2 822	2 600
资产 Assets	−1 671	−1 764	−1 291	−280	−1 819	−2 258

单位：亿美元
Unit: USD 100 million

续表 (Continue)

项目 / 年份 Item/Year	2006	2007	2008	2009	2010	2011
负债 Liabilities	2 124	2 676	1 662	2 225	4 641	4 858
直接投资 Direct investment	1 001	1 391	1 148	872	1 857	2 317
资产 Assets	−239	−172	−567	−439	−580	−484
负债 Liabilities	1 241	1 562	1 715	1 311	2 437	2 801
证券投资 Portfolio investment	−684	164	349	271	240	196
资产 Assets	−1 113	−45	252	−25	−76	62
负债 Liabilities	429	210	97	296	317	134
金融衍生工具 Financial derivatives (other than reserves) and employee stock options	0	0	0	0	0	0
资产 Assets	0	0	0	0	0	0
负债 Liabilities	0	0	0	0	0	0
其他投资 Other investment	136	−644	−1 126	803	724	87
资产 Assets	−319	−1 548	−976	184	−1 163	−1 836
负债 Liabilities	455	904	−150	619	1 887	1 923
2.2.2 储备资产 Reserve assets	−2 848	−4 607	−4 795	−4 003	−4 717	−3 878
其中：外汇储备 Foreign exchange reserves	−2 853	−4 609	−4 783	−3 821	−4 696	−3 848
3. 净误差与遗漏 Net errors and omissions	36	133	188	−414	−529	−138

中国国际收支概览表 (6)

China's Balance of Payments Abridged (6)

项目 / 年份 Item/Year	2012	2013	2014	2015	2016	2017
1. 经常账户 Current account	2 154	1 482	2 360	3 042	2 022	1 649
贷方 Credit	23 933	25 927	27 434	26 193	24 546	27 089
借方 Debit	−21 779	−24 445	−25 074	−23 151	−22 524	−25 440
A. 货物和服务 Goods and services	2 318	2 354	2 213	3 579	2 557	2 107
贷方 Credit	21 751	23 556	24 629	23 602	21 979	24 229
借方 Debit	−19 432	−21 202	−22 416	−20 023	−19 422	−22 122
a. 货物 Goods	3 116	3 590	4 350	5 762	4 889	4 761
贷方 Credit	19 735	21 486	22 438	21 428	19 895	22 165
借方 Debit	−16 619	−17 896	−18 087	−15 666	−15 006	−17 403
b. 服务 Services	−797	−1 236	−2 137	−2 183	−2 331	−2 654
贷方 Credit	2 016	2 070	2 191	2 174	2 084	2 065
借方 Debit	−2 813	−3 306	−4 329	−4 357	−4 415	−4 719
B. 初次收入 Primary income	−199	−784	133	−411	−440	−344
贷方 Credit	1 670	1 840	2 394	2 232	2 258	2 573
借方 Debit	−1 869	−2 624	−2 261	−2 643	−2 698	−2 918
C. 二次收入 Secondary income	34	−87	14	−126	−95	−114
贷方 Credit	512	532	411	359	309	286
借方 Debit	−477	−619	−397	−486	−404	−400
2. 资本和金融账户 Capital and financial account	−1 283	−853	−1 692	−912	272	570
2.1 资本账户 Capital account	43	31	0	3	−3	−1
贷方 Credit	45	45	19	5	3	2
借方 Debit	−3	−14	−20	−2	−7	−3
2.2 金融账户 Financial account	−1 326	−883	−1 691	−915	276	571
资产 Assets	−3 996	−6 517	−5 806	95	−2 320	−3 782
负债 Liabilities	2 670	5 633	4 115	−1 010	2 596	4 353
2.2.1 非储备性质的金融账户 Financial account excluding reserve assets	−360	3 430	−514	−4 345	−4 161	1 486
资产 Assets	−3 030	−2 203	−4 629	−3 335	−6 756	−2 867

单位：亿美元
Unit: USD 100 million

续表 (Continue)

项目 / 年份 Item/Year	2012	2013	2014	2015	2016	2017
负债 Liabilities	2 670	5 633	4 115	−1 010	2 596	4 353
直接投资 Direct investment	1 763	2 180	1 450	681	−417	663
资产 Assets	−650	−730	−1 231	−1 744	−2 164	−1 019
负债 Liabilities	2 412	2 909	2 681	2 425	1 747	1 682
证券投资 Portfolio investment	478	529	824	−665	−523	74
资产 Assets	−64	−54	−108	−732	−1 028	−1 094
负债 Liabilities	542	582	932	67	505	1 168
金融衍生工具 Financial derivatives (other than reserves) and employee stock options	0	0	0	−21	−54	5
资产 Assets	0	0	0	−34	−65	15
负债 Liabilities	0	0	0	13	12	−10
其他投资 Other investment	−2 601	722	−2 788	−4 340	−3 167	744
资产 Assets	−2 317	−1 420	−3 289	−825	−3 499	−769
负债 Liabilities	−284	2 142	502	−3 515	332	1 513
2.2.2 储备资产 Reserve assets	−966	−4 314	−1 178	3 429	4 437	−915
其中：外汇储备 Foreign exchange reserves	−987	−4 327	−1 188	3 423	4 487	−930
3. 净误差与遗漏 Net errors and omissions	−871	−629	−669	−2 130	−2 295	−2 219

2017 年中国国际收支平衡表

China's Balance of Payments in 2017

项 目	行次	2017
1. 经常账户 Current account	1	1 649
贷方 Credit	2	27 089
借方 Debit	3	−25 440
1.A 货物和服务 Goods and services	4	2 107
贷方 Credit	5	24 229
借方 Debit	6	−22 122
1.A. a 货物 Goods	7	4 761
贷方 Credit	8	22 165
借方 Debit	9	−17 403
1.A. b 服务 Services	10	−2 654
贷方 Credit	11	2 065
借方 Debit	12	−4 719
1.A. b.1 加工服务 Manufacturing services on physical inputs owned by others	13	179
贷方 Credit	14	181
借方 Debit	15	−2
1.A. b.2 维护和维修服务 Maintenance and repair services n.i.e	16	37
贷方 Credit	17	60
借方 Debit	18	−23
1.A. b.3 运输 Transport	19	−561
贷方 Credit	20	372
借方 Debit	21	−933
1.A. b.4 旅行 Travel	22	−2 251
贷方 Credit	23	326
借方 Debit	24	−2 577
1.A. b.5 建设 Construction	25	36
贷方 Credit	26	122
借方 Debit	27	−86
1.A. b.6 保险和养老金服务 Insurance and pension services	28	−74
贷方 Credit	29	41

单位：亿美元
Unit: USD 100 million

续表 (Continue)

项 目	行次	2017
借方 Debit	30	−115
1.A. b.7 金融服务 Financial services	31	18
贷方 Credit	32	34
借方 Debit	33	−16
1.A. b.8 知识产权使用费 Charges for the use of intellectual property	34	−239
贷方 Credit	35	48
借方 Debit	36	−287
1.A. b.9 电信、计算机和信息服务 Telecommunications, computer, and information services	37	77
贷方 Credit	38	270
借方 Debit	39	−193
1.A. b.10 其他商业服务 Other business services	40	161
贷方 Credit	41	586
借方 Debit	42	−426
1.A. b.11 个人、文化和娱乐服务 Personal, cultural, and recreational services	43	−20
贷方 Credit	44	8
借方 Debit	45	−27
1.A. b.12 别处未提及的政府服务 Government goods and services n.i.e	46	−18
贷方 Credit	47	17
借方 Debit	48	−35
1.B 初次收入 Primary income	49	−344
贷方 Credit	50	2 573
借方 Debit	51	−2 918
1.B.1 雇员报酬 Compensation of employees	52	150
贷方 Credit	53	217
借方 Debit	54	−67
1.B.2 投资收益 Investment income	55	−499
贷方 Credit	56	2 349
借方 Debit	57	−2 848

2017 年中国国际收支平衡表

China's Balance of Payments in 2017

项　目	行次	2017
1.B.3 其他初次收入 Other primary income	58	5
贷方 Credit	59	7
借方 Debit	60	−3
1.C 二次收入 Secondary income	61	−114
贷方 Credit	62	286
借方 Debit	63	−400
2. 资本和金融账户 Capital and financial account	64	570
2.1 资本账户 Capital account	65	−1
贷方 Credit	66	2
借方 Debit	67	−3
2.2 金融账户 Financial account	68	571
资产 Assets	69	−3 782
负债 Liabilities	70	4 353
2.2.1 非储备性质的金融账户 Financial account excluding reserve assets	71	1 486
资产 Assets	72	−2 867
负债 Liabilities	73	4 353
2.2.1.1 直接投资 Direct investment	74	663
2.2.1.1.1 直接投资资产 Assets	75	−1 019
2.2.1.1.1.1 股权 Equity and investment fund shares	76	−997
2.2.1.1.1.2 关联企业债务 Debt instruments	77	−22
2.2.1.1.2 直接投资负债 Liabilities	78	1 682
2.2.1.1.2.1 股权 Equity and investment fund shares	79	1 422
2.2.1.1.2.2 关联企业债务 Debt instruments	80	260
2.2.1.2 证券投资 Portfolio investment	81	74
2.2.1.2.1 资产 Assets	82	−1 094
2.2.1.2.1.1 股权 Equity and investment fund shares	83	−377
2.2.1.2.1.2 债券 Debt securities	84	−717
2.2.1.2.2 负债 Liabilities	85	1 168
2.2.1.2.2.1 股权 Equity and investment fund shares	86	340

单位：亿美元
Unit: USD 100 million

续表 (Continue)

项 目	行次	2017
2.2.1.2.2.2 债券 Debt securities	87	829
2.2.1.3 金融衍生工具 Financial derivatives (other than reserves) and employee stock options	88	5
2.2.1.3.1 资产 Assets	89	15
2.2.1.3.2 负债 Liabilities	90	−10
2.2.1.4 其他投资 Other investment	91	744
2.2.1.4.1 资产 Assets	92	−769
2.2.1.4.1.1 其他股权 Other equity	93	0
2.2.1.4.1.2 货币和存款 Currency and deposits	94	−370
2.2.1.4.1.3 贷款 Loans	95	−397
2.2.1.4.1.4 保险和养老金 Insurance, pension, and standardized guarantee schemes	96	0
2.2.1.4.1.5 贸易信贷 Trade credit and advances	97	−194
2.2.1.4.1.6 其他应收款 Other accounts receivable	98	192
2.2.1.4.2 负债 Liabilities	99	1 513
2.2.1.4.2.1 其他股权 Other equity	100	0
2.2.1.4.2.2 货币和存款 Currency and deposits	101	1 055
2.2.1.4.2.3 贷款 Loans	102	496
2.2.1.4.2.4 保险和养老金 I nsurance, pension,and standardized guarantee schemes	103	7
2.2.1.4.2.5 贸易信贷 Trade credit and advances	104	−12
2.2.1.4.2.6 其他应付款 Other accounts payable	105	−32
2.2.1.4.2.7 特别提款权 Special drawing rights	106	0
2.2.2 储备资产 Reserve assets	107	−915
2.2.2.1 货币黄金 Monetary gold	108	0
2.2.2.2 特别提款权 Special drawing rights	109	−7
2.2.2.3 在国际货币基金组织的储备头寸 Reserve position in the IMF	110	22
2.2.2.4 外汇储备 Foreign exchange reserves	111	−930
2.2.2.5 其他储备资产 Other reserve assets	112	0
3. 净误差与遗漏 Net errors and omissions	113	−2 219

美国国际收支概览表

Balance of Payments Abridged of United States

项目 / 年份 Item/Year	2009	2010	2011	2012	2013	2014	2015	2016	2017
一、经常项目差额 Current Account Balance	−372.52	−430.70	−444.59	−426.20	−349.54	−373.80	−434.60	−451.69	−466.25
贷方 Credit	2 283.06	2 624.55	2 982.62	3 095.67	3 212.24	3 333.33	3 172.99	3 157.24	3 408.19
借方 Debit	2 655.58	3 055.26	3 427.21	3 521.87	3 561.79	3 707.13	3 607.59	3 608.93	3 874.44
A. 货物和服务差额 Goods and Services Balance	−383.78	−494.66	−548.63	−536.77	−461.88	−490.33	−500.45	−504.79	−568.44
贷方 Credit	1 583.05	1 853.60	2 127.02	2 218.99	2 293.45	2 375.90	2 263.91	2 208.07	2 331.60
借方 Debit	1 966.83	2 348.26	2 675.65	2 755.76	2 755.33	2 866.24	2 764.35	2 712.87	2 900.04
a. 货物差额 Goods Balance	−509.70	−648.68	−740.64	−741.17	−702.24	−751.49	−761.86	−752.51	−811.21
贷方 Credit	1 070.33	1 290.27	1 499.24	1 562.58	1 592.00	1 633.99	1 510.76	1 455.71	1 550.72
借方 Debit	1 580.03	1 938.95	2 239.88	2 303.75	2 294.25	2 385.48	2 272.61	2 208.21	2 361.93
b. 服务差额 Services Balance	125.92	154.02	192.02	204.40	240.37	261.16	261.41	247.71	242.77
贷方 Credit	512.72	563.33	627.78	656.41	701.45	741.92	753.15	752.37	780.88
借方 Debit	386.80	409.31	435.76	452.01	461.08	480.76	491.74	504.65	538.11
B. 初次收入差额 Primary Income Balance	115.16	168.22	211.08	207.47	205.98	210.78	180.96	173.22	216.99
贷方 Credit	613.25	680.17	755.94	767.97	792.82	817.35	782.99	813.97	926.86
借方 Debit	498.09	511.95	544.86	560.50	586.84	606.57	602.03	640.75	709.87
C. 二次收入差额 Secondary Income Balance	−103.91	−104.26	−107.05	−96.90	−93.64	−94.24	−115.12	−120.12	−114.80
贷方 Credit	86.76	90.78	99.66	108.71	125.97	140.08	126.10	135.19	149.73
借方 Debit	190.66	195.05	206.71	205.61	219.62	234.32	241.21	255.31	264.53
二、资本项目差额 Capital Account Balance	−0.14	−0.16	−1.19	6.90	−0.41	−0.05	−0.04	−0.06	24.85
三、金融项目净贷出(+)/净借入(−) Financial Account Net Lending(+)/Net Borrow(−)	−291.55	−448.25	−541.51	−453.31	−400.88	−323.26	−326.87	−379.77	−347.50
1. 直接投资差额 Direct Investment Balance	151.51	85.79	173.12	126.90	104.67	101.20	−195.02	−167.83	75.75
1.1 资产 Assets	312.60	349.83	436.62	377.24	392.80	338.85	311.14	311.58	424.42
1.2 负债 Liabilities	161.08	264.04	263.50	250.35	288.13	237.66	506.16	479.42	348.67

单位：10亿美元
Unit: USD billions

续表 (Continue)

项目 / 年份 Item/Year	2009	2010	2011	2012	2013	2014	2015	2016	2017
2. 证券投资差额 Portfolio Investment Balance	18.53	−620.82	−226.26	−498.25	−30.69	−120.80	−53.57	−196.73	−247.53
2.1 资产 Assets	375.88	199.62	85.36	248.76	481.30	582.68	160.41	40.64	589.52
2.2 负债 Liabilities	357.35	820.43	311.63	747.01	511.98	703.48	213.98	237.37	837.05
3. 金融衍生产品（储备除外）和雇员认股权差额 Derivatives (other than reserves) and Employee Stock Options Balance	−44.82	−14.08	−35.01	7.06	2.22	−54.27	−25.25	15.82	26.36
4. 其他投资差额 Other Investment Balance	−416.78	100.85	−453.36	−89.02	−477.08	−249.38	−53.03	−31.03	−202.07
4.1 资产 Assets	−609.66	407.42	−45.33	−453.70	−221.41	−99.16	−271.05	−6.42	200.12
4.2 负债 Liabilities	−192.88	306.57	408.04	−364.68	255.67	150.21	−218.03	24.61	402.19
5. 储备资产差额 Reserve Assets Balance	52.18	1.83	15.98	4.46	−3.09	−3.58	−6.30	2.10	−1.70
四、净误差与遗漏 Net Errors and Omissions	133.30	−15.57	−79.75	−29.56	−54.01	47.00	101.48	74.08	92.21

德国国际收支概览表

Balance of Payments Abridged of Germany

项目 / 年份 Item/Year	2009	2010	2011	2012	2013	2014	2015	2016	2017
一、经常项目差额 Current Account Balance	198.87	193.03	228.67	248.92	253.03	289.16	300.82	297.32	297.13
贷方 Credit	1 609.18	1 765.77	2 060.93	1 959.39	2 041.46	2 114.85	1 886.02	1 900.46	2 050.24
借方 Debit	1 410.31	1 572.74	1 832.27	1 710.47	1 788.42	1 825.69	1 585.21	1 603.14	1 753.11
A. 货物和服务差额 Goods and Services Balance	170.60	178.33	182.97	215.61	227.64	270.00	270.80	274.74	281.39
贷方 Credit	1 297.26	1 444.67	1 685.00	1 629.56	1 708.02	1 780.36	1 584.34	1 604.76	1 742.91
借方 Debit	1 126.65	1 266.35	1 502.04	1 413.95	1 480.37	1 510.36	1 313.54	1 330.02	1 461.52
a. 货物差额 Goods Balance	198.01	213.74	227.28	257.42	282.43	302.64	289.56	296.94	299.79
贷方 Credit	1 074.45	1 217.09	1 432.93	1 377.08	1 434.69	1 480.95	1 307.76	1 319.07	1 434.23
借方 Debit	876.44	1 003.34	1 205.65	1 119.65	1 152.27	1 178.31	1 018.19	1 022.13	1 134.44
b. 服务差额 Services Balance	−27.41	−35.41	−44.32	−41.81	−54.78	−32.64	−18.76	−22.20	−18.40
贷方 Credit	222.81	227.59	252.07	252.48	273.32	299.41	276.58	285.69	308.68
借方 Debit	250.21	263.00	296.39	294.30	328.10	332.05	295.34	307.89	327.08
B. 初次收入差额 Primary Income Balance	77.26	68.08	94.02	83.49	83.39	74.00	74.56	66.47	76.61
贷方 Credit	255.48	264.98	305.14	261.96	253.73	251.69	222.50	216.03	225.97
借方 Debit	178.22	196.90	211.12	178.48	170.34	177.69	147.95	149.55	149.36
C. 二次收入差额 Secondary Income Balance	−48.99	−53.37	−48.32	−50.18	−58.00	−54.84	−44.54	−43.89	−60.87
贷方 Credit	56.45	56.11	70.80	67.87	79.71	82.80	79.18	79.67	81.37
借方 Debit	105.44	109.49	119.12	118.05	137.71	137.64	123.72	123.56	142.24
二、资本项目差额 Capital Account Balance	−2.60	1.62	0.60	−0.61	−0.82	4.00	0.62	3.80	−0.31
三、金融项目净贷出（+）/ 净借入（−） Financial Account Net Lending(+)/ Net Borrow(−)	172.08	121.61	163.79	192.55	298.82	321.10	267.37	282.43	312.78
1. 直接投资差额 Direct Investment Balance	42.99	60.64	10.35	33.65	26.04	95.29	74.84	33.16	47.06
1.1 资产 Assets	99.65	146.69	107.83	99.11	93.45	115.07	128.96	91.22	125.04
1.2 负债 Liabilities	56.67	86.05	97.48	65.46	67.41	19.78	54.12	58.06	77.98

单位：10亿美元
Unit: USD billions

续表 (Continue)

项目 / 年份 Item/Year	2009	2010	2011	2012	2013	2014	2015	2016	2017
2. 证券投资差额 Portfolio Investment Balance	119.24	154.11	−51.41	66.85	209.55	177.67	213.48	228.85	228.15
2.1 资产 Assets	110.19	230.22	25.56	136.16	181.57	201.45	138.15	109.37	118.62
2.2 负债 Liabilities	−9.05	76.11	76.97	69.32	−27.98	23.79	−75.33	−119.48	−109.53
3. 金融衍生产品（储备除外）和雇员认股权差额 Derivatives (other than reserves) and Employee Stock Options Balance	−7.54	17.57	39.76	30.92	31.80	43.31	28.96	35.77	10.29
3.1 资产 Assets	−7.54	17.57	39.76	30.92	31.80	43.31	28.96	35.77	10.29
3.2 负债 Liabilities	0.00	0.00	0.00	0.00	0.00	0.00	0.00	0.00	0.00
4. 其他投资差额 Other Investment Balance	17.39	−110.71	165.09	61.14	31.42	4.83	−49.91	−15.35	27.29
4.1 资产 Assets	−145.51	156.88	194.46	217.56	−226.81	60.62	11.18	203.22	140.92
4.2 负债 Liabilities	−162.91	267.59	29.37	156.43	−258.23	55.78	61.09	218.57	113.63
5. 储备资产差额 Reserve Assets Balance	12.36	2.13	3.91	1.70	1.16	−3.30	−2.42	1.90	−1.48
四、净误差与遗漏 Net Errors and Omissions	−11.84	−70.91	−61.56	−54.06	47.77	24.64	−36.48	−16.79	14.49

英国国际收支概览表

Balance of Payments Abridged of United Kingdom

项目 / 年份 Item/Year	2009	2010	2011	2012	2013	2014	2015	2016	2017
一、经常项目差额 Current Account Balance	−92.25	−92.50	−62.18	−113.10	−151.90	−161.16	−149.80	−154.87	−106.50
贷方 Credit	926.31	986.41	1 147.93	1 091.14	1 093.10	1 121.88	1 022.47	959.59	1 052.51
借方 Debit	1 018.56	1 078.91	1 210.10	1 204.24	1 244.99	1 283.04	1 172.28	1 114.46	1 159.02
A. 货物和服务差额 Goods and Services Balance	−52.11	−63.76	−40.33	−52.71	−55.55	−60.57	−49.52	−55.09	−36.66
贷方 Credit	625.33	689.27	799.44	791.50	812.96	854.14	790.17	749.11	801.81
借方 Debit	677.44	753.02	839.77	844.21	868.51	914.70	839.70	804.21	838.47
a. 货物差额 Goods Balance	−134.80	−150.42	−151.90	−171.71	−187.58	−202.47	−181.20	−182.92	−174.68
贷方 Credit	358.66	417.82	493.74	476.43	472.51	489.26	441.16	408.06	441.23
借方 Debit	493.46	568.24	645.64	648.15	660.09	691.73	622.36	590.98	615.91
b. 服务差额 Services Balance	82.70	86.67	111.56	119.00	132.03	141.90	131.68	127.82	138.02
贷方 Credit	266.67	271.45	305.70	315.07	340.45	364.88	349.02	341.05	360.59
借方 Debit	183.98	184.78	194.13	196.07	208.42	222.97	217.34	213.23	222.57
B. 初次收入差额 Primary Income Balance	−17.23	1.68	10.56	−28.09	−56.77	−62.25	−65.46	−69.34	−42.87
贷方 Credit	281.38	276.15	328.47	276.24	252.06	240.16	206.49	185.93	225.88
借方 Debit	298.61	274.48	317.92	304.34	308.82	302.41	271.95	255.27	268.75
C. 二次收入差额 Secondary Income Balance	−22.91	−30.42	−32.40	−32.29	−39.58	−38.34	−34.82	−30.44	−26.98
贷方 Credit	19.60	20.99	20.02	23.39	28.08	27.58	25.81	24.55	24.82
借方 Debit	42.51	51.41	52.42	55.68	67.66	65.93	60.63	54.99	51.79
二、资本项目差额 Capital Account Balance	0.38	−1.13	−1.20	−0.93	−1.90	−3.10	−3.02	−2.17	−1.75
三、金融项目净贷出(+)/净借入(−) Financial Account Net Lending(+)/ Net Borrow(−)	−105.76	−123.20	−55.26	−104.68	−140.04	−158.84	−169.76	−154.99	−96.38
1. 直接投资差额 Direct Investment Balance	−62.95	−12.33	53.82	−34.73	−8.22	−172.81	−114.50	−213.39	84.71
1.1 资产 Assets	−48.40	54.41	80.83	12.02	46.25	−113.92	−56.05	52.42	131.33
1.2 负债 Liabilities	14.55	66.73	27.01	46.75	54.47	58.89	58.45	265.81	46.62

单位：10亿美元
Unit: USD billions

续表 (Continue)

项目 / 年份 Item/Year	2009	2010	2011	2012	2013	2014	2015	2016	2017
2. 证券投资差额 Portfolio Investment Balance	−214.05	−201.02	−214.12	274.40	−284.86	22.87	−213.17	−201.02	−92.48
2.1 资产 Assets	94.29	−16.20	−149.19	161.02	−107.04	131.56	−48.10	−228.98	105.66
2.2 负债 Liabilities	308.34	184.81	64.93	−113.38	177.82	108.70	165.07	−27.96	198.15
3. 金融衍生产品（储备除外）和雇员认股权差额 Derivatives (other than reserves) and Employee Stock Options Balance	220.31	158.95	97.40	−278.80	90.32	−37.71	285.34	229.13	−100.37
4. 其他投资差额 Other Investment Balance	−470.28	397.32	165.51	−430.67	−392.75	134.94	−162.58	219.12	217.09
4.1 资产 Assets	−690.59	238.37	68.12	−151.87	−483.07	172.65	−447.92	−10.01	317.45
4.2 负债 Liabilities	9.56	10.01	10.87	11.63	6.96	10.14	31.32	8.65	7.53
5. 储备资产差额 Reserve Assets Balance	−4.33	−19.56	18.99	20.98	20.72	15.56	14.38	10.71	19.40
四、净误差与遗漏 Net Errors and Omissions	220.31	158.95	97.40	−278.80	90.32	−37.71	285.34	229.13	−100.37

巴西国际收支概览表

Balance of Payments Abridged of Brazil

项目 / 年份 Item/Year	2009	2010	2011	2012	2013	2014	2015	2016	2017
一、经常项目差额 Current Account Balance	−24.31	−75.76	−76.97	−74.06	−74.84	−104.18	−59.43	−23.55	−9.76
贷方 Credit	194.30	254.52	320.34	294.49	297.51	281.84	240.51	234.57	269.15
借方 Debit	218.61	330.28	397.31	368.55	372.35	386.02	299.95	258.11	278.91
A. 货物和服务差额 Goods and Services Balance	6.03	−11.60	−9.48	−22.59	−45.98	−54.74	−19.28	14.59	30.18
贷方 Credit	180.72	232.06	292.55	281.26	279.59	264.06	223.87	217.75	251.72
借方 Debit	174.70	243.66	302.03	303.85	325.57	318.80	243.15	203.16	221.54
a. 货物差额 Goods Balance	25.27	18.43	27.56	17.26	0.39	−6.63	17.67	45.04	64.03
贷方 Credit	152.99	201.26	255.44	242.12	241.58	224.10	190.09	184.45	217.24
借方 Debit	127.72	182.83	227.88	224.86	241.19	230.73	172.42	139.42	153.21
b. 服务差额 Services Balance	−19.25	−30.03	−37.04	−39.85	−46.37	−48.11	−36.95	−30.45	−33.85
贷方 Credit	27.73	30.80	37.11	39.14	38.01	39.97	33.78	33.30	34.48
借方 Debit	46.97	60.83	74.15	78.98	84.38	88.07	70.72	63.75	68.33
B. 初次收入差额 Primary Income Balance	−33.67	−67.05	−70.48	−54.31	−32.54	−52.17	−42.91	−41.08	−42.57
贷方 Credit	8.84	17.70	22.88	8.62	12.13	12.85	11.93	11.53	11.98
借方 Debit	42.51	84.75	93.36	62.93	44.67	65.02	54.84	52.61	54.55
C. 二次收入差额 Secondary Income Balance	3.34	2.90	2.98	2.84	3.68	2.72	2.75	2.94	2.63
贷方 Credit	4.74	4.77	4.91	4.62	5.79	4.93	4.71	5.29	5.45
借方 Debit	1.40	1.87	1.92	1.78	2.11	2.21	1.96	2.34	2.82
二、资本项目差额 Capital Account Balance	0.06	0.24	0.26	0.21	0.32	0.23	0.46	0.27	0.38
三、金融项目净贷出（+）/净借入（−） Financial Account Net Lending(+)/ Net Borrow(−)	−70.16	−125.00	−137.61	−92.83	−67.88	−111.43	−56.71	−25.65	−10.32
1. 直接投资差额 Direct Investment Balance	−36.03	−61.69	−85.09	−81.40	−54.74	−71.14	−61.20	−65.43	−64.06
1.1 资产 Assets	−4.55	26.76	16.07	5.21	14.94	26.04	13.52	12.82	6.27
1.2 负债 Liabilities	31.48	88.45	101.16	86.61	69.69	97.18	74.72	78.25	70.33

单位：10亿美元
Unit: USD billions

续表 (Continue)

项目 / 年份 Item/Year	2009	2010	2011	2012	2013	2014	2015	2016	2017
2. 证券投资差额 Portfolio Investment Balance	−50.28	−66.91	−41.25	−15.83	−32.28	−38.43	−22.25	19.22	15.14
2.1 资产 Assets	−4.12	4.74	−16.86	7.40	8.98	2.82	−3.57	−0.60	14.06
2.2 负债 Liabilities	46.16	71.65	24.39	23.23	41.26	41.25	18.68	−19.81	−1.07
3. 金融衍生产品（储备除外）和雇员认股权差额 Derivatives (other than reserves) and Employee Stock Options Balance	−0.16	0.11	0.00	−0.02	−0.11	1.57	3.45	−0.97	0.71
3.1 资产 Assets	−0.32	−0.36	−0.39	−0.30	−0.50	−7.61	−20.66	−13.87	−8.15
3.2 负债 Liabilities	−0.17	−0.47	−0.38	−0.28	−0.39	−9.18	−24.11	−12.90	−8.86
4. 其他投资差额 Other Investment Balance	16.31	3.49	−11.27	4.42	19.26	−3.43	23.28	21.53	37.90
4.1 资产 Assets	30.30	40.45	36.05	23.87	38.31	50.67	43.97	33.50	44.42
4.2 负债 Liabilities	13.99	36.96	47.33	19.44	19.05	54.10	20.69	11.97	6.52
5. 储备资产差额 Reserve Assets Balance	47.58	48.10	59.65	18.90	−5.92	10.83	1.57	9.23	5.09
四、净误差与遗漏 Net Errors and Omissions	1.66	−1.39	−1.25	−0.08	0.72	3.35	3.83	6.85	4.15

俄罗斯国际收支概览表

Balance of Payments Abridged of Russia

项目 / 年份 Item/Year	2009	2010	2011	2012	2013	2014	2015	2016	2017
一、经常项目差额 Current Account Balance	50.38	67.45	97.27	71.28	33.43	57.51	67.66	24.40	35.17
贷方 Credit	382.72	487.16	629.90	653.99	651.47	627.37	440.41	381.56	469.36
借方 Debit	332.34	419.70	532.63	582.71	618.04	569.85	372.74	357.16	434.19
A. 货物和服务差额 Goods and Services Balance	95.63	120.87	163.40	145.08	122.31	133.65	111.13	66.21	83.89
贷方 Credit	342.95	441.83	573.45	589.77	591.96	562.55	393.12	332.40	410.79
借方 Debit	247.32	320.96	410.05	444.70	469.65	428.90	281.99	266.19	326.91
a. 货物差额 Goods Balance	113.23	146.99	196.85	191.66	180.57	188.93	148.40	90.26	114.98
贷方 Credit	297.15	392.67	515.41	527.43	521.84	496.81	341.42	281.85	352.97
借方 Debit	183.92	245.68	318.55	335.77	341.27	307.88	193.02	191.59	237.99
b. 服务差额 Services Balance	−17.60	−26.12	−33.46	−46.59	−58.26	−55.28	−37.27	−24.05	−31.10
贷方 Credit	45.80	49.16	58.04	62.34	70.12	65.74	51.70	50.55	57.82
借方 Debit	63.40	75.28	91.50	108.93	128.38	121.02	88.96	74.60	88.91
B. 初次收入差额 Primary Income Balance	−39.74	−47.10	−60.40	−67.66	−79.60	−67.96	−37.75	−35.52	−39.52
贷方 Credit	33.40	38.06	42.69	47.76	42.18	47.17	37.27	40.53	48.35
借方 Debit	73.14	85.17	103.09	115.42	121.78	115.13	75.02	76.04	87.87
C. 二次收入差额 Secondary Income Balance	−5.51	−6.32	−5.72	−6.13	−9.27	−8.18	−5.72	−6.29	−9.19
贷方 Credit	6.37	7.26	13.77	16.46	17.33	17.64	10.02	8.64	10.22
借方 Debit	11.88	13.58	19.49	22.59	26.61	25.82	15.74	14.93	19.41
二、资本项目差额 Capital Account Balance	−12.47	−0.04	0.13	−5.22	−0.39	−42.01	−0.31	−0.76	−0.23
三、金融项目净贷出（+）/ 净借入（-）Financial Account Net Lending(+)/ Net Borrow(−)	28.16	21.53	76.12	25.67	46.21	131.05	68.93	10.87	16.12
1. 直接投资差额 Direct Investment Balance	6.70	9.45	11.77	−1.77	17.29	35.05	15.23	−10.22	10.75
1.1 资产 Assets	43.28	52.62	66.85	48.82	86.51	57.08	22.09	22.31	38.63
1.2 负债 Liabilities	36.58	43.17	55.08	50.59	69.22	22.03	6.85	32.54	27.89

单位：10亿美元
Unit: USD billions

续表 (Continue)

项目 / 年份 Item/Year	2009	2010	2011	2012	2013	2014	2015	2016	2017
2. 证券投资差额 Portfolio Investment Balance	1.88	1.50	15.28	−17.03	11.01	39.94	26.42	−2.36	−8.07
2.1 资产 Assets	10.60	3.44	9.84	2.28	11.76	16.74	13.55	0.66	1.26
2.2 负债 Liabilities	8.72	1.95	−5.44	19.31	0.75	−23.20	−12.87	3.02	9.33
3. 金融衍生产品（储备除外）和雇员认股权差额 Derivatives (other than reserves) and Employee Stock Options Balance	3.24	1.84	1.39	1.36	0.35	5.31	7.43	0.45	0.15
3.1 资产 Assets	−9.89	−8.84	−16.44	−16.70	−8.49	−16.57	−21.22	−13.17	−14.02
3.2 负债 Liabilities	−13.13	−10.68	−17.83	−18.05	−8.83	−21.88	−28.65	−13.62	−14.16
4. 其他投资差额 Other Investment Balance	16.33	8.74	47.68	43.11	17.57	50.74	19.85	23.01	13.29
4.1 资产 Assets	−9.25	19.24	83.37	83.70	80.82	24.01	−18.41	−5.16	−8.58
4.2 负债 Liabilities	−25.58	10.49	35.69	40.59	63.26	−26.73	−38.25	−28.17	−21.87
5. 储备资产差额 Reserve Assets Balance	3.36	36.75	12.64	30.02	−22.08	−107.55	1.70	8.24	22.63
四、净误差与遗漏 Net Errors and Omissions	−6.40	−9.13	−8.65	−10.37	−8.90	7.99	3.28	−4.52	3.80

中国国际投资头寸表

China's International Investment Position

项 目	2009 年末	2010 年末	2011 年末	2012 年末	2013 年末	2014 年末	2015 年末	2016 年末	2017 年末
净头寸 Net International Investment Position	14 905	16 880	16 884	18 665	19 960	16 028	16 728	19 504	18 141
A. 资产 Assets	34 369	41 189	4 7345	52 132	59 861	64 383	61 558	65 070	69 256
1. 直接投资 Direct investment	2 458	3 172	4 248	5 319	6 605	8 826	10 959	13 574	14 730
1.1 股权 Equity and investment fund shares	–	–	–	–	–	7 408	9 123	11 274	12 413
1.2 关联企业债务 Debt instruments	–	–	–	–	–	1 418	1 836	2 300	2 317
2. 证券投资 Portfolio investment	2 428	2 571	2 044	2 406	2 585	2 625	2 613	3 670	4 972
2.1 股权 Equity and investment fund shares	546	630	864	1 298	1 530	1 613	1 620	2 152	3 075
2.2 债券 Debt securities	1 882	1 941	1 180	1 108	1 055	1 012	993	1 518	1 896
3. 金融衍生工具 Financial derivatives (other than reserves) and employee stock options	–	–	–	–	–	0	36	52	60
4. 其他投资 Other investment	4 952	6 304	8 495	10 527	11 867	13 938	13 889	16 797	17 136
4.1 其他股权 Other equity	–	–	–	–	–	0	1	1	54
4.2 货币和存款 Currency and deposits	1 310	2 051	2 942	3 906	3 751	4 453	3 598	3 653	3 677
4.3 贷款 Loans	974	1 174	2 232	2 778	3 089	3 747	4 569	5 768	6 372
4.4 保险和养老金 Insurance, pension, and standardized guarantee schemes	–	–	–	–	–	0	172	123	101
4.5 贸易信贷 Trade credit and advances	1 444	2 060	2 769	3 387	3 990	4 677	5 137	6 145	6 339
4.6 其他应收款 Other accounts receivable	1 224	1 018	552	457	1 038	1 061	412	1 107	593
5. 储备资产 Reserve assets	24 532	29 142	32 558	33 879	38 804	38 993	34 061	30 978	32 359
5.1 货币黄金 Monetary gold	371	481	530	567	408	401	602	679	765
5.2 特别提款权 Special drawing rights	125	123	119	114	112	105	103	97	110
5.3 在国际货币基金组织的储备头寸 Reserve position in the IMF	44	64	98	82	71	57	45	96	79

单位：亿美元
Unit: USD 100 million

续表 (Continue)

项　目	2009 年末	2010 年末	2011 年末	2012 年末	2013 年末	2014 年末	2015 年末	2016 年末	2017 年末
5.4 外汇储备 Foreign currency reserves	23 992	28 473	31 811	33 116	38 213	38 430	33 304	30 105	31 399
5.5 其他储备资产 Other reserve assets	–	–	–	–	–	0	7	2	5
B. 负债 Liabilities	19 464	24 308	30 461	33 467	39 901	48 355	44 830	45 567	51 115
1. 直接投资 Direct investment	13 148	15 696	19 069	20 680	23 312	25 991	26 963	27 551	29 014
1.1 股权 Equity and investment fund shares	–	–	–	–	–	24 076	24 962	25 370	26 758
1.2 关联企业债务 Debt instruments	–	–	–	–	–	1 915	2 002	2 181	2 256
2. 证券投资 Portfolio investment	1 900	2 239	2 485	3 361	3 865	7 962	8 170	8 111	10 439
2.1 股权 Equity and investment fund shares	1 748	2 061	2 114	2 619	2 977	6 513	5 971	5 795	7 166
2.2 债券 Debt securities	152	178	371	742	889	1 449	2 200	2 316	3 272
3. 金融衍生工具 Financial derivatives (other than reserves) and employee stock options	–	–	–	–	–	0	53	60	34
4. 其他投资 Other investment	4 416	6 373	8 907	9 426	12 724	14 402	9 643	9 844	11 628
4.1 其他股权 Other equity	–	–	–	–	–	0	0	0	0
4.2 货币和存款 Currency and deposits	937	1 650	2 477	2 446	3 466	5 030	3 267	3 166	4 452
4.3 贷款 Loans	1 636	2 389	3 724	3 680	5 642	5 720	3 293	3 205	3 922
4.4 保险和养老金 Insurance, pension, and standardized guarantee schemes	–	–	–	–	–	0	93	88	100
4.5 贸易信贷 Trade credit and advances	1 617	2 112	2 492	2 915	3 365	3 344	2 721	2 883	2 871
4.6 其他应付款 Other accounts payable	121	106	106	277	144	207	172	408	184
4.7 特别提款权 Special drawing rights	106	116	107	107	108	101	97	94	100

外汇储备

Foreign Exchange Reserves

单位：亿美元
Unit: USD 100 million

年份 Year	外汇储备余额 Foreign Exchange Reserves	外汇储备增加额 Increase of Foreign Exchange Reserves
1990	111	55
1991	217	106
1992	194	−23
1993	212	18
1994	516	304
1995	736	220
1996	1 050	315
1997	1 399	348
1998	1 450	51
1999	1 547	97
2000	1 656	109
2001	2 122	466
2002	2 864	742
2003	4 033	1 168
2004	6 099	2 067
2005	8 189	2 090
2006	10 663	2 475
2007	15 282	4 619
2008	19 460	4 178
2009	23 992	4 531
2010	28 473	4 481
2011	31 811	3 338
2012	33 116	1 304
2013	38 213	5 097
2014	38 430	217
2015	33 304	−5 127
2016	30 105	−3 198
2017	31 399	1 294

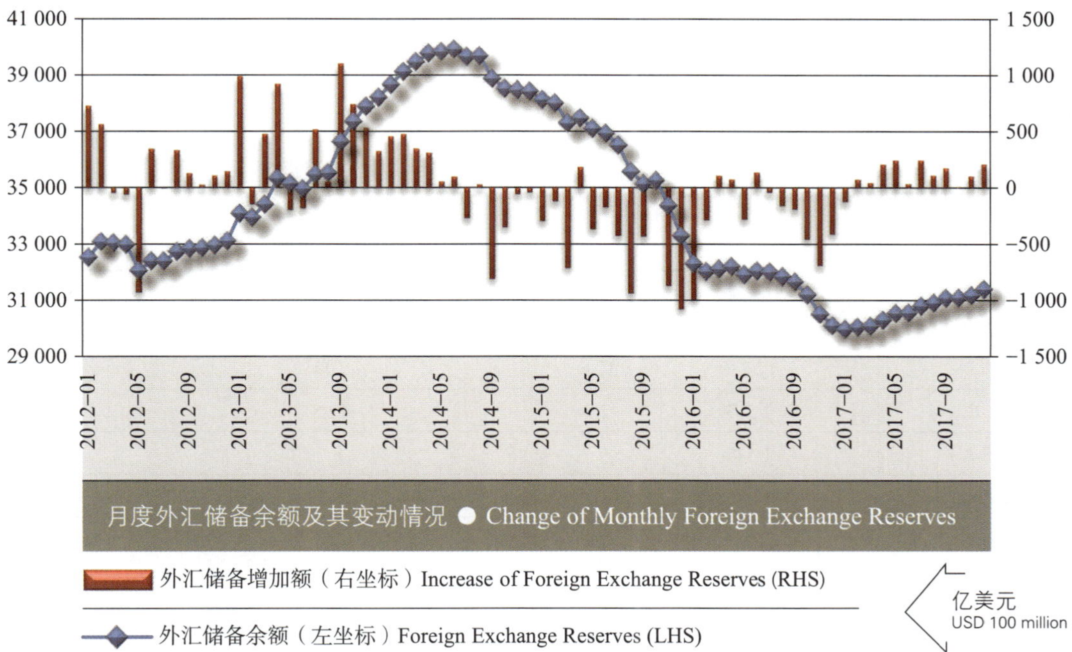

月度外汇储备余额及其变动情况 ● Change of Monthly Foreign Exchange Reserves

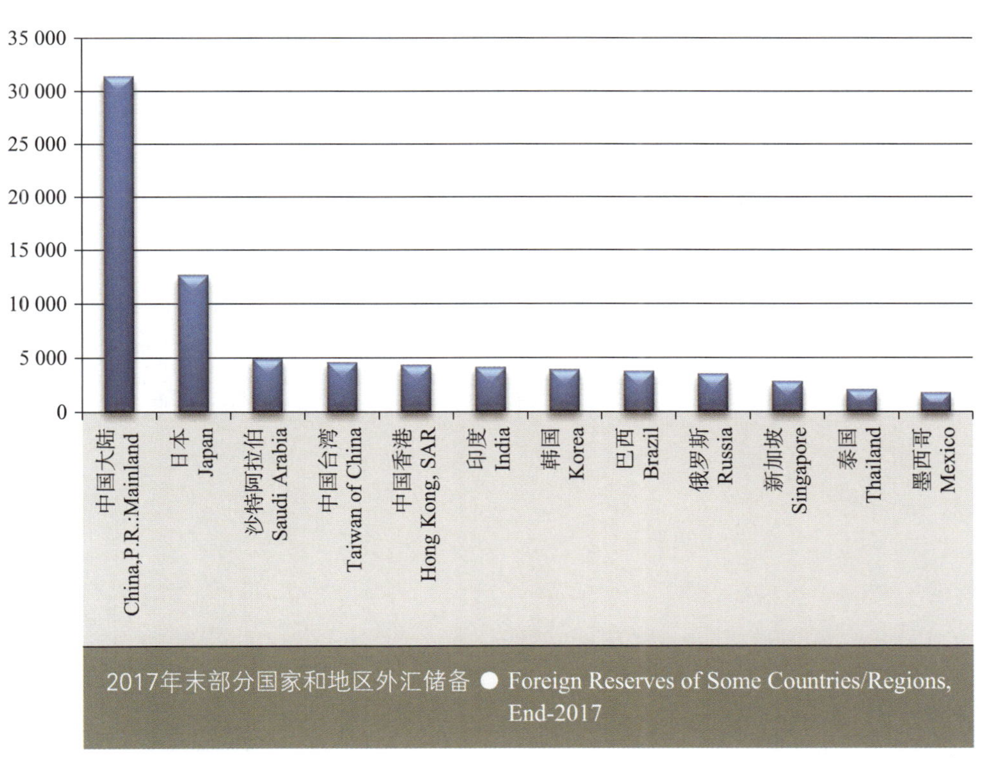

2017年末部分国家和地区外汇储备 ● Foreign Reserves of Some Countries/Regions, End-2017

二、对外贸易 ①

II. Foreign Trade

2017 年世界货物贸易出口前十名

单位：10亿美元
Unit: USD 100 billions

Top 10 Countries/Regions of Goods Export in 2017

国家 / 地区 Countries/Regions	出口额 Export	增长 Increase（%）	占世界出口总额比重 Ratio to total Export of the world（%）	2016 年排名 Ranking in 2016
世界 World	17 730	10.6	100	
1. 中国 P. R.C	2 263	7.9	12.8	1
2. 美国 U. S.A	1 547	6.6	8.7	2
3. 德国 Germany	1 448	8.5	8.2	3
4. 日本 Japan	698	8.3	3.9	4
5. 荷兰 Netherlands	652	14.1	3.7	5
6. 韩国 Korea	574	15.8	3.2	8
7. 中国香港 HongKong, SAR	550	6.5	3.1	6
8. 法国 France	535	6.7	3.0	7
9. 意大利 Italy	506	9.6	2.9	9
10. 英国 UK	445	8.6	2.5	10

① 资料来源：海关总署；世界贸易组织。
Sources: General Administration of Customs; World Trade Organization.

2017 年世界货物贸易进口前十名

单位：10亿美元
Unit: USD 100 billions

Top 10 Countries/Regions of Goods Import in 2017

国家 / 地区 Countries/Regions	进口额 Import	增长 Increase （%）	占世界进口总额比重 Ratio to total Import of the world（%）	2015 年排名 Ranking in 2015
世界 World	18 024	10.7	100	
1. 美国 U. S.A	2 409	7.1	13.4	1
2. 中国 P. R.C	1 842	16.0	10.2	2
3. 德国 Germany	1 167	10.5	6.5	3
4. 日本 Japan	672	10.6	3.7	5
5. 英国 UK	644	1.2	3.6	4
6. 法国 France	625	9.2	3.5	6
7. 中国香港 HongKong, SAR	590	7.8	3.3	7
8. 荷兰 Netherlands	574	13.7	3.2	8
9. 韩国 Korea	478	17.8	2.7	10
10. 意大利 Italy	453	11.2	2.5	11

中国进出口总值

China's Total Value of Import & Export

年度 /Year	进出口 /Import & Export	出口 /Export	进口 /Import	差额 /Balance
1981	440	220	220	0
1982	416	223	193	30
1983	436	222	214	8
1984	535	261	274	−13
1985	696	274	423	−149
1986	738	309	429	−120
1987	827	394	432	−38
1988	1 028	475	553	−78
1989	1 117	525	591	−66
1990	1 154	621	534	87
1991	1 357	719	638	81
1992	1 655	849	806	44
1993	1 957	917	1 040	−122
1994	2 366	1 210	1 156	54
1995	2 809	1 488	1 321	167
1996	2 899	1 511	1 388	122
1997	3 252	1 828	1 424	404
1998	3 239	1 837	1 402	435
1999	3 606	1 949	1 657	292
2000	4 743	2 492	2 251	241
2001	5 097	2 661	2 436	225
2002	6 208	3 256	2 952	304
2003	8 510	4 382	4 128	255
2004	11 546	5 933	5 612	321
2005	14 219	7 620	6 600	1 020
2006	17 604	9 689	7 915	1 775
2007	21 746	12 186	9 560	2 627
2008	25 633	14 307	11 326	2 981
2009	22 075	12 016	10 059	1 957
2010	29 740	15 778	13 962	1 815

单位：亿美元
Unit: USD 100 million

续表 (Continue)

年度 /Year	进出口 /Import & Export	出口 /Export	进口 /Import	差额 /Balance
2011	36 419	18 984	17 435	1 549
2012	38 671	20 487	18 184	2 303
2013	41 590	22 090	19 500	2 590
2014	43 015	23 423	19 592	3 831
2015	39 530	22 735	16 796	5 939
2016	36 856	20 976	15 879	5 097
2017	41 045	22 635	18 410	4 225

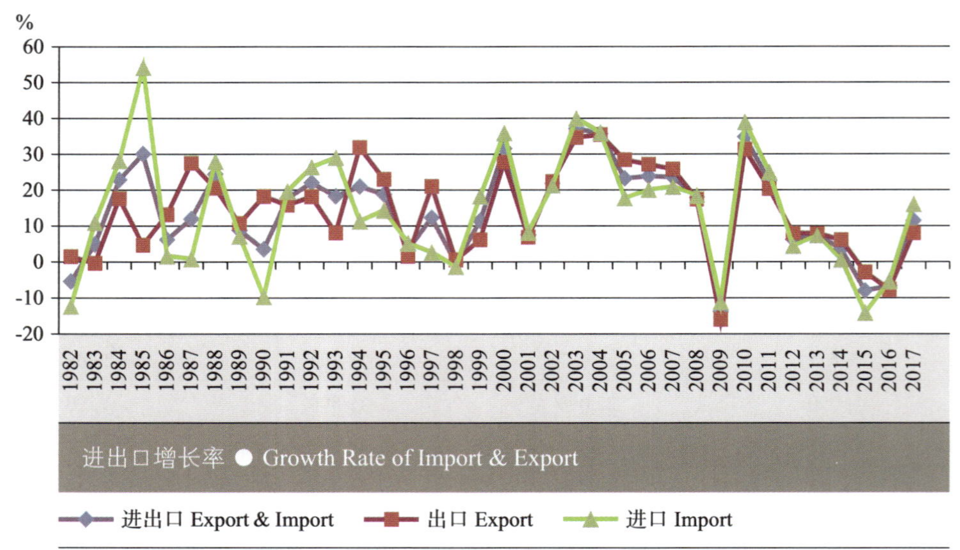

进出口增长率 ● Growth Rate of Import & Export

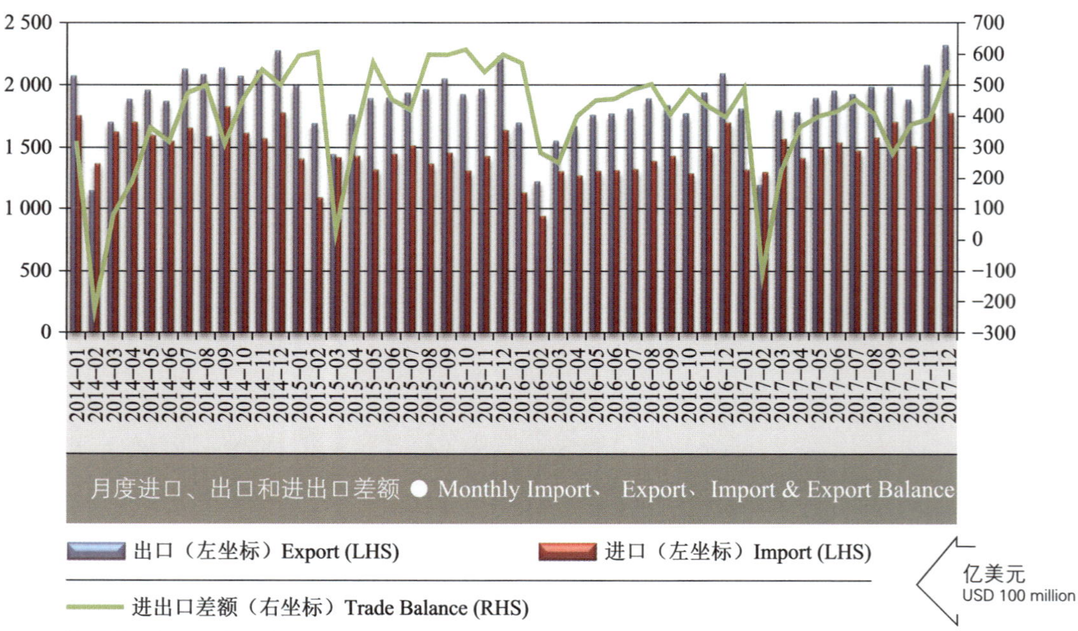

月度进口、出口和进出口差额 ● Monthly Import、Export、Import & Export Balance

按贸易方式分类进出口

Import & Export by Trading Forms

单位：百万美元
Unit: USD million

贸易方式 Trading Forms	2007	2008	2009	2010	2011	2012	2013	2014	2015	2016	2017
进口 Import	955 818	1 133 086	1 005 555	1 394 829	1 743 458	1 817 826	1 950 289	1 960 290	1 681 951	1 587 921	1 840 982
一般贸易 Ordinary Trade	428 648	572 677	533 872	767 978	1 007 464	1 021 819	1 109 718	1 109 513	923 188	899 013	1 082 759
国家间、国际组织间无偿援助和捐赠的物资 Foreign Aid and Donation by Overseas	35	49	43	22	16	27	21	38	15	19	3
其他捐赠物资 Other Donations	10	58	136	185	266	338	11	10	48	8	5
来料加工装配贸易 Processing and Assembling Trade	89 165	90 162	75 993	99 295	93 635	84 459	87 543	97 537	91 569	85 261	84 614
进料加工贸易 Processing with Imported Materials	279 228	288 243	246 345	318 134	376 161	396 710	409 447	426 843	355 434	311 432	346 607
寄售代销贸易 Goods on Consignment	2	2	2	2	2	1	0	0	0	0	2
边境小额贸易 Border trade	7 589	8 975	7 196	9 634	14 448	15 289	14 065	9 856	7 160	7 019	8 883
加工贸易进口设备 Equipment Imported for Processing & Assembling	3 277	2 859	953	1 212	885	912	969	687	635	463	750
租赁贸易 Goods on Lease	8 280	6 932	3 448	5 628	5 459	6 760	8 656	10 212	9 041	2 860	1 967
外商投资企业作为投资进口的设备物品 Equipment or Materials Imported as Investment by Foreign-invested Enterprises	25 906	27 677	15 176	16 312	17 508	13 429	9 835	9 059	6 161	4 067	4 450
出料加工贸易 Outward Processing Trade	39	160	78	126	73	236	252	307	300	265	327
易货贸易 Barter Trade	4	1	8	1	2	0	1	3	3	8	97
免税外汇商品 Duty Free Commodities on Payment of Foreign Exchange	6	6	5	10	13	26	28	20	15	22	21
保税监管场所进出境货物 Customs Warehousing Trade	41 720	57 277	54 392	61 099	79 658	83 969	84 844	99 870	88 705	96 773	115 485
海关特殊监管区域物流货物 Entrepot Trade by Bonded Area	66 910	73 739	64 259	109 241	140 831	185 132	218 448	186 689	182 004	158 044	171 264

单位：百万美元
Unit: USD million

续表 (Continue)

贸易方式 Trading Forms	2007	2008	2009	2010	2011	2012	2013	2014	2015	2016	2017
海关特殊监管区域进口设备 Equipment Imported into Export Processing Zone	4 108	3 118	2 113	3 994	4 741	6 094	3 993	5 133	6 544	4 894	6 441
其他 Others	890	1 150	1 535	1 957	2296	2 624	2 458	2 950	9 510	15 542	15 372
出口 Export	1 218 015	1 428 546	1 201 663	1 577 932	1 898 600	2 048 935	2 210 042	2 342 747	2 274 950	2 097 637	2 263 522
一般贸易 Ordinary Trade	538 576	662 584	529 833	720 733	917 124	988 007	1 087 553	1 203 682	1 215 697	1 131 043	1 230 090
国家间、国际组织间无偿援助和捐赠的物资 Foreign Aid and Donation by overseas	201	231	291	294	471	551	456	478	493	472	539
其他捐赠物资 Other Donations	0	2	8	3	11	2	8	6	6	6	2
补偿贸易 Compensation Trade	0	0	0	0	0	0	0	0	0	0	0
来料加工装配贸易 Processing and Assembling Trade	116 043	110 520	93 423	112 317	107 653	98 866	92 479	90 692	84 097	76 040	79 825
进料加工贸易 Processing with Imported Materials	501 613	564 663	493 558	628 017	727 763	763 913	768 337	793 668	713 692	639 557	679 007
寄售代销贸易 Goods on Consignment	4	4	6	1	2	4	1	0	0	0	0
边境小额贸易 Border trade	13 739	21 904	13 667	16 408	20 203	24 216	30 929	37 207	30 465	26 407	29 920
对外承包工程出口货物 Contracting Projects	5 188	10 963	13 357	12 617	14 923	14 782	16 011	16 326	16 132	13 304	15 391
租赁贸易 Goods on Lease	84	189	117	145	166	562	305	327	265	192	158
出料加工贸易 Outward Processing Trade	44	118	46	185	198	196	199	235	205	221	206
易货贸易 Barter Trade	48	16	1	1	1	1	2	3	2	2	15
保税监管场所进出境货物 Customs Warehousing Trade	18 624	28 404	26 793	35 366	43 294	42 477	46 510	53 288	49 246	38 408	41 148
海关特殊监管区域物流货物 Entrepot Trade by Bonded Area	20 977	23 937	21 476	36 502	49 655	94 819	141 990	110 395	109 580	94 289	100 007
其他 Others	2 916	5 011	9 088	15 343	17 135	20 540	25 262	36 438	55 069	78 212	87 213

按企业类型分类进出口

Import & Export by Type of Enterprises

单位：百万美元
Unit: USD million

企业类型 Type of Enterprises	2007	2008	2009	2010	2011	2012	2013	2014	2015	2016	2017
进口 Import	9 558	11 331	10 056	13 948	17 435	18 178	19 503	19 603	16 820	15 879	18 410
国有企业 State-owned Enterprises	2 697	3 538	2 885	3 876	4 934	4 954	4 990	4 911	4 078	3 608	4 374
外商投资企业 Foreign-funded Enterprises	5 594	6 200	5 452	7 380	8 648	8 712	8 748	9 093	8 299	7 705	8 616
中外合作 Sino-foreign Contractual Joint Ventures	88	88	66	74	86	82	83	87	62	43	45
中外合资 Sino-foreign Equity Joint Ventures	1 549	1 818	1 586	2 095	2 561	2 748	2 842	2 858	2 461	2 238	2 451
外商独资 Foreign Investment Enterprises	3 957	4 294	3 799	5 212	6 002	5 883	5 823	6 149	5 776	5 424	6 119
集体企业/私营企业[①] Collective Enterprises/Private owned Enterprises	232	289	265	349	407	353	4 368	4 475	4 116	4 179	5 013
其他 Other Enterprises	1 035	1 304	1 454	2 343	3 445	4 158	1 397	1 124	326	375	406
出口 Export	12 180	14 285	12 017	15 779	18 986	20 489	22 100	23 427	22 749	20 976	22 635
国有企业 State-owned Enterprises	2 248	2 572	1 910	2 344	2 672	2 563	2 490	2 565	2 424	2 156	2 312
外商投资企业 Foreign-funded Enterprises	6 955	7 906	6 722	8 623	9 953	10 227	10 443	10 747	10 047	9 169	9 776
中外合作 Sino-foreign Contractual Joint Ventures	181	183	146	165	177	162	157	136	114	99	93
中外合资 Sino-foreign Equity Joint Ventures	1 988	2 269	1 824	2 376	2 731	2 873	3 009	3 055	2 825	2 542	2 635
外商独资 Foreign Investment Enterprises	4 786	5 454	4 752	6 082	7 046	7 193	7 277	7 556	7 109	6 529	7 047
集体企业/私营企业 Collective Enterprises/Private owned Enterprises	469	547	405	499	554	509	8 633	9 547	9 738	9 148	10 044
其他 Other Enterprises	2 508	3 260	2 979	4 314	5 807	7 190	534	958	541	503	504
差额 Balance	2 622	2 955	1 961	1 831	1 551	2 311	2 598	3 825	5 930	5 097	4 225
国有企业 State-owned Enterprises	-449	-966	-975	-1 532	-2 262	-2 391	-2 500	-2 346	-1 654	-1 452	-2 062
外商投资企业 Foreign-funded Enterprises	1 361	1 706	1 270	1 243	1 305	1 515	1 695	1 654	1 748	1 465	1 160

单位：亿美元
Unit: USD 100 million

续表 (Continue)

企业类型 Type of Enterprises	2007	2008	2009	2010	2011	2012	2013	2014	2015	2016	2017
中外合作 Sino–foreign Contractual Joint Ventures	93	95	80	91	91	80	74	49	52	56	48
中外合资 Sino–foreign Equity Joint Ventures	439	451	238	281	170	125	167	197	364	304	184
外商独资 Foreign Investment Enterprises	829	1 160	953	870	1 044	1 310	1 454	1 407	1 333	1 105	928
私营企业/私营企业 Collective Enterprises/Private owned Enterprises	237	258	140	150	147	156	4 265	5 072	5 622	4 968	5 030
其他 Other Enterprises	1 473	1 956	1 525	1 971	2 362	3 032	−863	−166	214	128	97

2017 年按贸易方式分类的进口构成

Components of Import by Trading Forms in 2017

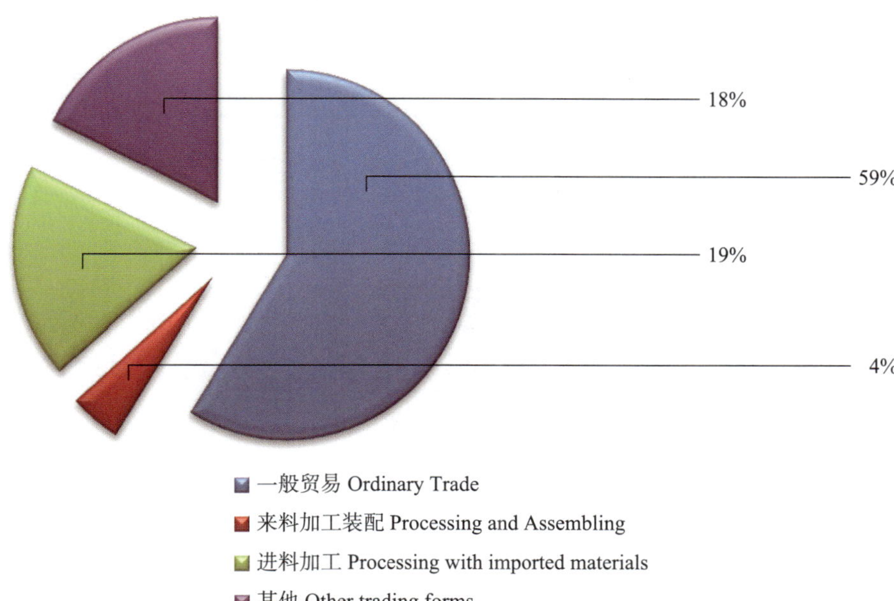

2017 年按贸易方式分类的出口构成

Components of Export by Trading Forms in 2017

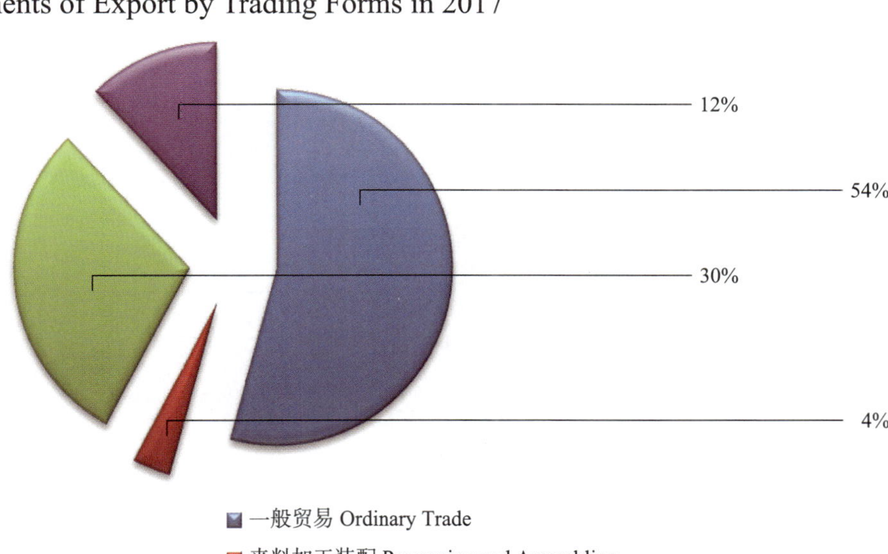

2017 年按企业类型分类的进口构成

Components of Import by Type of Enterprises in 2017

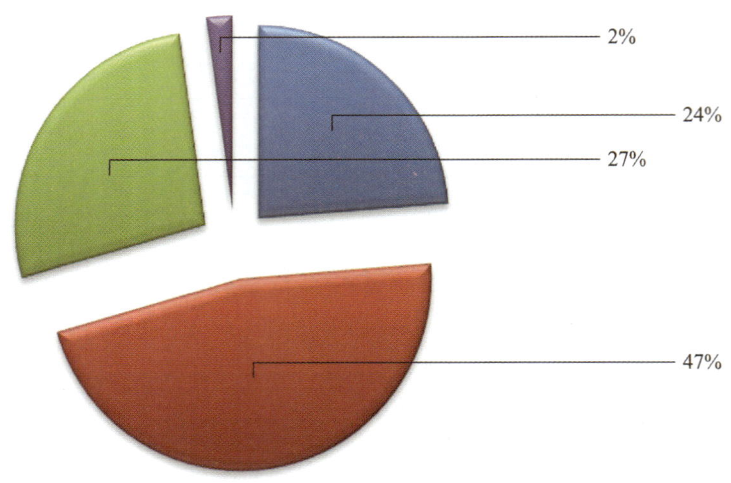

2017 年按企业类型分类的出口构成

Components of Export by Type of Enterprises in 2017

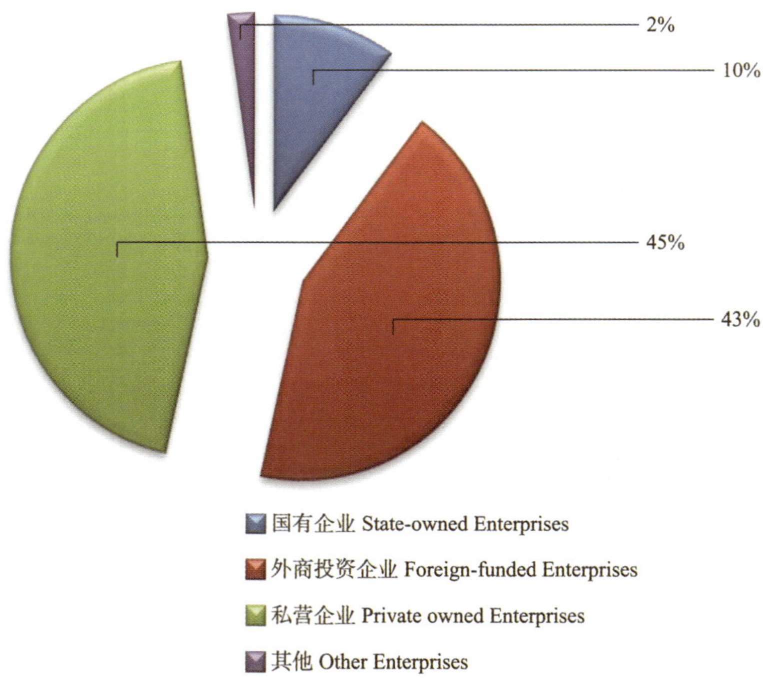

2017 年进出口按贸易方式分类

Import & Export by Trading Forms in 2017

单位：亿美元
Unit: USD 100 million

企业类型 Type of Enterprises	进口 Import		出口 Export		进出口差额 Import & Export Balance
	金额 Value	同比（%） Increase	金额 Value	同比（%） Increase	
总值 Total Value	18 410	15.9	22 635	7.9	4 225
一般贸易 Ordinary Trade	10 828	20.2	12 301	8.7	1 473
加工贸易 Processing Trade	4 312	8.7	7 588	6.0	3 276
来料加工装配 Processing and Assembling	846	−0.7	798	5.2	−48
进料加工 Processing with imported materials	3 466	11.4	6 790	6.2	3 324
其他贸易 Other trading forms	3 270	12.1	2 746	9.2	−524

2017 年进出口按企业类型分类

Import & Export by Type of Enterprises in 2017

单位：亿美元
Unit: USD 100 million

企业类型 Type of Enterprises	进口 Import		出口 Export		进出口差额 Import & Export Balance
	金额 Value	同比（%）Increase	金额 Value	同比（%）Increase	
总值 Total Value	18 410	15.9	22 635	7.9	4 225
国有企业 State-owned Enterprises	4 374	21.1	2 312	7.3	-2 062
外资企业 Foreign-funded Enterprises	8 616	11.8	9 776	6.6	1 160
私营和其他企业 Private Owned and other Enterprises	5 420	19.0	10 547	9.3	98

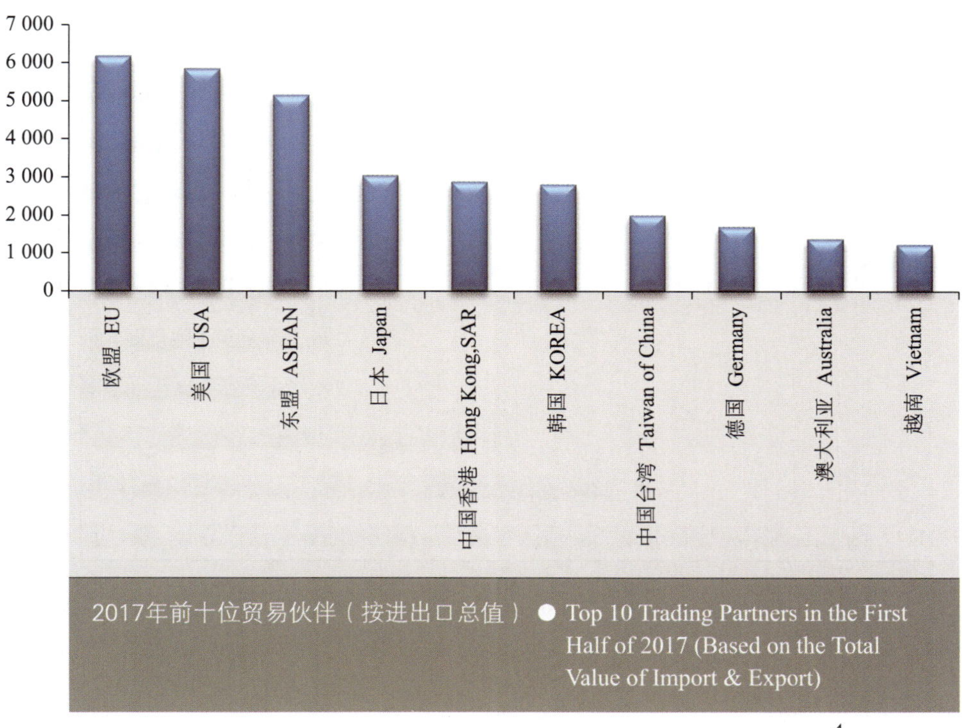

2017年前十位贸易伙伴（按进出口总值） ● Top 10 Trading Partners in the First Half of 2017 (Based on the Total Value of Import & Export)

2017年前十位贸易顺差来源地 ● Top 10 Sources of Trade Surplus in the First Half of 2017

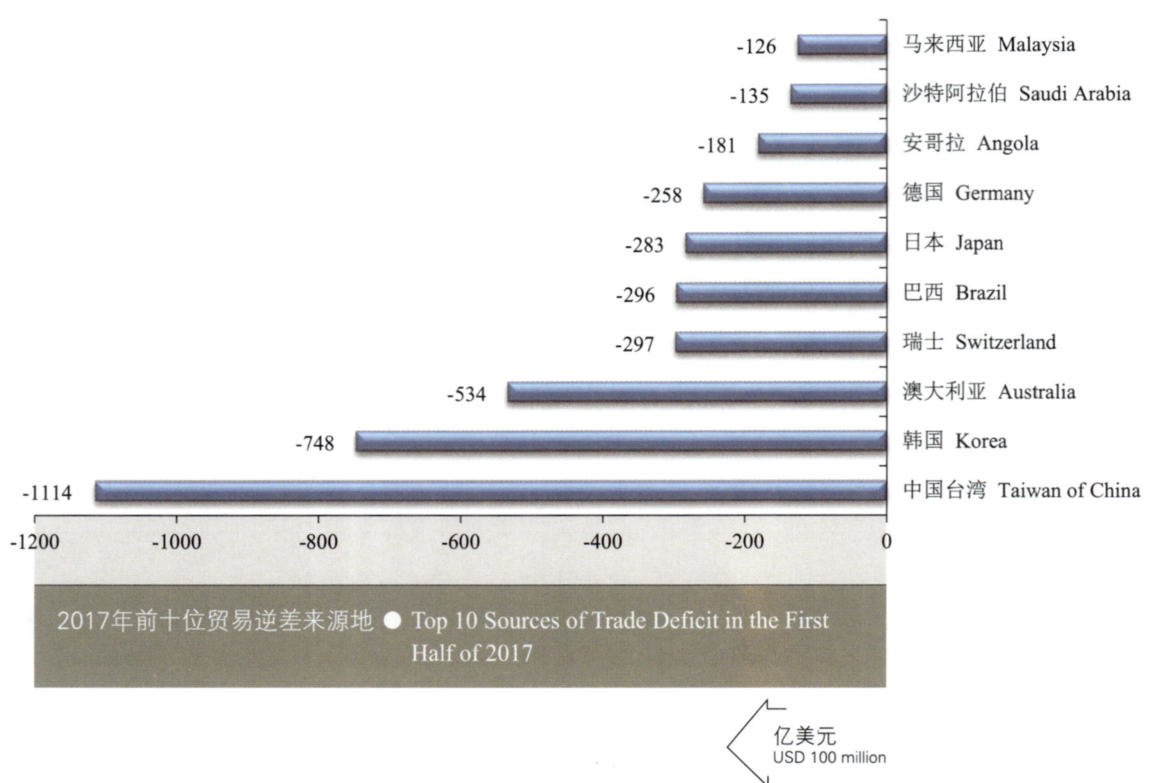

2017年前十位贸易逆差来源地 ● Top 10 Sources of Trade Deficit in the First Half of 2017

三、外汇市场和人民币汇率①

III. Foreign Exchange Market and Exchange Rate of Renminbi

人民币对美元交易中间价月平均汇价

人民币元/100美元
RMB per 100 USD

Monthly Average Transaction Mid Rates of Renminbi against US dollar, 1980-2017

月份 Month	1980 年	1981 年	1982 年	1983 年	1984 年	1985 年	1986 年	1987 年	1988 年	1989 年
1 月 /Jan	149.37	154.87	176.77	192.01	204.12	280.88	320.15	372.21	372.21	372.21
2 月 /Feb	150.05	161.06	181.74	196.03	205.72	282.51	320.70	372.21	372.21	372.21
3 月 /Mar	155.12	162.80	183.79	197.80	206.08	284.51	321.20	372.21	372.21	372.21
4 月 /Apr	155.70	166.20	185.19	198.72	208.91	284.11	320.61	372.21	372.21	372.21
5 月 /May	149.06	172.27	180.97	198.52	218.21	284.75	319.44	372.21	372.21	372.21
6 月 /Jun	146.50	176.05	189.70	198.95	221.22	286.25	320.35	372.21	372.21	372.21
7 月 /Jul	145.25	175.98	192.36	198.88	229.39	287.38	363.82	372.21	372.21	372.21
8 月 /Aug	147.26	179.52	193.87	198.00	236.43	290.23	370.36	372.21	372.21	372.21
9 月 /Sep	146.81	175.01	195.04	198.14	253.26	296.26	370.66	372.21	372.21	372.21
10 月 /Oct	148.03	175.05	198.22	196.17	264.00	306.73	371.64	372.21	372.21	372.21
11 月 /Nov	151.73	173.46	199.41	198.90	266.16	320.15	372.21	372.21	372.21	372.21
12 月 /Dec	154.19	173.78	193.99	198.69	278.91	320.15	372.21	372.21	372.21	423.82
年平均 Annual Average	149.84	170.50	189.25	197.57	232.70	293.66	345.28	372.21	372.21	376.51

① 资料来源：国家外汇管理局。
Sources: State Administration of Foreign Exchange.

人民币对美元交易中间价月平均汇价

Monthly Average Transaction Mid Rates of Renminbi against US dollar, 1980-2017

续表 (Continue)

月份 Month	1990 年	1991 年	1992 年	1993 年	1994 年	1995 年	1996 年	1997 年	1998 年	1999 年
1 月 /Jan	472.21	522.21	544.81	576.40	870.00	844.13	831.86	829.63	827.91	827.90
2 月 /Feb	472.21	522.21	546.35	576.99	870.28	843.54	831.32	829.29	827.91	827.80
3 月 /Mar	472.21	522.21	547.34	573.13	870.23	842.76	832.89	829.57	827.92	827.91
4 月 /Apr	472.21	526.59	549.65	570.63	869.55	842.25	833.15	829.57	827.92	827.92
5 月 /May	472.21	531.39	550.36	572.17	866.49	831.28	832.88	829.29	827.90	827.85
6 月 /Jun	472.21	535.35	547.51	573.74	865.72	830.08	832.26	829.21	827.97	827.80
7 月 /Jul	472.21	535.55	544.32	576.12	864.03	830.07	831.60	829.11	827.98	827.77
8 月 /Aug	472.21	537.35	542.87	577.64	858.98	830.75	830.81	828.94	827.99	827.73
9 月 /Sep	472.21	537.35	549.48	578.70	854.03	831.88	830.44	828.72	827.89	827.74
10 月 /Oct	472.21	537.90	553.69	578.68	852.93	831.55	830.00	828.38	827.78	827.74
11 月 /Nov	495.54	538.58	561.31	579.47	851.69	831.35	829.93	828.11	827.78	827.82
12 月 /Dec	522.21	541.31	579.82	580.68	848.45	831.56	829.90	827.96	827.79	827.93
年平均 Annual Average	478.32	532.33	551.46	576.20	861.87	835.10	831.42	828.98	827.91	827.83

人民币元/100美元
RMB per 100 USD

续表 (Continue)

月份 Month	2000 年	2001 年	2002 年	2003 年	2004 年	2005 年	2006 年	2007 年	2008 年	2009 年
1 月 /Jan	827.93	827.71	827.67	827.68	827.69	827.65	806.68	778.98	724.78	683.82
2 月 /Feb	827.79	827.70	827.66	827.73	827.71	827.65	804.93	775.46	716.01	683.57
3 月 /Mar	827.86	827.76	827.70	827.72	827.71	827.65	803.50	773.9	707.52	683.41
4 月 /Apr	827.93	827.71	827.72	827.71	827.69	827.65	801.56	772.47	700.07	683.12
5 月 /May	827.77	827.72	827.69	827.69	827.71	827.65	801.52	767.04	697.24	682.45
6 月 /Jun	827.72	827.71	827.70	827.71	827.67	827.65	800.67	763.3	689.71	683.32
7 月 /Jul	827.93	827.69	827.68	827.73	827.67	822.90	799.10	758.05	683.76	683.20
8 月 /Aug	827.96	827.70	827.67	827.70	827.68	810.19	797.33	757.53	685.15	683.22
9 月 /Sep	827.86	827.68	827.70	827.71	827.67	809.22	793.68	752.58	683.07	682.89
10 月 /Oct	827.85	827.68	827.69	827.67	827.65	808.89	790.32	750.12	683.16	682.75
11 月 /Nov	827.74	827.69	827.71	827.69	827.65	808.40	786.52	742.33	682.86	682.74
12 月 /Dec	827.72	827.68	827.72	827.70	827.65	807.59	782.38	736.76	684.24	682.79
年平均 Annual Average	827.84	827.70	827.70	827.70	827.68	819.42	797.18	760.4	694.51	683.10

人民币对美元交易中间价月平均汇价

人民币元/100美元
RMB per 100 USD

Monthly Average Transaction Mid Rates of Renminbi against US dollar, 1980-2017

续表 (Continue)

月份 Month	2010 年	2011 年	2012 年	2013 年	2014 年	2015 年	2016 年	2017 年
1 月 /Jan	682.73	660.27	631.68	627.87	610.43	612.72	655.27	689.18
2 月 /Feb	682.70	658.31	630.00	628.42	611.28	613.39	653.11	687.13
3 月 /Mar	682.64	656.62	630.81	627.43	613.58	615.07	650.64	689.32
4 月 /Apr	682.62	652.92	629.66	624.71	615.53	613.02	647.62	688.45
5 月 /May	682.74	649.88	630.62	619.70	616.36	611.43	653.15	688.27
6 月 /Jun	681.65	647.78	631.78	617.18	615.57	611.61	658.74	680.19
7 月 /Jul	677.75	646.14	632.35	617.25	615.69	611.67	667.74	676.54
8 月 /Aug	679.01	640.90	634.04	617.08	616.06	630.56	664.74	667.36
9 月 /Sep	674.62	638.33	633.95	615.88	615.28	636.91	667.15	656.34
10 月 /Oct	667.32	635.66	631.44	613.93	614.41	634.86	674.42	661.54
11 月 /Nov	665.58	634.08	629.53	613.72	614.32	636.66	683.75	661.86
12 月 /Dec	665.15	632.81	629.00	611.60	612.38	644.76	691.82	659.42
年平均 Annual Average	676.95	646.14	631.25	619.32	614.28	622.72	664.23	675.18

2017 年 1—12 月人民币市场汇率汇总表

美元、港币、日元、欧元、英镑、澳元、新西兰元、新加坡元、瑞士法郎、加元 10 种币种单位为人民币元 /100 外币，其他币种单位为外币 /100 人民币
USD、HKD、JPY、EUR、GBP、AUD、NZD、CHF、CAD Unit: foreign currency per 100 RMB Other Currency unit:renminbi per 100 foreign currency

Transaction Mid Rates of Renminbi in the First Half of 2017

月份 Month	币种 Currency	期初价 Beginning of period	期末价 End of Period	最高价 Highest	最低价 Lowest	期平均 Period Average	累计平均 Accumulative Average
1 月 Jan	美元	694.98	685.88	695.26	683.31	689.18	689.18
	港币	89.586	88.415	89.638	88.093	88.858	88.858
	日元	5.9305	6.0596	6.0702	5.9192	5.9939	5.9939
	欧元	727.72	738.21	738.21	724.69	731.79	731.79
	英镑	854.96	867.56	867.56	829.58	847.94	847.94
	澳元	500.88	520.23	520.28	500.88	512.86	512.86
	新西兰元	482.42	501.08	501.08	481.35	489.02	489.02
	新加坡元	479.88	486.13	486.13	479.30	482.29	482.29
	瑞士法郎	680.34	687.59	687.59	678.42	682.43	682.43
	加元	517.91	525.44	525.44	515.20	521.24	521.24
	林吉特	64.364	64.419	65.103	64.364	64.566	64.566
	卢布	881.49	864.80	881.49	862.16	868.81	868.81
2 月 Feb	美元	685.56	687.50	688.98	684.56	687.13	688.16
	港币	88.354	88.580	88.806	88.220	88.552	88.705
	日元	6.0781	6.0986	6.1399	6.0020	6.0788	6.0363
	欧元	738.25	727.74	740.10	725.43	730.85	731.32
	英镑	859.24	854.67	862.55	853.31	857.81	852.87
	澳元	524.88	527.58	529.50	524.48	526.94	519.90
	新西兰元	499.72	493.86	503.03	491.84	496.03	492.53
	新加坡元	486.06	489.15	489.30	483.16	485.49	483.89
	瑞士法郎	691.23	680.99	692.13	677.35	685.60	684.01
	加元	526.43	521.24	527.35	521.24	524.37	522.80
	林吉特	64.464	64.391	64.856	64.214	64.499	64.533
	卢布	865.30	845.75	865.30	830.90	847.99	858.40
3 月 Mar	美元	687.98	689.93	691.25	687.01	689.32	688.61
	港币	88.629	88.779	89.011	88.456	88.764	88.728
	日元	6.0913	6.1766	6.2172	6.0042	6.1043	6.0628
	欧元	726.48	737.21	747.26	723.34	736.68	733.41
	英镑	850.90	861.19	864.18	839.39	850.73	852.04
	澳元	526.29	527.90	533.70	518.90	525.58	522.11
	新西兰元	493.20	482.91	493.20	476.76	483.27	488.92
	新加坡元	489.31	493.65	494.46	486.35	490.58	486.50
	瑞士法郎	683.50	689.78	698.22	680.15	688.01	685.57
	加元	516.91	517.62	517.93	511.76	515.34	519.89
	林吉特	64.349	63.867	64.532	63.867	64.180	64.395
	卢布	848.91	813.15	857.32	813.15	840.25	851.32

2017 年 1—12 月人民币市场汇率汇总表

Transaction Mid Rates of Renminbi in the First Half of 2017

续表 (Continue)

月份 Month	币种 Currency	期初价 Beginning of period	期末价 End of Period	最高价 Highest	最低价 Lowest	期平均 Period Average	累计平均 Accumulative Average
4 月 Apr	美元	689.06	689.31	690.42	686.51	688.45	688.57
	港币	88.671	88.584	88.870	88.316	88.557	88.688
	日元	6.2221	6.2023	6.3491	6.1964	6.2655	6.1102
	欧元	736.30	749.45	752.50	730.25	738.29	734.55
	英镑	857.67	889.61	889.61	855.11	870.58	856.37
	澳元	521.87	515.34	522.79	515.34	519.19	521.43
	新西兰元	481.06	474.81	484.83	474.81	480.90	487.04
	新加坡元	492.94	493.90	494.36	490.94	492.78	487.96
	瑞士法郎	688.13	693.82	694.12	684.12	688.42	686.24
	加元	514.62	506.28	519.13	506.28	513.16	518.32
	林吉特	64.117	62.822	64.389	62.822	63.787	64.253
	卢布	813.46	826.93	831.96	810.73	819.98	844.00
5 月 May	美元	689.56	686.33	690.66	686.12	688.27	688.51
	港币	88.653	88.075	88.726	88.075	88.397	88.628
	日元	6.1677	6.1995	6.1995	6.0452	6.1331	6.1149
	欧元	752.27	767.60	773.15	750.16	760.42	739.88
	英镑	889.53	879.85	895.05	879.85	891.04	863.52
	澳元	519.51	512.60	519.78	507.58	512.24	519.53
	新西兰元	477.19	486.84	486.84	471.82	477.47	485.07
	新加坡元	494.03	495.50	496.88	489.12	493.48	489.10
	瑞士法郎	692.71	704.06	707.19	684.73	697.54	688.57
	加元	504.35	510.13	512.88	500.95	506.01	515.78
	林吉特	62.895	62.282	62.997	62.187	62.688	63.930
	卢布	826.73	824.30	845.53	818.11	829.29	840.96
6 月 Jun	美元	680.90	677.44	682.92	677.44	680.19	686.97
	港币	87.391	86.792	87.565	86.792	87.228	88.369
	日元	6.1526	6.0485	6.2017	6.0476	6.1367	6.1190
	欧元	766.58	774.96	774.96	758.03	763.89	744.32
	英镑	877.00	881.44	881.44	860.86	870.58	864.83
	澳元	506.18	520.99	520.99	502.47	513.46	518.41
	新西兰元	482.84	495.69	497.38	480.98	490.88	486.14
	新加坡元	492.42	491.35	493.43	490.83	491.55	489.56
	瑞士法郎	703.74	708.88	708.88	697.45	702.64	691.17
	加元	504.86	521.44	521.44	502.95	510.93	514.88
	林吉特	62.852	63.376	63.376	62.666	62.847	63.730
	卢布	831.04	875.65	881.96	828.89	851.23	842.86

美元、港币、日元、欧元、英镑、澳元、新西兰元、新加坡元、瑞士法郎、加元10种币种单位为人民币元/100外币，其他币种单位为外币/100人民币
USD、HKD、JPY、EUR、GBP、AUD、NZD、CHF、CAD Unit: foreign currency per 100 RMB Other Currency unit:renminbi per 100 foreign currency

续表 (Continue)

月份 Month	币种 Currency	期初价 Beginning of period	期末价 End of Period	最高价 Highest	最低价 Lowest	期平均 Period Average	累计平均 Accumulative Average
7月 Jul	美元	677.72	672.83	679.83	672.83	676.54	685.41
	港币	86.81	86.16	87.04	86.16	86.64	88.11
	日元	6.04	6.09	6.09	5.96	6.02	6.10
	欧元	773.97	790.59	790.59	771.10	778.98	749.52
	英镑	882.11	884.29	885.57	872.60	879.01	866.96
	澳元	521.18	536.72	538.52	514.74	526.96	519.69
	新西兰元	497.22	505.76	506.30	490.13	497.37	487.83
	新加坡元	492.42	495.91	496.31	490.94	493.31	490.12
	瑞士法郎	706.75	694.65	713.16	694.65	705.00	693.24
	加元	522.39	540.23	540.53	522.39	531.85	517.43
	林吉特	63.32	63.61	63.61	63.19	63.38	63.68
	卢布	868.49	885.57	894.33	868.49	880.57	848.52
8月 Aug	美元	671.48	660.10	672.28	660.10	667.36	682.86
	港币	85.97	84.36	86.01	84.36	85.33	87.72
	日元	6.08	5.98	6.11	5.98	6.08	6.10
	欧元	794.06	785.25	797.73	782.39	788.55	755.03
	英镑	886.03	852.77	888.82	851.67	865.39	866.73
	澳元	537.45	522.07	537.45	522.07	528.26	520.90
	新西兰元	504.16	475.62	504.16	475.62	488.11	487.87
	新加坡元	495.29	486.15	495.29	486.15	490.35	490.15
	瑞士法郎	694.23	685.13	695.82	685.13	691.13	692.94
	加元	536.96	522.97	536.96	522.34	529.27	519.10
	林吉特	63.72	64.67	64.67	63.63	64.18	63.75
	卢布	889.29	886.68	903.73	882.38	891.83	854.63
9月 Sep	美元	659.09	663.69	663.69	649.97	656.34	679.83
	港币	84.23	84.97	84.97	83.18	84.00	87.29
	日元	5.98	5.91	6.01	5.85	5.93	6.08
	欧元	784.77	782.33	787.49	776.10	781.43	758.04
	英镑	852.28	892.50	894.19	843.06	872.49	867.39
	澳元	523.27	521.14	528.15	518.38	523.00	521.14
	新西兰元	472.98	479.70	483.34	467.27	475.41	486.45
	新加坡元	485.94	489.20	489.51	480.82	485.98	489.68
	瑞士法郎	686.64	684.60	686.64	678.14	682.05	691.70
	加元	528.22	534.19	538.90	525.55	533.75	520.77
	林吉特	64.81	63.63	65.44	63.43	64.23	63.80
	卢布	880.90	871.31	885.70	869.96	879.37	857.45

2017 年 1—12 月人民币市场汇率汇总表

美元、港币、日元、欧元、英镑、澳元、新西兰元、新加坡元、瑞士法郎、加元 10 种币种单位为人民币元 /100 外币，其他币种单位为外币 /100 人民币
USD、HKD、JPY、EUR、GBP、AUD、NZD、CHF、CAD Unit: foreign currency per 100 RMB Other Currency unit:renminbi per 100 foreign currency

Transaction Mid Rates of Renminbi in the First Half of 2017

续表 (Continue)

月份 Month	币种 Currency	期初价 Beginning of period	期末价 End of Period	最高价 Highest	最低价 Lowest	期平均 Period Average	累计平均 Accumulative Average
10 月 Oct	美元	664.93	663.97	664.93	658.08	661.54	678.29
	港币	85.18	85.13	85.20	84.31	84.77	87.08
	日元	5.91	5.87	5.91	5.81	5.86	6.06
	欧元	780.92	773.33	783.60	771.58	778.45	759.76
	英镑	870.73	876.82	880.13	869.42	873.02	867.87
	澳元	517.81	510.77	520.62	509.19	515.23	520.64
	新西兰元	470.59	456.11	473.63	454.58	464.81	484.62
	新加坡元	487.51	488.07	488.07	485.71	486.96	489.45
	瑞士法郎	680.73	667.14	680.73	666.12	673.41	690.15
	加元	530.91	517.54	530.91	517.54	525.18	521.15
	林吉特	63.55	63.77	64.08	63.55	63.86	63.81
	卢布	873.23	872.53	881.82	866.26	871.71	858.66
11 月 Nov	美元	663.00	660.34	663.99	658.10	661.86	676.66
	港币	84.99	84.58	85.12	84.27	84.80	86.85
	日元	5.83	5.89	5.94	5.79	5.86	6.04
	欧元	772.50	782.52	785.34	768.77	776.43	761.41
	英镑	881.04	885.67	885.67	862.38	874.90	868.56
	澳元	507.44	499.81	509.23	499.81	504.74	519.07
	新西兰元	456.97	453.03	461.31	450.94	455.95	481.79
	新加坡元	486.63	490.10	490.49	485.57	488.11	489.31
	瑞士法郎	664.56	670.72	672.16	660.40	667.30	687.90
	加元	514.26	513.26	522.80	513.26	518.51	520.89
	林吉特	63.83	61.82	64.01	61.82	63.04	63.73
	卢布	878.96	887.51	910.11	878.96	890.63	861.81
12 月 Dec	美元	660.67	653.42	662.51	653.42	659.42	675.18
	港币	84.59	83.59	84.87	83.59	84.40	86.64
	日元	5.87	5.79	5.89	5.77	5.84	6.02
	欧元	786.21	780.23	786.21	775.80	780.19	763.03
	英镑	893.80	877.92	893.80	874.80	883.85	869.88
	澳元	499.46	509.28	509.28	496.65	503.67	517.75
	新西兰元	451.13	463.27	463.27	451.13	458.64	479.79
	新加坡元	489.84	488.31	491.09	486.72	489.61	489.34
	瑞士法郎	671.60	667.79	674.34	661.06	667.71	686.16
	加元	512.35	520.09	521.44	512.35	516.03	520.47
	林吉特	61.90	62.22	62.41	61.39	61.85	63.57
	卢布	884.69	881.40	894.90	881.26	888.73	864.13

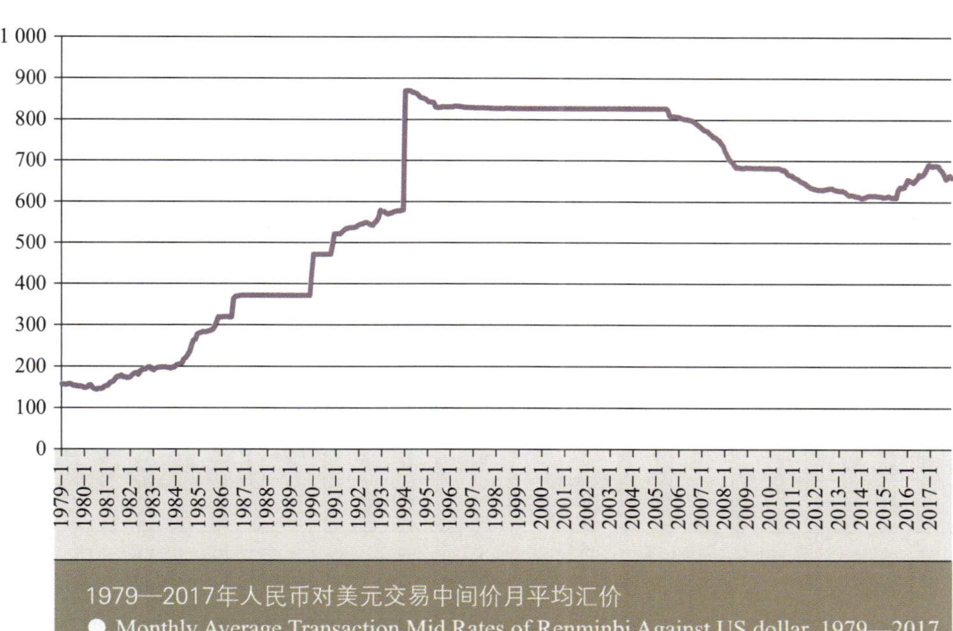

1979—2017年人民币对美元交易中间价月平均汇价

● Monthly Average Transaction Mid Rates of Renminbi Against US dollar, 1979—2017

人民币元/美元
RMB per 100 USD

四、利用外资 ①
IV. Foreign Investment Utilization

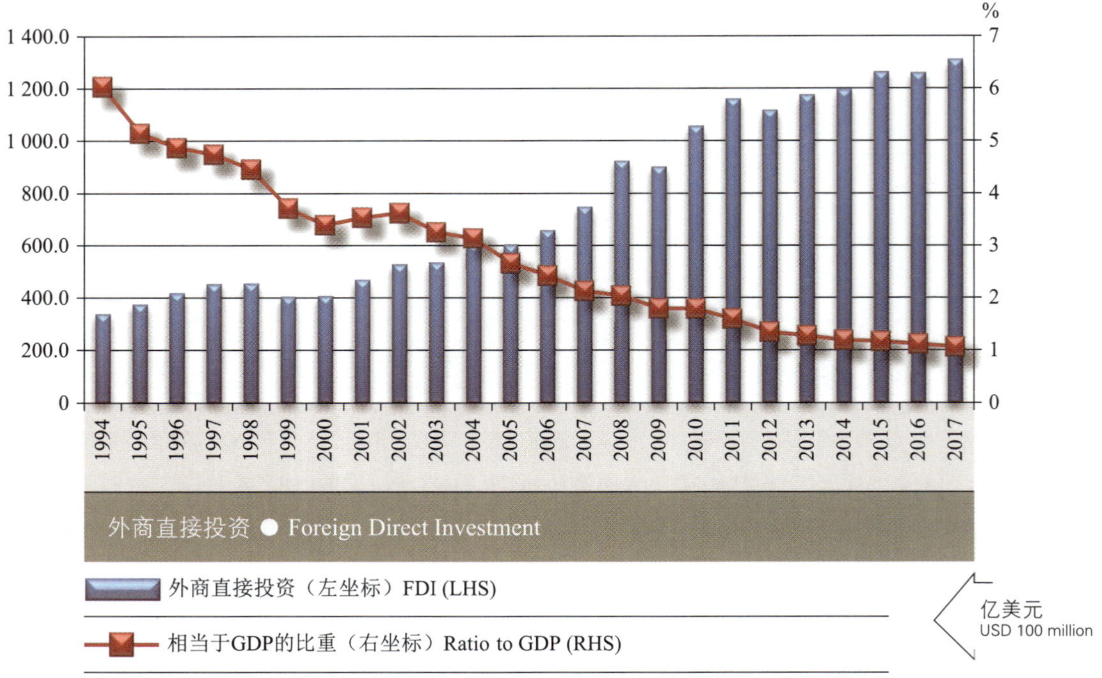

外商直接投资 ● Foreign Direct Investment

① 资料来源：商务部。
Source: Ministry of Commerce.

2017 年利用外资

单位：亿美元
Unit: USD 100 million

Foreign Direct Investment in 2017

利用外资方式 Mode of Foreign Investment Utilization	本年批准外资项目数 Approved Foreign Investment Programs		本年实际使用外资 Actual Utilization of Foreign Investment	
	本年累计 Accumulative in This Year	同比增长（%） Increase	本年累计 Accumulative in This Year	同比增长（%） Increase
总计 Total	35 652	27.8	1 310.4	4.0
一、外商直接投资 Direct Foreign Investment	35 652	27.8	1 310.4	4.0
中外合资企业 Sino–Foreign Equity Joint Venture	8 364	25.6	297.4	−1.5
中外合作企业 Sino–Foreign Contractual Joint Venture	124	−1.6	8.1	−3.0
外资企业 Foreign Investment Enterprise	27 007	28.5	913.4	6.1
外商投资股份制 Stock–Holding by Foreign Investment	125	45.4	64.8	−26.8
合作开发 Cooperation Exploitation	2	0.0	11.8	0.0
二、外商其他投资 Other Foreign Investment	0	0.0	0	0.0
对外发行股票 Issue Stocks to the Outside	0	0.0	0	0.0
国际租赁 International Tenancy	0	0.0	0	0.0
补偿贸易 Compensative Trade	0	0.0	0	0.0
加工装配 Processing & amp; Assembling	0	0.0	0	0.0
其他 Others	0	−100	0	0.0

注：统计数据为非金融领域。

Note: The data is subject to non–financial sectors.

五、外债 ①
V. External Debt

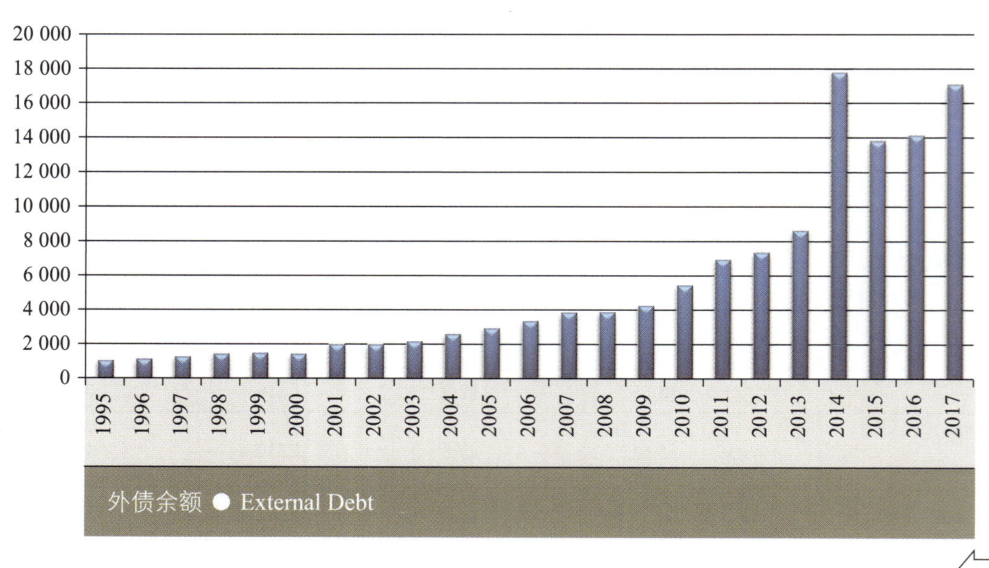

外债余额 ● External Debt

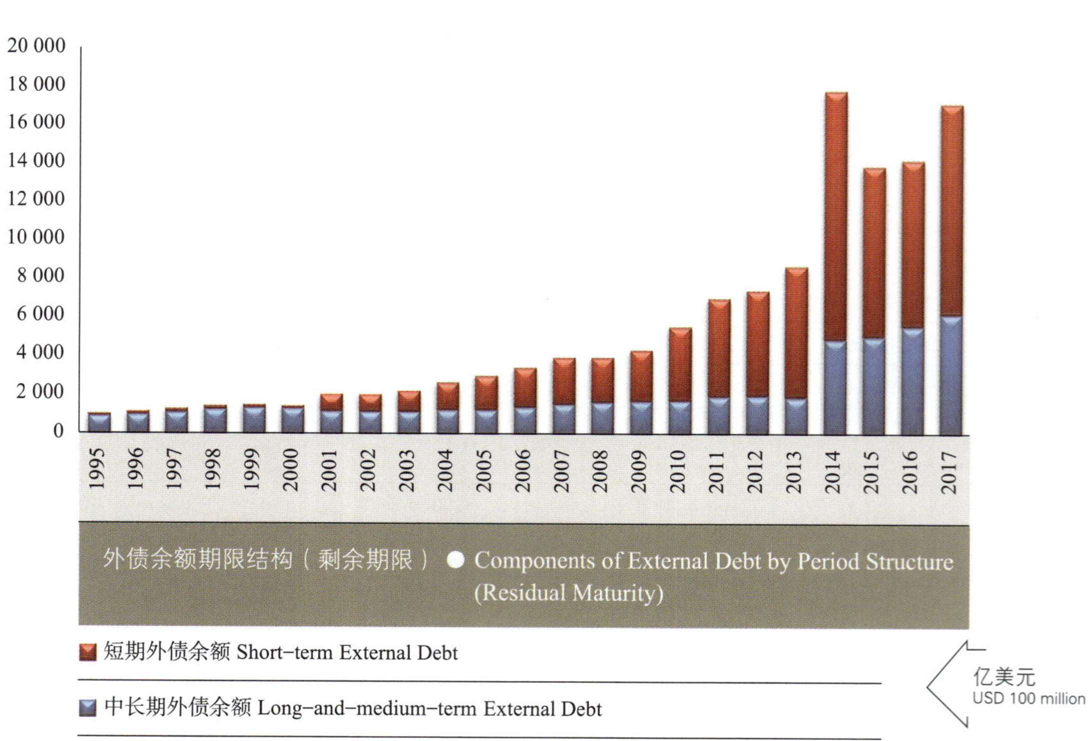

外债余额期限结构（剩余期限）● Components of External Debt by Period Structure (Residual Maturity)

① 资料来源：国家外汇管理局。
Sources: State Administration of Foreign Exchange.

2017 年末外债余额期限结构（剩余期限）

Components of External Debt by Period Structure (Residual Maturity), End-2017

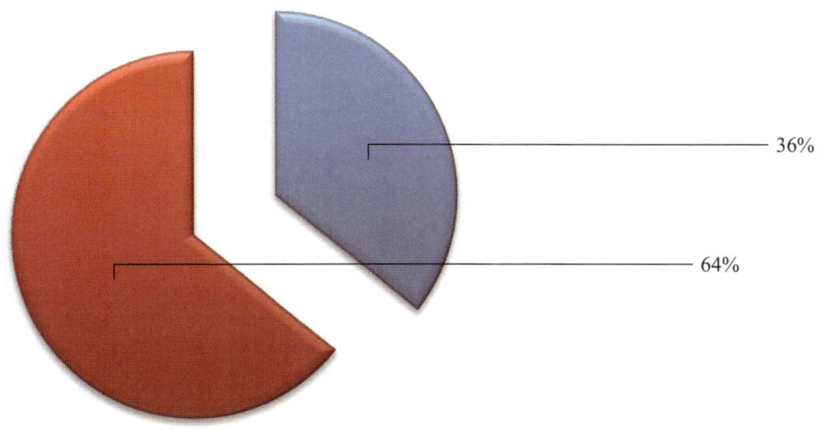

2017 年末登记外债余额主体结构

Components of Registered External Debt by Type of Debtor, End-2017

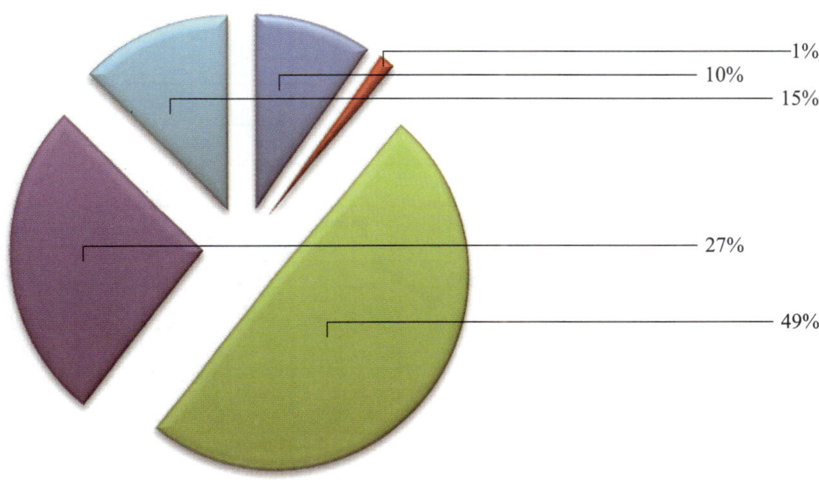

六、世界经济增长状况 ①

VI. Growth of World Economics

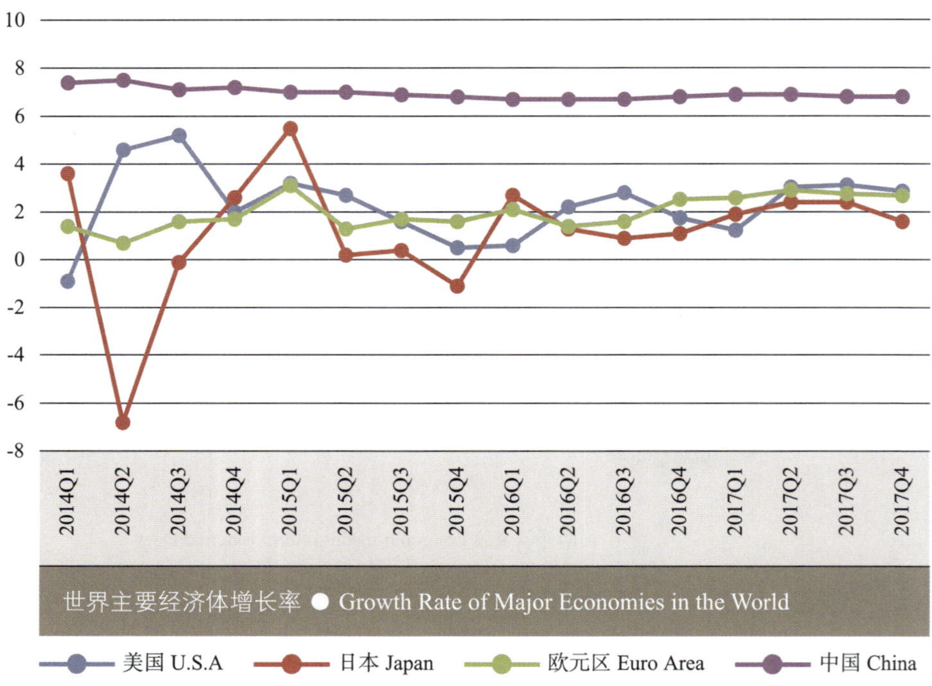

世界主要经济体增长率 ● Growth Rate of Major Economies in the World

注：美国、日本和欧元区是实际 GDP 季比折年增速，中国为年比增速。

The growth rates of U. S, Japan and Euro Area are the annualized quarterly growth rates, and the growth rate of China is the year-on-year quarterly growth rate.

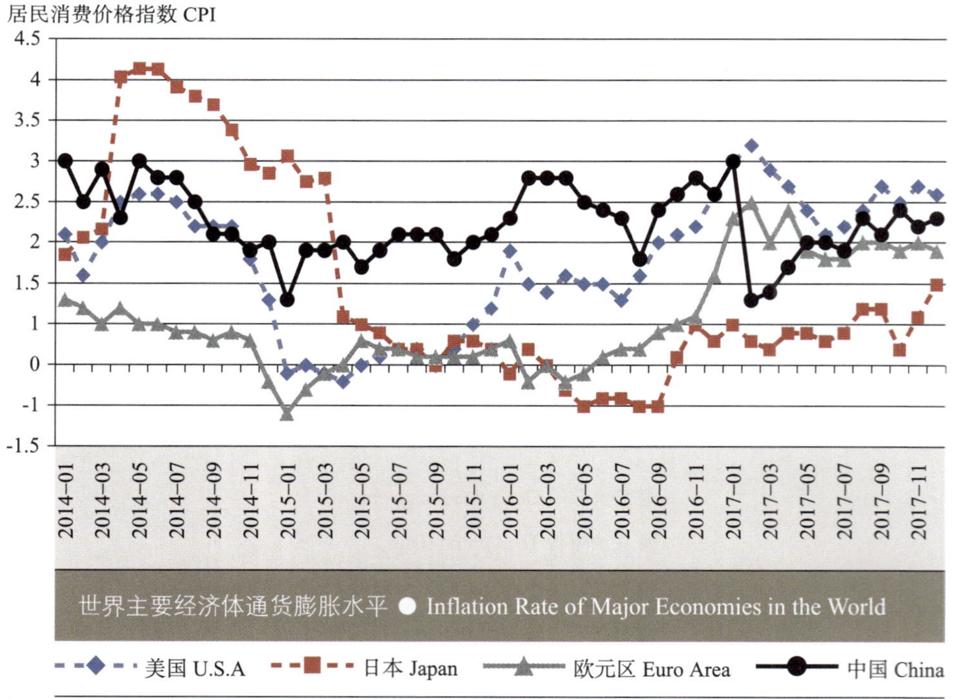

世界主要经济体通货膨胀水平 ● Inflation Rate of Major Economies in the World

① 资料来源：彭博资讯；CEIC Asia Database。

Source: Bloomberg; CEIC Asia Database.

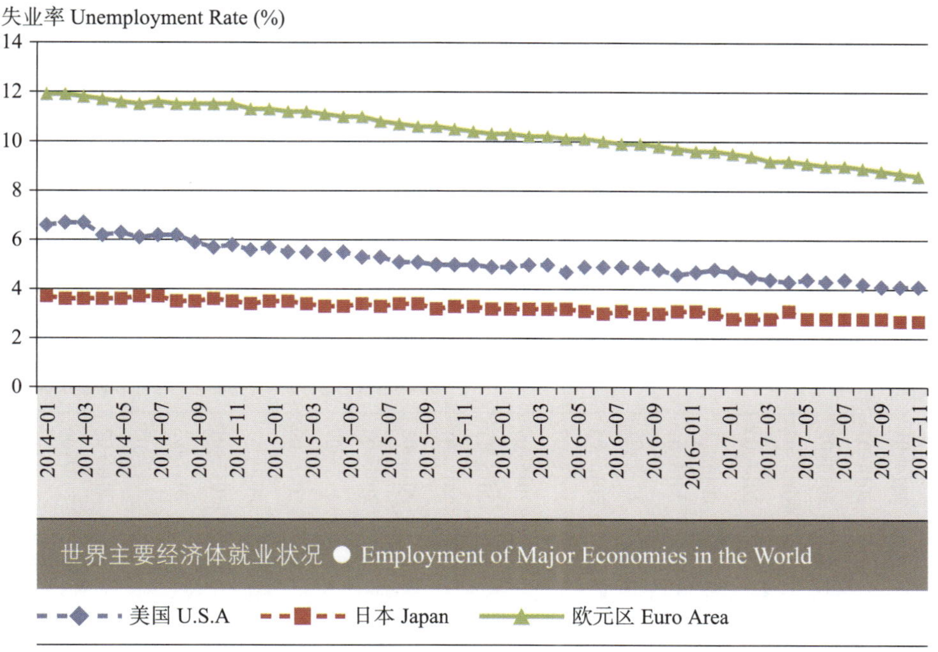

世界主要经济体就业状况 ● Employment of Major Economies in the World

七、国际金融市场状况 ①
VII. International Financial Market

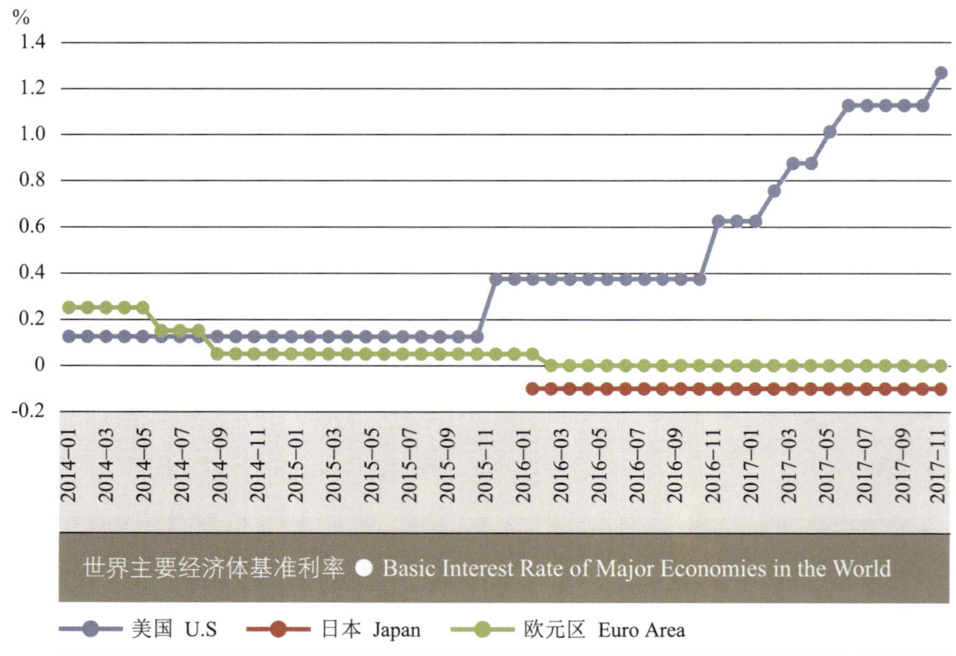

世界主要经济体基准利率 ● Basic Interest Rate of Major Economies in the World

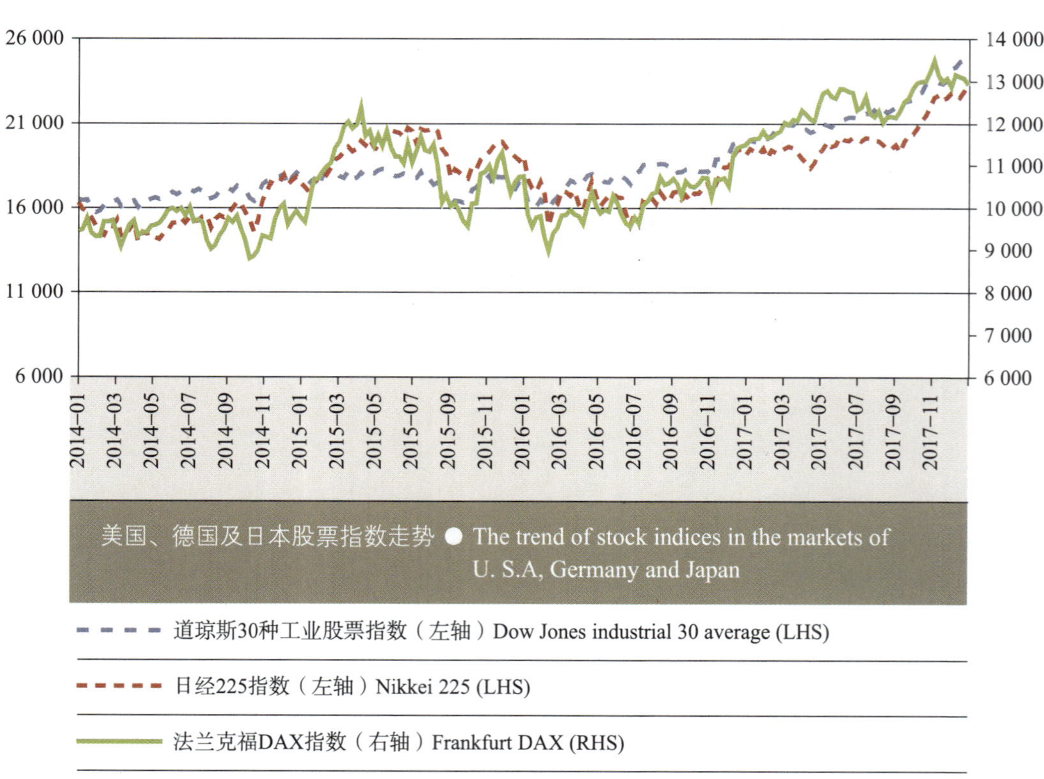

美国、德国及日本股票指数走势 ● The trend of stock indices in the markets of U. S.A, Germany and Japan

① 资料来源：彭博资讯。
Source: Bloomberg.

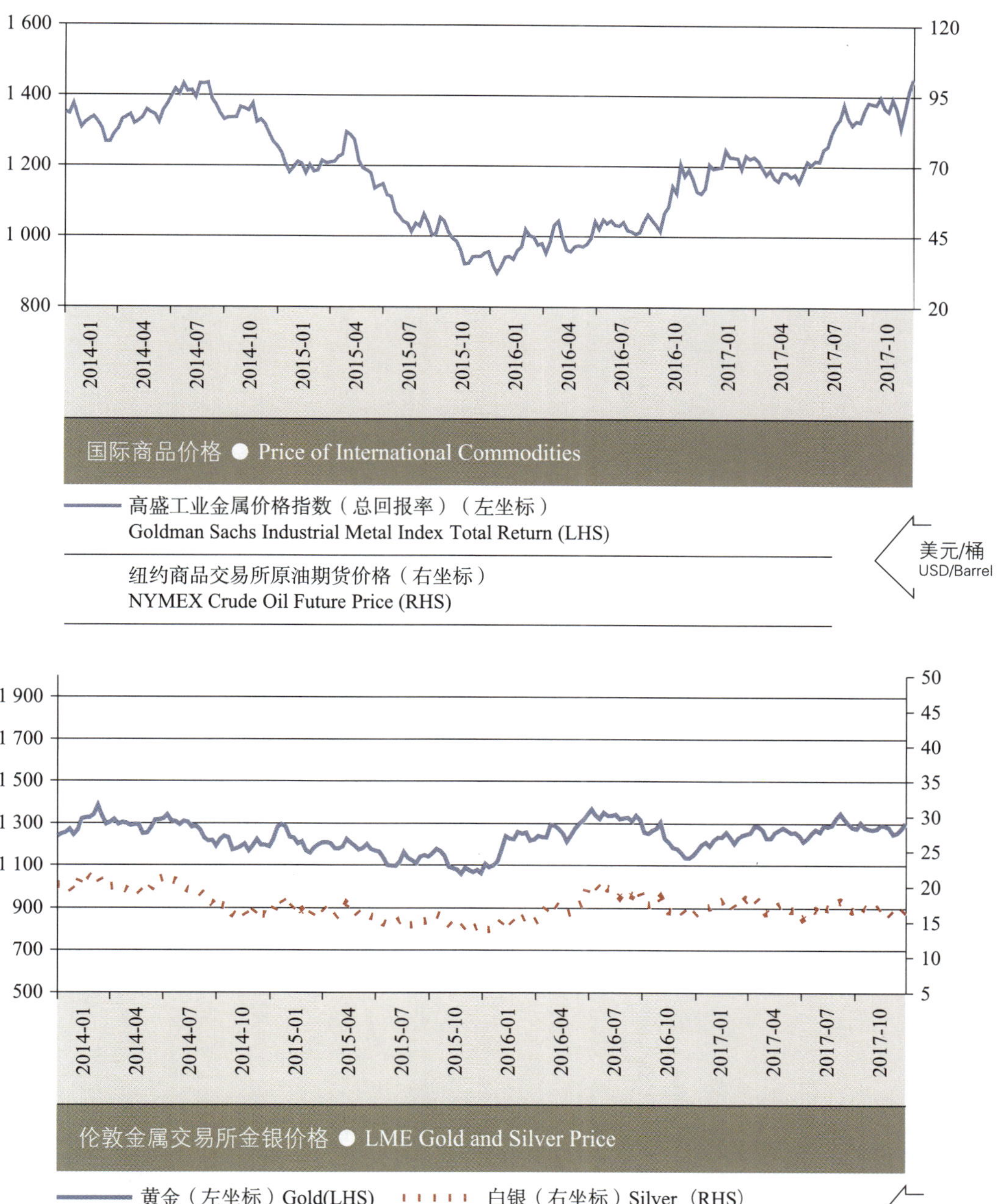
1 600
1 400
1 200
1 000
800
120
95
70
45
20
2014-01
2014-04
2014-07
2014-10
2015-01
2015-04
2015-07
2015-10
2016-01
2016-04
2016-07
2016-10
2017-01
2017-04
2017-07
2017-10
国际商品价格 ● Price of International Commodities
高盛工业金属价格指数（总回报率）（左坐标）
Goldman Sachs Industrial Metal Index Total Return (LHS)
纽约商品交易所原油期货价格（右坐标）
NYMEX Crude Oil Future Price (RHS)
美元/桶
USD/Barrel
1 900
1 700
1 500
1 300
1 100
900
700
500
50
45
40
35
30
25
20
15
10
5
2014-01
2014-04
2014-07
2014-10
2015-01
2015-04
2015-07
2015-10
2016-01
2016-04
2016-07
2016-10
2017-01
2017-04
2017-07
2017-10
伦敦金属交易所金银价格 ● LME Gold and Silver Price
黄金（左坐标）Gold(LHS)
白银（右坐标）Silver（RHS）
美元/盎司
USD/Ounce